苏州市工商档案管理中心馆藏指南

苏州市工商档案管理中心 编

苏州大学出版社
Soochow University Press

图书在版编目(CIP)数据

苏州市工商档案管理中心馆藏指南 / 苏州市工商档案管理中心编. --苏州：苏州大学出版社，2023.1
ISBN 978-7-5672-4121-3

Ⅰ.①苏… Ⅱ.①苏… Ⅲ.①民族工业-工业史-历史档案-汇编-苏州②民族工业-商业史-历史档案-汇编-苏州 Ⅳ.①F429.533②F729

中国版本图书馆 CIP 数据核字(2022)第 225536 号

书　　名	苏州市工商档案管理中心馆藏指南 SUZHOU SHI GONGSHANG DANG'AN GUANLI ZHONGXIN GUANCANG ZHINAN
编　　者	苏州市工商档案管理中心
责任编辑	王　亮
装帧设计	吴　钰
出版发行	苏州大学出版社(Soochow University Press)
社　　址	苏州市十梓街1号　邮编：215006
印　　刷	苏州工业园区美柯乐制版印务有限责任公司
邮购热线	0512-67480030
销售热线	0512-67481020
开　　本	890 mm×1 240 mm　1/32　印张：14.625　字数：317千
版　　次	2023年1月第1版
印　　次	2023年1月第1次印刷
书　　号	ISBN 978-7-5672-4121-3
定　　价	198.00元

图书若有印装错误，本社负责调换
苏州大学出版社营销部　电话：0512-67481020
苏州大学出版社网址　http://www.sudapress.com
苏州大学出版社邮箱　sdcbs@suda.edu.cn

《苏州市工商档案管理中心馆藏指南》编委会

主　　　任　谢　静
副　主　任　吴　芳　　陈　鑫
委　　　员　朱亚鹏　王雯昕　赵　颖　许　瑶
　　　　　　董文弢　谢震香　栾清照　陈明怡
　　　　　　杨　韫　周玲凤　张旭东　李艳兰
　　　　　　吴　飞　吴莺云　陈　灵　史唯君
　　　　　　盛　明　王　璐　宋晓成

《苏州市工商档案管理中心馆藏指南》编写组

主　　　编　谢　静
副　主　编　吴　芳　　陈　鑫
执行副主编　栾清照　赵　颖
参 编 人 员　苏　锦　秦　蓉　刘恺悦　皇甫元

前　言

《苏州市工商档案管理中心馆藏指南》（简称《指南》）是全面介绍苏州市工商档案管理中心（简称"中心"）基本情况、馆藏档案资料内容，指导利用者查阅档案资料的工具书。

《指南》开篇简要介绍中心的历史沿革、馆藏档案概况和基础业务工作。主体部分重点介绍馆藏档案的具体情况，比较重要的档案以全宗为单位逐一介绍，包括立档单位的基本情况、档案起止年代、案卷数量、档案主要内容等。馆藏档案介绍的编写以客观、准确为原则，文字力求简洁。另编制附录，包括中心馆藏全部档案的全宗名册、中心荣誉、获奖项目、主要编研成果、主要展览等一览表，以及征集公告，帮助读者了解相关信息。

需要说明的是，由于中心馆藏档案主要源于20世纪末21世纪初国企改革背景下的抢救式接收，大部分全宗档案资料均存在不同程度的缺失，不少全宗甚至连文书档案都没有，这给立档单位基本情况的梳理工作造成极大困难。鉴于《指南》主要用于客观反映本馆馆藏档案情况，因此编写工作以实际馆藏为依据，维护档案原貌，不去勉强呈现立档单位全貌。期盼今后能通过征集等方式来弥补馆藏缺失，《指南》日后修订时也可加以改进。

此外，《指南》所列全宗内容，并非全部对外开放，查阅者欲了解详情，可向档案利用接待人员咨询。

2022 年 12 月

苏州市工商档案管理中心

目录

● 苏州市工商档案管理中心概况　　1

历史沿革　　4

馆藏档案综述　　10

业务工作综述　　24

● 馆藏档案介绍　　41

苏州苏纶纺织厂　　43

苏州染织一厂　　45

苏州染织二厂　　47

苏州染织三厂　　48

苏州服装二厂　　49

苏州袜厂　　51

苏州毛巾厂　　52

苏州针织总厂　　54

苏州化学纤维厂　　56

苏州第四毛纺织厂　　57

苏州羊毛衫厂　　59

苏州纺织机械厂　　60

苏州市丝绸工业公司	62
苏州第一丝厂	65
苏州江南丝厂	68
苏州光明丝织厂	70
苏州丝织试样厂	72
苏州新苏丝织厂	73
苏州东吴丝织厂	75
苏州新光漳绒厂（苏州新光丝织厂）	77
苏州锦绣丝织厂	78
苏州绸缎炼染厂	80
苏州绸缎炼染一厂	81
苏州丝绸印花厂	83
苏州染丝厂	84
苏州唯思丝绸印染有限公司	86
苏州丽华丝绸印染总厂	87
苏州第三纺织机械厂	88
苏州丝绸科学研究所	90
苏州市丝绸进出口公司	92
苏州香雪海电器公司	93
苏州电冰箱厂	95
苏州印铁制罐厂	97
苏州手表壳厂	99
苏州味精厂	100
苏州锁厂	102

工贸合营苏州扑克牌厂	**104**
苏州轻工业品设计研究所	**105**
苏州红叶造纸厂	**107**
苏州家具一厂	**108**
苏州电池厂	**109**
苏州光明皮鞋厂	**111**
苏州打字机厂	**112**
苏州衡器厂	**113**
苏州缝纫机厂	**115**
苏州罐头食品厂	**117**
苏州时钟总厂	**119**
苏州日用玻璃厂	**121**
苏州香料厂	**123**
苏州刀厂	**125**
苏州拉链厂	**128**
苏州玻璃厂	**130**
苏州嘉美克钮扣厂	**132**
苏州鸿生火柴厂	**134**
苏州指甲钳厂	**135**
苏州张小全剪刀厂	**136**
苏州塑料家具厂	**137**
苏州日用瓷厂	**138**
苏州塑料六厂	**140**
苏州圆珠笔厂	**141**

苏州缝纫机针厂	143
苏州手表总厂	144
苏州塑料七厂	146
苏州家具二厂	147
苏州肥皂厂	150
苏州东吴酿酒总厂	153
苏州塑料一厂	155
苏州船用机械厂	159
苏州印刷厂	161
苏州皮革总厂	164
苏州红光造纸厂	166
苏州春花吸尘器总厂	169
苏州自行车厂	172
苏州织锦厂	174
苏州线带集团有限责任公司 （苏州花线厂、苏州排须花边厂）	176
苏州剧装戏具厂	179
苏州工艺美术研究所	181
苏州艺石斋	183
苏州市恒孚首饰集团（苏州金属工艺厂）	184
苏州绣品厂	186
苏州刺绣厂	187
苏州玉石雕刻厂	189
苏州丝绸服装厂	191

苏州美术地毯厂	192
苏州仙洲制衣集团公司	
（苏州儿童用品厂、苏州刺绣童装厂）	193
苏州湖笔厂	196
苏州工艺机械厂（苏州玩具厂）	197
苏州民间工艺厂	198
苏州扇厂	200
苏州西乐器厂	201
苏州檀香扇厂	202
苏州漆器雕刻厂	204
苏州市工艺美术服务部	206
苏州红木雕刻厂	209
苏州姜思序堂国画颜料厂	210
苏州民族乐器一厂	212
苏州吴门画苑	214
苏州合成化工厂	215
苏州树脂厂	216
苏州乳胶厂	218
苏州造漆厂	219
苏州染料厂	221
苏州第四橡胶厂	222
苏州炭黑厂	224
苏州橡胶厂	225
苏州市建筑材料工业公司	227

苏州光华水泥厂	229
苏州水泥厂	230
苏州水泥制品厂	232
苏州玻璃纤维玻璃钢船厂	233
苏州玻璃钢厂	235
苏州砖瓦厂	237
苏州第二水泥厂	238
苏州第一制药厂	240
苏州第二制药厂	242
苏州第三制药厂	244
苏州第四制药厂	246
苏州医疗器械厂	249
苏州医疗用品厂	252
苏州雷允上制药厂	255
苏州钢铁厂	258
苏州轧钢厂	261
苏州民丰锅厂	263
苏州溶剂厂	265
苏州前进化工厂	267
苏州益民化工厂	268
苏州精细化工集团有限公司	269
苏州硫酸厂	270
苏州助剂厂	272
苏州潭山硫铁矿	273

苏州电视机厂	275
苏州电阻厂	278
苏州电声厂	280
苏州电讯电机厂	283
苏州电视机组件厂	285
苏州高频瓷厂	288
苏州半导体总厂	290
苏州晶体元件厂	293
苏州江南无线电厂	296
苏州胜利无线电厂	298
苏州第一电子仪器厂	300
苏州有线电一厂	303
苏州电子计算机厂	306
苏州合成晶体材料厂	309
苏州电表厂	311
苏州仪表总厂	313
苏州轴承厂	315
苏州铸造机械厂	317
苏州轻工电机厂	320
苏州变压器厂	322
苏州砂轮厂	323
苏州电缆厂	325
苏州开关厂	327
苏州庆丰仪表厂	330

苏州电机厂	332
苏州起重机械厂	335
苏州净化设备厂	337
苏州第三光学仪器厂	339
苏州仪表元件厂	341
苏州机床电器厂	343
苏州电力电容器厂	346
苏州电扇厂	348
苏州动力机器厂	351
苏州照相机厂	352
苏州燎原电器厂	355
苏州电瓷厂	357
苏州链条总厂	358
苏州电梯厂	361
苏州锅炉厂	364
苏州市生产资料服务公司	365
苏州煤球厂	366
苏州木材厂	368
苏州市木材公司	370
苏州市平江区平江粮食管理所	372
苏州市食用油脂公司	373
苏州市粮油饲料公司	375
苏州粮油食品公司	377
苏州采芝斋苏式糖果厂	378

苏州市百货公司	380
苏州一品香食品厂	383
苏州酿造厂	384
苏州市人民商场	386
苏州南门商业大楼（泰华商城）	389
苏州饴糖厂	391
苏州市港务管理处	393
苏州市汽车货运公司	396
江苏省苏州市轮船运输公司	398
苏州市航运公司	401
苏州市卧龙商城	403
苏州市汽车出租公司	404
苏州市风光三轮车服务有限公司	406

● **附　录** 409

苏州市工商档案管理中心馆藏档案全宗名册	411
苏州市工商档案管理中心荣誉（省级及以上）一览表	439
苏州市工商档案管理中心获奖项目（省级及以上）一览表	439
苏州市工商档案管理中心主要编研成果一览表	442
苏州市工商档案管理中心主要展览一览表	445
苏州市工商档案管理中心征集公告	448

苏州市工商档案管理中心概况

苏州市工商档案管理中心为苏州市档案馆下属事业单位，挂"苏州中国丝绸档案馆""苏州市市级机关文档管理中心"牌子，承担世界记忆项目苏州学术中心工作职能，属公益一类正科级建制事业单位，经费渠道为财政全额拨款。中心是国家二级档案馆、全国五一巾帼标兵岗、中国丝绸品种传承与保护基地、江苏省工人先锋号、江苏省研究生工作站、江苏省丝绸文化档案研究中心、苏州市爱国主义教育基地、苏州市科普教育基地。（图1—图5）

图1　2018年11月，世界记忆项目苏州学术中心成立

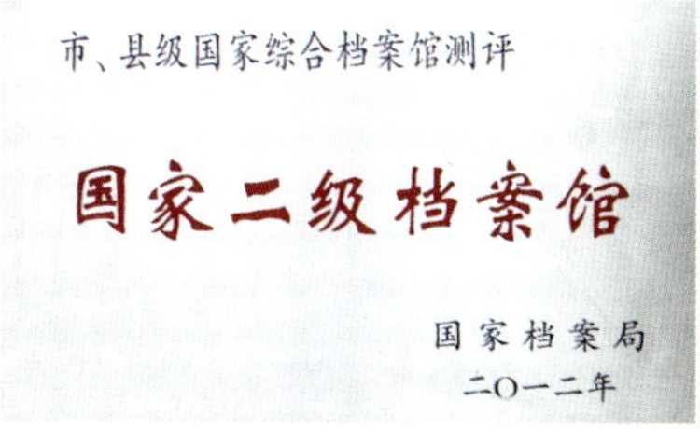

图2　2012年9月，中心被评为国家二级档案馆

图3　2013年3月，中心获"全国五一巾帼标兵岗"称号

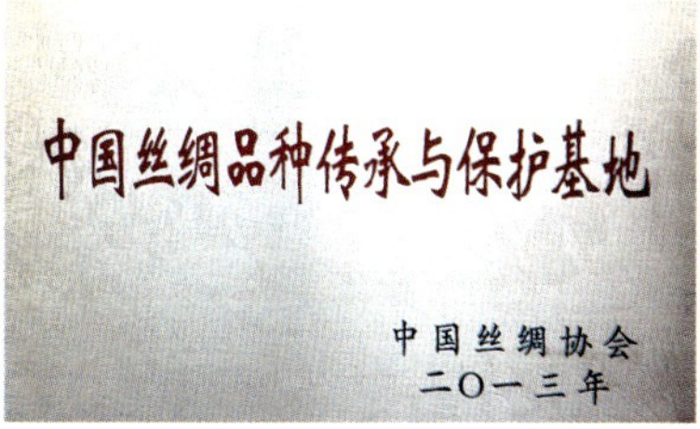

图4　2013年4月，中心获批建立中国丝绸品种传承与保护基地

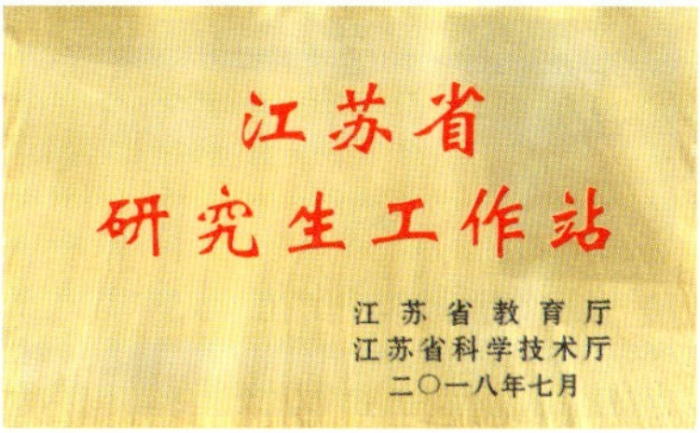

图5　2018年7月，中心建立江苏省研究生工作站

历史沿革

2007年9月18日，顺应苏州市国有企事业单位产权制度改革后改制企事业档案资源管理的新形势和新要求，苏州市机构编制委员会办公室（简称"市编办"）发文同意建立"苏州市工商档案管理中心"（苏编办〔2007〕86号）。苏州市档案局于2007年10月10日建立中心筹建组，2008年1月17日，中心正式挂牌运行。2013年7月25日，国家档案局同意中心加挂"中国丝绸档案馆"牌子（档办函〔2013〕155号）。2014年1月22日，市编办同意中心增挂"苏州市市级机关文档管理中心"牌子（苏编办复〔2014〕3号）。2015年12月16日，中华人民共和国国务院办公厅同意中心加挂"苏州中国丝绸档案馆"牌子（国办函〔2015〕149号）。（图6—图8）

图6　市编办关于同意建立中心的批复

图7　市编办关于同意中心增挂"苏州市市级机关文档管理中心"牌子的批复

图8　国务院办公厅关于同意中心加挂"苏州中国丝绸档案馆"牌子的复函

主要职能

中心负责管理全市改制企事业单位档案及其他应当集中管理的历史档案和资料;整理、编目、鉴定馆藏改制企事业单位档案,组织对价值珍贵、破损严重档案的抢救保护和数字加工;开发利用改制企事业单位档案信息资源,为社会和个人提供查档服务;开展本市工业史料和相关历史资料的征集、研究和编撰工作;开展展览、展示、对外交流相关档案史料,以及本市民族工业、国有企业发展历史和重要成果工作;对部分委托代管的原国有改制企事业单位档案进行跟踪管理;接收、集中管理各市级机关移交的未到期进馆档案;集中管理市本级企业退休人员档案,提供查档服务;承担苏州中国丝绸档案馆的日常管理工作;开展世界文献遗产苏州丝绸档案的保护和开发利用、学术研究等;开展文献遗产的国内、国际交流与合作,对苏州丝绸档案进行监管;开展文献遗产工作的业务培训教育与宣传推广。

人员编制

2007年,市编办核定中心事业编制15名,公益性岗位45名。2010年,公益性岗位增加至46名。2012年,事业编制增加至18名。2014年,事业编制增加至23名。2015年,事业编制增加至28名。2016年,事业编制增加至33名。2017年,事业编制增加至35名。至2022年年底,中心实有人员72人(事业编制35人、公益性岗位37人)。其中研究生学历9人,本科学历55人,大专学历8人;具有高级技术职称8人,中级技术职称29人,初级技术职称24人;拥有档

案、文史、计算机等多学科背景专业人才。(图9、图10)

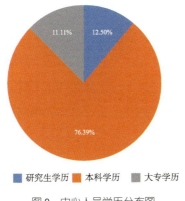

图9 中心人员学历分布图

图10 中心技术职称人数变化图

历任领导（表1）

表1 中心历任领导一览表

职务	姓名	任职时间
主任	虞平健	2007年10月—2012年3月
	卜鉴民	2012年3月—2020年3月
	谢 静	2020年3月至今

续表

职务	姓名	任职时间
副主任	王仁斌	2008年2月—2010年6月
	谈 隽	2010年1月—2011年2月
	徐志华	2010年6月—2011年11月
	卜鉴民	2011年2月—2012年3月
	陈 亮	2011年11月—2012年3月
	方玉群	2012年3月—2014年12月
	许 治	2012年10月—2014年12月
	孙玉婷	2014年12月—2016年11月
	甘 戈	2015年10月—2019年12月
	吴 芳	2016年6月至今
	陈 鑫	2020年2月至今

内设机构

2008年中心成立之初，设办公室、保管利用科、征集编研科。

2009年12月，内设机构调整为办公室、档案管理科、信息技术科、资源开发科、物业安保科。

2013年7月，增设档案整理科、征集编研科2个科室。

2015年1月，内设机构调整为办公室、档案管理科、信息技术科、档案编研科（丝绸档案文化研究中心）、征集开发科、物业安保科6个科室。增设苏州市市级机关文档管理中心接收指导科、苏州市市级机关文档管理中心窗口接待科、苏州市市级机关文档管理中心信息管理科3个科室。

2016年8月，内设机构原征集开发科调整为档案征集科、资源开发科2个科室，并增设苏州中国丝绸档案馆筹备工作小组。

2018年3月，内设机构增设文献遗产保护监管科（世界文献遗产苏州丝绸档案保护监管中心）。

2021年9月，内设机构调整为办公室、财务绩效科、档案管理科、宣传教育科、信息技术科、征集利用科、编研开发科、文献遗产研究交流中心、档案修复保护中心、物业安保科、苏州市市级机关文档管理中心接收指导科、苏州市市级机关文档管理中心窗口接待科、苏州市市级机关文档管理中心信息管理科13个科室。

馆舍设施

2008年1月17日，中心用房由苏州市工业投资发展有限公司移交的原苏州市锦绣丝织厂部分厂房改建而成，位于苏州市姑苏区齐门桥南堍齐门路166号，毗邻苏州博物馆和拙政园。占地近20亩（约合1.3万平方米），库房面积约9 000平方米，办公区域和功能用房面积约2 500平方米。2016年8月，中心搬入位于苏州市北园路269号的新馆舍，与苏州市档案馆在同一栋馆舍办公，中心使用库房面积2 821.75平方米。

2018年11月10日，苏州中国丝绸档案馆正式奠基。2020年12月28日，主体封顶。该馆紧邻中心，占地面积5 120平方米，建筑面积8 632.97平方米，库房面积1 230平方米。库房配有恒温恒湿精密空调、消防系统、安防报警系统、档案消毒系统、文件缩微系统等，符合专业用房技术标准。（图11、图12）

图 11　中心南门

图 12　档案库房

馆藏档案综述

2004年4月,中共苏州市委办公室、苏州市政府办公室联合下发《关于进一步做好全市国有集体企事业单位产权制度改革中档案处置工作的意见》(苏办发〔2004〕33号),中心馆藏档案即是根据该文件要求,分批从苏州市各市属转制、破产、关闭的国有(集体)企事业单位接收征集而来,并依据苏州市档案局(馆)的规范要求,以一个立档单位为一个全宗进行分类、整理、排列、编目后有序入库。至2022

年年底，中心馆藏档案涵盖纺织、丝绸、轻工、工艺、化工、建材、医药、电子、贸易、冶金等共计23个全宗群587个全宗的230余万卷档案，档案排架长度为56 060.33米，起止年为1823—2022年，能够比较清晰地反映近200年来苏州市区民族工商业的历史进程与演变脉络。

在馆藏230余万卷档案中，有大量珍贵特色档案，其中最具代表性的是近现代中国苏州丝绸档案，民国时期企业会计档案，清朝、民国工商航运业契约档案，工商产品商标档案。馆藏还有多家苏州地方知名企业档案，涵盖苏州市区纺织、丝绸、轻工、医药等行业，主要包括清末及民国时期建立的老企业档案、苏州老百姓熟知的"四大绸厂"（苏州东吴丝织厂、苏州振亚丝织厂、苏州光明丝织厂和苏州新苏丝织厂）档案，以及苏州"四大名旦"（"孔雀牌"电视机、"长城牌"电扇、"香雪海牌"电冰箱和"春花牌"吸尘器）生产企业的档案，等等。（图13—图17）

图13 20世纪80年代苏州东吴丝织厂门景(档号：B015-002-1157)

图14 20世纪80年代苏州振亚丝织厂门景(档号：B00B-020-0001)

图15　20世纪80年代苏州光明丝织厂门景（档号：B009-012-0016）

图16　20世纪80年代苏州新苏丝织厂门景（档号：B014-001-0034）

图17 苏州"四大名旦"["孔雀牌"电视机(档号:T001-013-0497)、"长城牌"电风扇(档号:T001-013-0570)、"香雪海牌"电冰箱(档号:T001-013-0567)、"春花牌"吸尘器(档号:T001-013-0493)]

近现代中国苏州丝绸档案

近现代中国苏州丝绸档案总数达29 592卷,主要是近现代苏州丝绸产业在技术研发、生产管理、营销贸易、对外交流过程中直接形成的,由纸质文字记录和丝绸样本实物组成的,具有保存价值的原始记录。该批档案形成于19世纪至20世纪末,比较集中地反映了近现代中国传统丝绸业发展轨迹,其数量之多、质量之高、品种之全为中国乃至世界所罕见,是中心的"镇馆之宝",其中丝绸样本有302 841件。2011年12月,该批档案入选第三批《苏州市珍贵档案文献名录》;2012年10月,入选第四批《江苏省珍贵档案文献名录》;2015年5月,入选第四批《中国档案文献遗产名录》;2016年5月,入选联合国教科文组织《世界记忆亚太地区名

录》；2017年10月，入选联合国教科文组织《世界记忆名录》。（图18—图25）

图18 漳缎祖本（档号：D001-003-0023）

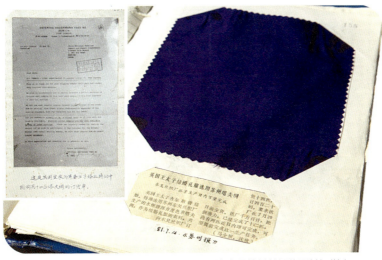

图19 1981年英国皇室为戴安娜王妃婚礼购买苏州丝绸的订单与样本
（档号：B015-004-0001）

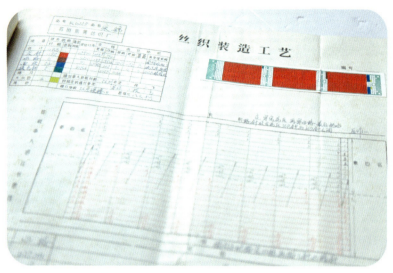

图20 丝织工艺单(档号:B015-004-0140)

图21 销往匈牙利丝绸产品的样本(档号:B015-022-0032)

图22 意匠图(档号:B015-004-0417)

图23 苏州东吴丝织厂织造的像锦《苏州留园荷花厅》(档号:B015-023-0003)

图 24　近现代苏州丝绸样本档案入选《世界记忆亚太地区名录》证书

图 25　近现代中国苏州丝绸档案入选《世界记忆名录》证书

民国时期企业会计档案

民国时期企业会计档案主要来自苏州市人民商场、苏州苏纶纺织厂、苏州第一丝厂、苏州光华水泥厂等企业，共计 269 卷。该批档案时间跨度为 1933—1949 年，分为金融股票类和账本凭证类两大体系，特点是内容完整且比较连贯，是

极其难得的会计档案。2011年12月,该批档案入选第三批《苏州市珍贵档案文献名录》。(图26、图27)

图26　苏州国货商场股份有限公司股票（档号：Q027-007-0002）

图27　苏纶纺织印染股份有限公司股票（档号：A001-032-0007）

清朝、民国工商航运业契约档案

清朝、民国时期工商航运业契约档案主要来自苏州新苏丝织厂、苏州光明丝织厂与苏州市轮船航运公司等企业,共计99件。该批档案内容包括自清朝道光、咸丰、同治、光绪、宣统至民国年间苏州工商航运业的商铺、船主的地契和房契,以及官府的税单和印章等,特色是时间跨度长,对于研究苏州民族工商航运业的起源与发展具有十分重要的意义。2011年12月,该批档案入选第三批《苏州市珍贵档案文献名录》。(图28、图29)

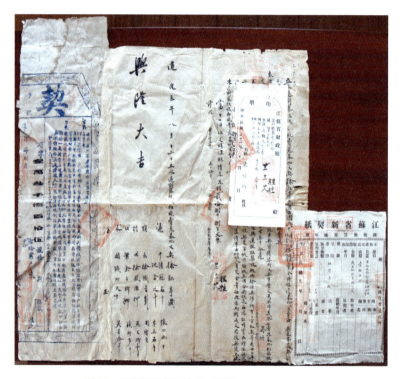

图28 清朝道光年间地契(档号:B009-016-0001)

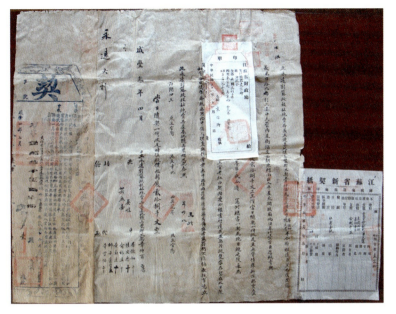

图29 清朝咸丰年间地契（档号：B009-016-0002）

工商产品商标档案

中心馆藏330余种工商产品商标档案，反映出苏州产品的精细秀美特色。该批档案主要形成于民国初年至20世纪八九十年代，涵盖丝绸刺绣、民族乐器、桃花坞木刻、制扇漆器、红木雕刻、颜料印泥、戏剧服装、轻工家电等诸多行业，包括苏州第一丝厂（瑞丰丝厂）的"天坛牌"商标、苏州苏纶纺织厂的"天官牌"商标、苏州医疗用品厂的"华佗牌"商标、苏州光华水泥厂的"白熊牌"商标、苏州花线厂的"双猫牌"商标、苏州刺绣厂的"金花牌"商标、苏州绣品总厂的"玉玺牌"商标、苏州民族乐器一厂的"虎丘牌"商标、苏州桃花坞木刻年画社的"桃花坞牌"商标、苏州鸿

生火柴厂的"宝塔牌"商标、苏州电冰箱厂的"香雪海牌"商标等。（图30—图35）

图30　瑞丰丝厂"天坛牌"商标（档号：B001-013-0002）

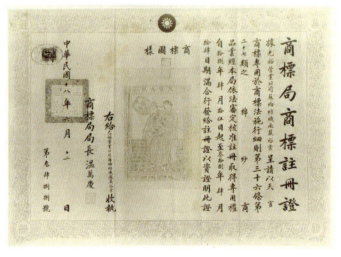

图31　苏纶纺织厂"天官牌"商标注册证（档号：A001-001-0450）

图32 苏纶纺织厂"金天官"商标
（档号：A001-030-0060）

图33 苏州医疗用品厂"华佗牌"商标
（档号：G009-002-0346）

图34 光华水泥厂"白熊牌"商标
（档号：F001-001-0362）

图35 苏州花线厂"双猫牌"商标
（档号：D002-002-0853）

业务工作综述

接收征集

2008年1月17日,中心接收苏州市工业投资发展有限公司移交的转制、关闭、撤销、破产的283户国有(集体)企事业单位档案140余万卷(件、张)。同年1月,中心组织对苏州市交通、创元、国发建设、外经、房管、文化、物资、商业、供销等系统转改制、撤销、关闭国有(集体)企事业单位档案进行接收。至2022年年底,已接收入库的企事业单位档案共2 347 462卷,其中文书档案776 267卷、科技档案98 802卷、照片档案1 934卷、实物档案29 410卷、录音录像档案696卷、会计档案1 440 353卷。(图36—图38)

图36　2010年5月,中心工作人员接收、整理改制企事业单位档案

图 37　2011 年 11 月,中心工作人员检查改制企事业单位档案整理情况

图 38　2011 年 11 月,中心工作人员进行档案的入库上架工作

为丰富馆藏档案、传承区域历史、抢救文献遗产,中心自成立以来采取多种方式开展征集工作,2011 年至 2022 年年底,共征集文书档案 7 997 卷、录音录像档案 1 794 件、实物档案 8 503 件、科技档案 1 367 卷。此外,积极开展口述档案征集,共采访 131 位丝绸专家、丝绸企业亲历者,拍摄视

频 2 600 多分钟，有效传承保护活态档案。

管理保护

中心馆藏档案全宗数量较多，为便于管理和检索，原则上按产业划分，设全宗群，编全宗号、目录号、案卷号。全宗群代号为英文字母，全宗号、目录号、案卷号为阿拉伯数字（个别全宗号为阿拉伯数字和英文字母的组合）。全宗群的标识、名称如下：

A：苏州市纺织系统档案；

B：苏州市丝绸系统档案；

C：苏州市轻工系统档案；

D：苏州市工艺系统档案；

E：苏州市化工系统档案；

F：苏州市建材系统档案；

G：苏州市医药系统档案；

H：苏州市冶金系统档案；

I：苏州化工集团档案；

J：苏州精细化工集团档案；

K：苏州市电子系统档案；

L：苏州创元集团档案；

M：苏州物资集团档案；

N：苏州市粮食、供销系统档案；

P：苏州市园林、水务系统档案；

Q：苏州市贸易系统档案；

R：苏州市交通系统档案；

S：苏州市建设、民防和市政公用系统档案；

T：征集档案；

U：苏州市乡镇工业公司档案；

V：苏州市外贸系统档案；

W：苏州市文广、教育系统档案；

Z：苏州市企业退休人员档案。

中心各全宗档案均经过系统整理编目，建立全宗卷，编制案卷目录和全引目录，可供检索馆藏所有档案。截至2022年年底，馆藏档案共有23个全宗群，编制案卷目录4 702册、全引目录3 102册。

为做好档案保护研究工作，中心开展《苏州工业遗产中档案资源抢救与保护方法研究》《丝绸样本档案纳米技术保护研究及应用》《宋锦样本档案工艺传承与产业化开发研究》《中国丝绸档案馆定位与建设研究》《中国像锦档案整理与研究》《丝绸档案数字保护与传承研究》《丝绸档案中纸质与丝织品复合载体保护研究》等20余项科研项目，持续提升档案管理与保护技术水平，更好地延长档案寿命。

信息化建设

2009年12月，中心启动档案信息化工作，组织实施馆藏档案案卷级目录、文书档案文件级目录的计算机录入工作。至2022年年底，目录数据库共有案卷级目录2 344 493条、文件级目录8 364 600条。

自2012年起，中心按标准开展档案信息数字化扫描工作，逐步推进馆藏档案全文数字化。至2022年年底，馆藏档案全文数据库有电子文件 12 452 559 件,扫描总量达 45 766 227 页,其中馆藏民国和民国前档案及其他历史档案全部数字化(表2)。中心加强数字化工作的监督和管理,认真做好质量检查工作,全文数据与目录数据挂接成功率达到 100%。中心还建立了中国像锦档案、征集档案等 6 个专题数据库,极大地提高了档案的查询与利用效率。

表2 2012—2022 年中心馆藏档案数字化扫描统计表

时间/年	文书档案/页	照片档案/张	会计档案/页	科技档案/页
2012	145 479	3 043	0	0
2013	544 198	34 462	0	0
2014	1 202 506	22 970	0	0
2015	1 040 262	0	0	0
2016	1 460 582	0	0	63 378
2017	2 535 233	0	0	0
2018	10 473 601	11 934	402 295	0
2019	10 837 478	0	553 922	0
2020	6 267 535	0	445 816	0
2021	2 386 774	0	392 768	54 235
2022	57 717	6 817	0	0
总计	36 951 365	79 226	1 794 801	117 613

为适应信息化时代发展需要,2010 年 8 月,中心建立"苏州市工商档案管理中心"网站(网址:http://gsdaglzx.dag.suzhou.com.cn),及时发布各类信息,为社会了解苏州民族工商业发展史提供了良好途径。网站分别于 2014 年、2018 年和 2022 年三次改版,新版网站分为首页、中心概况、编研

成果、征集大格局、展览展示、档案科研六大板块，各板块下设多个栏目。通过升级改版，网站功能更加全面，内容更加丰富，栏目设置更加便民、利民。2015年11月，中心开通"苏州市工商档案管理中心"微信公众号，及时向公众发布最新工作动态，更好地发挥宣传、服务的职能。（图39）2021年9月，中心紧跟新媒体的发展步伐，开通"第七档案室"视频号，通过大众喜闻乐见的方式宣传各项工作。（图40）

图39 苏州市工商档案管理中心微信公众号二维码

图40 "第七档案室"视频号二维码

开发利用

为充分挖掘档案价值、发挥档案作用，更好地服务社会经济建设，中心围绕档案开发利用积极探索、勇于创新，在编研、展览、教育、文化创意等多个领域取得显著成效。

截至2022年年底，先后编辑出版档案汇编和图书30余种，包括《璀璨的一页：苏州市民族工业获国家金银质奖产品档案史料选编》《苏州市区民族工商业特色档案选编》《百年苏纶》《百年鸿生》《百年雷允上》《百年民丰》《档案中的丝绸文化》《近现代中国苏州丝绸档案》《苏州》《第七档案室》《芳华掠影——中国丝绸档案馆馆藏旗袍档案》，"我

是档案迷"丛书等（详见附录）。（图41—图45）

图41　苏州市工商业档案史料丛编

图42　苏州民族工商业百年名企系列丛书

图 43 世界记忆编研成果

图 44 "我是档案迷"丛书

图45 《苏州》绘本、《第7档案室》解谜书等创意编研成果

截至2022年年底,中心举办各类展览58次,吸引参观民众约7万人次。展览包括"苏州市民族工业档案史料展""一袭旗袍展芳华——中国丝绸档案馆馆藏民国服饰展""锦绣江南 古韵今辉——近现代中国苏州丝绸档案展""不忘初心,牢记使命——寻找丝绸档案中的红色基因展""一爿厂,一座城——苏纶百年档案文献展"等(详见附录)。(图46—图51)

图 46　苏州市民族工业档案史料展（2011 年）

图 47　苏州丝绸工艺档案珍品展（2014 年）

图 48　锦绣江南　古韵今辉——近现代中国苏州丝绸档案展（2019 年）

图 49　一片厂，一座城——苏纶百年档案文献展（2020 年）

图 50　建党百年　初心如磐——长三角红色档案珍品展（2021 年）

图 51　海丝情忆——丝绸与侨批档案文献遗产展（2022 年）

依托馆藏档案，中心还面向社会公众及未成年人举办丰富多彩的文化教育活动，如丝绸档案进校园、世界记忆项目进校园、未成年人教育体验、大型实景解谜等活动，充分发挥中心爱国主义教育基地和科普教育基地功能，引导公众了解档案工作、学习档案知识、感受档案魅力。（图52—图55）

图52　丝绸档案进校园活动（2017年）

图53　世界记忆项目进校园活动（2018年）

图54 "我是档案迷"游戏书探秘活动（2020年）

图55 "第七档案室"大型实景解谜活动（2021年）

中心以建立档企合作基地的形式，与科研单位、生产企业合作探索档案抢救、保护和开发利用新途径，开辟档案开发利用新模式。截至2022年年底，中心与西藏墨竹工卡直孔米次民间刺绣唐卡艺术有限公司、苏州市锦达丝绸有限公司、吴江市鼎盛丝绸有限公司、苏州市天翱特种织绣有限公司、北京服装学院等19家企业和单位合作共建传统丝绸样本档案传承与恢复基地，开发出罗灯、罗扇、手包、丝绸书签等符合现代消费人群审美观念的产品，实现丝绸档案文化的传承与发展。（图56—图58）

图 56　传统丝绸样本档案传承与恢复基地授牌

图 57　档企合作产品：罗灯

图 58　档企合作产品：青柠色宋锦创意纹女式拎包

此外,中心积极创新,挖掘档案当代审美价值,提炼档案特色元素,开发出一系列档案文化创意产品,如"柿柿如意""青云直上"口罩、"火树银花""紫气东来"丝绸笔记本、"花团锦簇"茶杯垫、"四时风光"文件夹、"茂苑绮罗"帆布袋、"吴侬软语"晴雨伞、"谁寄锦书"手机链等。通过传统元素、经典意象的创造性转化和创新性发展,档案以新的姿态走入公众视野。(图59)

图59　部分文化创意产品

查档接待

中心自2008年起设档案查询接待窗口和开放档案阅览室,为社会各界和职工个人提供查档利用服务,服务时间为星期一至星期五9:00—16:30(法定节假日除外)。凡中国公民或组织,持有证明其本人身份的合法证明(介绍信、身份证等），均可查阅开放的档案，利用者可根据需要摘抄档案内容，或申请复印档案。

为方便利用者查阅档案，中心陆续编制了各类检索工具，包括案卷目录、开放档案目录、全宗名册、全宗介绍等。中心建有案卷级、文件级目录数据库，工作人员可以进行电脑检索。

除窗口接待外，中心还提供电话、信函、网络在线查档和咨询等服务项目。

自2008年至2022年年底，中心累计接待查档人员108 318人次，查阅案卷652 381卷，有效解决了广大市民的身份证明、工龄认定、社保衔接等切身利益问题，充分发挥了档案的凭证价值，多次受到老百姓的赞赏与肯定。（图60—图63）

图60　查档窗口

图61 工作人员热情接待查档群众

图62 工作人员指导查档群众填写表格

图63 中心查档窗口获赠锦旗

馆藏档案介绍

苏州苏纶纺织厂

全宗号 A001

苏州苏纶纺织厂筹建于 1895 年，1897 年正式建成开工。原属官督商办性质，分苏经丝厂、苏纶纱厂两厂，国子监祭酒陆润庠为经理。1908 年 7 月，两厂性质从官督商办转变为商办。同年 8 月，确定企业名称为"商办苏经苏纶股份有限公司"。

1925 年，厂名改为"苏纶洽记纱厂"。严裕棠任经理，吴昆生为厂长，吴士槐任工程师。1927 年，厂名改为"光裕营业公司苏纶纺织厂"。

1937 年春，光裕营业公司苏纶纺织厂改组，厂名改为"苏纶纺织印染股份有限公司苏纶纺织厂"，严裕棠四子严庆祺任经理兼厂长。1948 年 1 月，组建苏纶纺织印染股份有限公司。

1954 年 9 月，公司与苏州纱厂合并合营，称"公私合营苏纶纺织染厂"，厂长由公方代表陈晖担任，副厂长由私方代表浦亮元、刘文渊、徐鹤亭 3 人担任。1955 年 11 月，公私合营源康纱厂并入。

1958 年，该厂先后开办了苏纶机械厂、苏纶钢铁厂、耐火砖厂、水泥厂、机械厂、纺织用品厂等十多个子厂。

1966 年 9 月，更名为"地方国营人民纺织厂"。1978 年

9月，重新恢复"苏纶纺织厂"厂名。

1987年7月，成立了以苏纶纺织厂为主体，联合江苏省纺织外贸及苏州市色织、印染、服装等8家企业投资入股的苏纶纺织品联合公司（集团），是江苏省纺织系统首家拥有直接对外贸易自主权的集团型公司，也是苏纶纺织厂向以国际市场为主导的外向型企业发展的一个重要标志，形成了纺、织、印染、服装一条龙出口系列。

1996年，公司进行了现代企业制度改革试点，申报成立了苏纶纺织集团（公司），将原苏纶纺织品联合公司并入苏纶纺织集团（公司）。1998年8月，实施政策性破产。同年12月底，组建苏州工业园区新苏纶纺织有限公司（简称"新苏纶"）。2004年4月，企业关闭。

馆藏苏州苏纶纺织厂档案37 748卷，排架长度905.95米，起止年为1905—2006年。其中：文书档案1 730卷，会计档案19 522卷，科技档案16 366卷，实物档案81卷，音像档案43卷，照片档案6卷。

本全宗档案可提供的检索工具为案卷目录，共51册。其中：文书档案6册，会计档案25册，科技档案16册，实物档案2册，音像档案1册，照片档案1册。

主要内容：

《苏纶纺织厂厂史（征求意见稿）》，大事记（1895—1988年），《热爱纺织　振兴苏纶——苏州苏纶纺织厂建厂九十周年（纪念册）》《苏纶纺织厂建厂一百周年（1897—1997年）纪念册》《纺织科技信息》，苏纶纺织厂总平面图（1933—

1959年），苏纶苏达服装有限公司管理制度，上级领导讲话材料、保密工作经验交流材料，苏纶纺织厂档案材料转进、转出登记簿，苏纶纺织厂各类决定、报告、批复及上级来文。

党员基本情况及党员名册，党委讲话材料，中共新苏纶纺织有限公司第一次党代会材料，新苏纶共青团组织组建材料，关于新苏纶首届工会委员会主席任职和成立车间（部门）分工会的批复。

企业退休人员养老金审批表，职工调入、调出材料，技术业务考核档案花名册、职称评审材料、干部名册及干部基本情况表。

97×72弹力府绸一段，苏纶纺织染厂印章，苏纶棉纺织总厂印章，苏纶纺织厂厂徽，苏纶纺织厂"金天官"商标，苏纶纺织厂"天官为记"商标，苏纶纺织印染股份有限公司"飞鹰"商标，等等。

会计凭证、工资单、各类账册、财务报表等。

苏州染织一厂

全宗号　A004

苏州染织一厂的前身是1934年10月始建的私营永新瑞记染织厂。1954年12月，定名为"公私合营苏州染织厂"，是苏州染织行业第一家实行公私合营的工厂。1966年11月，更名为"地方国营苏州染织一厂"。1980年，更名为"苏州染织一厂"，位于三多巷，系全民所有制性质企业，隶属苏州市纺织工业公司（原苏州市纺织工业局），生产色织纯棉被单、色织中长花呢、涤棉细纺等。2003年2月关闭，2005年11月破产。

馆藏苏州染织一厂档案4 339卷，排架长度104.14米，起止年为1951—2006年。其中：文书档案1 073卷，会计档案3 263卷，科技档案3卷。

本全宗档案可提供的检索工具为案卷目录，共11册。其中：文书档案3册，会计档案7册，科技档案1册。

主要内容：

厂志，大事记，年度工作总结、年报，上级来文。

党委会、职代会、工会、厂务会议材料，党团工作、活动材料，党员组织关系介绍信、调进调出材料、年报、统计材料等。

厂级领导和干部任免材料，工厂干部、职工的统计材料，职工调进调出、工资转移和调整的材料，学徒转正定级材料，职工劳动合同材料，职工退休、养老金、医保等材料。

会计凭证、工资单、各类账册、财务报表等。

苏州染织二厂

全宗号 A005

苏州染织二厂创办于1950年4月,原名为"协成染织厂"。1955年11月,定名为"苏州协成染织厂"。1966年10月,更名为"苏州染织二厂",厂址为平江路混堂弄巷15号。隶属苏州纺织工业公司,属于全民所有制性质企业。主要产品有各类提花被单布、双面绒、单面绒、芝麻绒、彩格绒、涤棉府绸、中长毛纺花呢等。商标为"星兰""巧手""鹦蓉"。1999年全面停产,2003年关闭歇业。

馆藏苏州染织二厂档案4 726卷,排架长度113.42米,起止年为1955—2012年。其中:文书档案1 311卷,会计档案3 329卷,科技档案86卷。

本全宗档案可提供的检索工具为案卷目录,共9册。其中:文书档案3册,会计档案5册,科技档案1册。

主要内容:

厂史,大事记,厂部年度工作总结,各类年报,各类请示、报告、批复、协议书,厂务、董事会会议材料,企业整顿材料,企业关闭、歇业有关材料,评奖评优材料。

党团会议材料,党员、团员统计材料,职代会材料,职工技术操作运动会材料。

人事任免材料,职工转正定级花名册、转档介绍信、独生子女登记表、调进调出材料、工资单及调资材料，离退休职工花名册、退休审批表、职工失业证明存根、养老保险缴费花名册、医保待遇审批情况表、协保人员缴费花名册等材料。

会计凭证、各类账册、财务报表等。

苏州染织三厂

全宗号　A006

1962年9月，美和染织厂迁入红旗染织厂内，两厂合并，组建为公私合营红旗染织厂。1964年4月，更名为"公私合营美和染织厂"。1966年10月，更名为"苏州染织三厂"，隶属苏州纺织工业公司，属于全民所有制性质企业，工厂位于东北街百家巷。主要产品有各类涤黏仿毛花呢、防缩彩格绒、纯棉布、中长仿毛花呢等，商标为"冠云峰"。2003年关闭，2006年4月破产。

馆藏苏州染织三厂档案4 284卷，排架长度102.82米，起止年为1953—2014年。其中：文书档案936卷，会计档案3 348卷。

本全宗档案可提供的检索工具为案卷目录，共10册。其中：文书档案4册，会计档案6册。

主要内容：

大事记，厂部年度工作总结，厂长办公会议材料，工厂关闭、歇业有关材料。

党团年报、工作总结、会议材料，党员统计材料，职代会材料。

人事任免材料，干部名册，职工花名册、职工调进调出介绍信、职工劳动合同材料，职工工资单、工资转移单、工资调整材料，学徒工、征土工转正定级材料，职工计划生育登记表，工人退休登记名册、退休工人子女顶替名册、退休补助费审批表、退休人员基本情况表等材料，职工协保协议，养老保险、失业保险等材料，工改材料。

会计凭证、各类账册、财务报表等。

苏州服装二厂

全宗号　A008

苏州服装二厂的前身是1956年建立的苏州市平江区服装二社。1959年1月，苏州市平江区服装二社与苏州旗帜服装厂、苏州平江呢绒服装厂合并为苏州平江呢绒服装厂，同年11月，更名为"苏州新艺服装厂"。

1966年8月，更名为"苏州服装二厂"，隶属苏州市第二轻工业局，属于集体所有制性质企业。1989年6月，合资成立中外合资苏州蕾纳斯时装有限公司。

1999年6月,又恢复为苏州服装二厂,厂址为旧学前69号,工厂占地面积8.72亩(约合5813平方米),隶属苏州市第二轻工业局,属于集体所有制性质企业。2003年4月关闭歇业。

馆藏苏州服装二厂档案3 044卷,排架长度73.06米,起止年为1956—2005年。其中:文书档案544卷,会计档案2 377卷,科技档案20卷,实物档案98卷,照片档案5卷。

本全宗档案可提供的检索工具为案卷目录,共14册。其中:文书档案3册,会计档案5册,科技档案1册,实物档案4册,照片档案1册。

主要内容:

厂史续编综合资料,大事记,公司年度工作总结、年报、厂务记录,机构设置材料,公司成立申请、报告,企业法人文件,营业执照及变更材料,上级各部门的批复及通知文件,董事会议、工作会议等材料,公司整顿工作的各类资料,各类合同材料,各类产权证、许可证,资产评估、审计报告,荣誉证书,劳模光荣册。

党工团统计年报,职代会材料,平江区选民登记表。

干部任免材料,人员内部调整材料,职工花名册、劳动合同、学徒审批表、档案转移单、失业审核表、提档介绍信等材料,职工协保协议,退休工人花名册,养老保险、社保、医保等材料。

会计凭证、工资单、各类账册、财务报表等。

苏州袜厂

全宗号　A015

苏州袜厂前身是筹建于1951年10月的针织生产合作社。1958年8月，与和平手套社、平江棉麻社、光荣毛巾社、新苏炼染社合并成立地方国营新华纺织染厂。1959年9月，更名为"新华针织厂"。1963年12月，更名为"新华袜厂"。1966年12月，更名为"长征袜厂"。

1978年10月，又更名为"苏州袜厂"，厂址为白塔西路78号，隶属纺织工业公司，属于集体所有制企业。2003年9月，企业关闭歇业。

馆藏苏州袜厂档案1 750卷，排架长度42米，起止年为1951—2006年。其中：文书档案382卷，会计档案1 367卷，实物档案1卷。

本全宗档案可提供的检索工具为案卷目录，共6册。其中：文书档案2册，会计档案3册，实物档案1册。

主要内容：

厂史资料，厂部会议材料，工作规划、各项管理制度及岗位责任制、各类合同材料，各部门年度工作总结，发文材料，工厂经济责任审计报告、税务材料、劳工、计划报表，来信来访材料，针织业联营处名单，新华针织厂材料。

党团年报、花名册，党员组织关系介绍信，党员会议材料，政治工作材料，整党期间学习材料，职代会材料，平江区第七届人民代表大会选举工作的有关材料。

干部任免材料，干部年报表、名册，民主评议干部材料，职工花名册、报到通知书、调动介绍信，学徒满师转正定级审批表，职工劳动合同、离职材料、工资单、工资调整材料，城镇下放居民基本情况表、剩余劳动力登记表、招收农村子女情况表，退休审批表、退休职工花名册，职工养老保险材料等。

会计凭证、各类账册、财务报表等。

苏州毛巾厂

全宗号　A017

苏州毛巾厂于1959年9月成立。1958年8月，毛巾生产合作社和织毯生产合作社合并，成立苏州棉毛纺织厂。1958年9月，苏州棉毛纺织厂与正在筹备中的麻纺厂合并，成立地方国营棉麻毛纺织厂，不久后更名为"地方国营苏州棉织厂"，生产上划分为毛巾、织毯、织布三个车间，各自进行生产。1959年9月，苏州棉织厂撤销，毛巾、织毯、织布三个车间各自独立建厂，归金阊区工业局领导。至此，苏州毛巾厂正式成立。1960年年底，苏州毛巾厂归苏州市纺织工业局领导，体制为合作社营。1961年5月，苏州毛巾厂迁入十全街150号，自此定址。主要生产品种有提花巾、童毯、茶巾、浓缩巾、月牙边、涂料印花巾、螺旋缎档浴巾、缎档丝光格子印花巾等，商标为"五环""棉铃"。2002年，企业关闭歇业。

馆藏苏州毛巾厂档案3 296卷，排架长度79.1米，起止年为1953—2006年。其中：文书档案351卷，会计档案2 929卷，科技档案7卷，实物档案5卷，照片档案4卷。

本全宗档案可提供的检索工具为案卷目录，共14册。其中：文书档案2册，会计档案9册，科技档案1册，实物档案1册，照片档案1册。

主要内容：

厂史，大事记，机构设置材料，企业计划，年度工作总结、年报，法人年检报告书、审计报告书等材料，厂部会议、厂务会议、行政会议等会议材料，劳工、教育、物资等年报，工厂改制情况汇总表，工厂关闭有关文件、分流方案等材料。

党团年报、党员和团员花名册，党员调进调出材料，职代会材料。

人事任免材料，专技人员任职资格通知、考核工作实施办法及小结等材料，职工介绍信、录取通知书等调进调出材料，职工工资单、工资调整材料、劳工统计材料、晋级考核材料，职工解除劳动合同、退档转移、辞职等材料，职工失业证明存根、社保待遇审批表、退休职工养老和医疗待遇审核表、协保协议、参保人员减少表等材料。

有关房屋租赁的合同、协议书,职工住房补贴相关材料。

会计凭证、各类账册、财务报表等。

苏州针织总厂

全宗号 A028

苏州针织总厂始建于1956年1月,由苏州市针织业中5家内衣制造厂、28家袜厂、1家横机厂、1家茶馆和3家并线厂公私合营而成,位于东中市汤家巷154—160号。1957年迁至盘门外大马路192号,1976年迁至南环路。1980年10月正式更名为"苏州针织总厂",隶属苏州市纺织工业局,属于全民所有制性质企业。主要生产各类针织内衣、运动服装、印花衫裤、T恤,涤棉交织仿丝绸涤花绡等。主要品牌有"环碟""金燕""海豹"。2003年11月宣告破产。

馆藏苏州针织总厂档案4 649卷,排架长度111.58米,起止年为1956—2006年。其中:文书档案776卷,会计档案3 785卷,科技档案86卷,实物档案2卷。

本全宗档案可提供的检索工具为案卷目录,共7册。其中:文书档案3册,会计档案2册,科技档案1册,实物档案1册。

主要内容：

大事记，厂部年度工作总结，上级批复、组织发文、上级领导讲话材料，工厂 1988 年申报省级先进企业的相关材料，苏州袜厂并入苏州针织总厂材料，资产评估报告，工投公司关于苏州针织总厂破产、企业职工分流安置政策选择的通知和具体办法，工厂财务、计划、供应、基建、环保、劳工、安技等年报材料，基建、总务借款等合同材料，厂务会、职代会、书记例会、政工例会、经济分析会议、设备会议、生产分析会议、全面质量管理会议、体改及其他会议材料，档案外借登记本。

党团会议材料、年报，党委年度工作总结、大事记、改选等政治工作材料，中国共产党苏州市第六次代表大会材料。

职工调配介绍信、报到通知书、转正定级审批表，职工工资单、工资转移证明、调资材料，培训结业学员花名册、考绩表，劳工人员台账，工厂精简下放工人户籍证明、职工失业证明存根、退工（失业）档案转移登记表、针织总厂集体户口材料，退休人员养老、医疗待遇审批表。

总厂上报纺工部质量奖申报表、名牌产品申报资料、获国家金质奖的"环碟牌"涤花绉创优材料，与高邮棉纺厂、化纤厂等工厂的合同，与四川成都海燕羊毛衫厂、海燕百货经营部的合同纠纷案材料，与呼图壁针织厂等单位的经济纠纷案材料。

会计凭证、各类账册、财务报表等。

苏州化学纤维厂

全宗号　A029

苏州化学纤维厂成立于1956年4月，位于苏州城南宝带桥南堍，主要生产涤纶短纤维，隶属纺织工业局，属于全民所有制性质企业。2002年8月政策性破产。

馆藏苏州化学纤维厂档案8 471卷，排架长度203.3米，起止年为1964—2003年。其中：文书档案3 289卷，会计档案4 914卷，科技档案222卷，照片档案44卷，底片档案2卷。

本全宗档案可提供的检索工具为案卷目录，共27册。其中：文书档案5册，会计档案17册，科技档案3册，照片档案1册，底片档案1册。

主要内容：

工厂历史沿革，大事记，工厂行政、生产各类报表，工调工作小结，工作计划和总结、生产资料汇编、厂部经验材料、企业整顿材料、管理规章制度，工厂领导班子分工、调整、聘任的决定及通知等组织人事工作材料，工厂法人年检报告书、法人申请变更登记注册书，工厂工作会议、专业会议、职代会会议材料，上级关于安全、劳工、企业管理、环境保护、财经纪律、物价管理等材料，中央首长讲话等材料，党员干部年报表、名册、组织介绍信等材料。

临时工、合同工材料，招工花名册，职工报到材料，调档介绍信存根，人员调动介绍信，学徒转正定级审批表，各类专技人员任职资格的通知，工人工资证明、转移证、审批表，工调工作情况汇编，解除劳动合同等材料，职工内退协议、申请报告，职工购买公房材料，工厂参加养老保险人员情况表，养老金交费花名册，职工社保相关材料，失业保险待遇审批表，退休人员医疗待遇审批表，离休老干部经费使用说明。

与苏州工商银行道前办、吴江华神营养保健厂、吴县经济技术开发区管委会签订的协议书，与苏州市纤维检测所、化工设备工厂、第四毛纺厂签订的协议书，与无锡广益化纤厂经济合同纠纷案的申请执行材料，1987年热熔性黏结电绝缘聚酯短纤维的协议、报告、文件等材料，1987年阳离子可染型聚酯纤维的协议书、试制材料及获奖证书，1989年抗起毛起球涤纶的批复等文件及试验报告等材料，1989年阳离子可染常压沸染涤纶短纤维工艺等材料。

会计凭证、工资单、各类账册、财务报表等。

苏州第四毛纺织厂

全宗号　A031

苏州第四毛纺织厂的前身是1958年创建的全民所有制企业苏州毛纺织厂。1981年，经改造扩建，苏州毛纺织厂一分为二：精毛纺部分，1983年扩建为苏州第一毛纺织染厂；粗毛纺部分，1985年扩建为苏州第四毛纺织厂。苏州第四毛纺织厂位于胥江路2号，隶属苏州市纺织工业局，属于全民所有制性质企业。

馆藏苏州第四毛纺织厂档案2 556卷，排架长度61.34米，起止年为1958—2005年。其中：文书档案884卷，会计档案1 671卷，实物档案1卷。

本全宗档案可提供的检索工具为案卷目录，共7册。其中：文书档案4册，会计档案2册，实物档案1册。

主要内容：

企业概况，大事记，工作总结、年度计划，开展全面整顿的材料、各类合同，厂务会、职代会等相关会议材料，工厂发文，各类上级来文。

党员名册、年报、统计材料，党团工作规划、工作总结等政治工作材料及会议材料。

干部任免等人事材料，职工调配介绍信、报到通知书，培训学员录取通知书，学徒转正定级材料，农民合同工用工通知书，调档介绍信，职工升级、晋级审批表，工资调整材料，工资单，工资单转移材料，1985年工改材料，增资汇总表，职工离职材料，退休人员花名册，离退休登记表，退休职工子女审批表，企业职工养老保险缴费材料、社会保险材料、失业保险材料，工厂一次性安置结付清单、安置协议书、失业保险审批表。

省厅、市纺织工业公司关于技经指标和苏州第四毛纺织厂技术进步会议经验交流材料，工厂生产营销材料、产品材料，工厂行政、安全、财务管理材料，工厂基建、设备档案材料。

会计凭证、各类账册、财务报表等。

苏州羊毛衫厂

全宗号　A032

苏州羊毛衫厂的前身是1956年公私合营后组建的苏州针织厂，由27家袜厂、5家内衣厂、3家并线作坊、2家缝纫厂和1家梅园茶馆合并而成，地址是东中市337号。1958年2月，划出内衣车间，另建苏州针织内衣厂。1958年9月，为上海外贸公司试织难度较高的兔毛衫，获得成功，从此成为给上海外贸公司加工羊毛衫的专业厂。1959年，改名为"公私合营苏州羊毛衫厂"。

1962年，改为地方国营，是江苏省毛针织业中唯一的国营企业。1996年8月，企业破产。

馆藏苏州羊毛衫厂档案1 982卷，排架长度47.57米，起止年为1958—2003年。其中：文书档案529卷，会计档案1 452卷，实物档案1卷。

本全宗档案可提供的检索工具为案卷目录，共7册。其中：文书档案3册，会计档案3册，实物档案1册。

主要内容：

大事记，工厂工作总结、方针目标、章程，工厂升级材料，工厂报省级先进企业材料、省级先进企业证书，工厂各项技术经济指标及完成情况，职代会、厂务会等会议材料，共青团团组织材料，省优良品种名单，省纺织工业技术政策材料。

人事任免材料，职工合同及解除材料，招工录取材料，报到通知书，调配介绍信，职工转正定级材料，学徒满师定级审批表，培训生录取通知书，职工工资单、工资转移单、调整工资测算表、花名册，1985年工改表，工厂职工独生子女申请登记表，职工辞职、除名材料，退休职工花名册，职工退休养老金、社保、医保材料，工厂房改文件、购房材料、出售公房审批表，与业务往来单位签订的房屋租赁还款协议合同，职工购房契约。

会计凭证、各类账册、财务报表等。

苏州纺织机械厂

全宗号　A034

1958年4月，苏州纺织机械厂成立，厂址为长春巷6号，属于全民所有制企业。1959年2月，苏纶钢铁厂与苏州纺织机械厂合并，并确定了苏州纺织机械厂的新厂区，位于人民南路54号。同年3月至9月，长春巷总厂和西花桥分工场陆续搬迁至苏纶钢铁厂厂区，主要产品为黄麻织机。2001年4月，企业改制。

馆藏苏州纺织机械厂档案8 470卷，排架长度203.28米，起止年为1958—2001年。其中：文书档案1 699卷，会计档案6 199卷，科技档案48卷，实物档案394卷，照片档案120卷，底片档案10卷。

本全宗档案可提供的检索工具为案卷目录，共18册。其中：文书档案5册，会计档案7册，科技档案1册，实物档案2册，照片档案1册，底片档案2册。

主要内容：

大事记，厂史，建厂三十周年纪念册及纪念活动相关材料，各科室及车间年度总结，工厂机构设置、整顿材料，选派人员出国、引进专业技术人员、技师聘任等材料，年度报表、合格企业审批文件等材料，工厂管理规章制度、管理标准汇编、各部门职责等材料，工厂破产还债通知等文件，工厂生产完成情况、规划、新产品汇报等材料，关于产品质量的相关文件、产品样本、经验介绍材料，工厂技术发展规划、鉴定报告及批复、技术革新项目材料、技术协议书及合同等有关生产技术方面的材料，职代会、厂务会议、厂长办公会议、工厂管委会会议及各类专业会议材料，企业获得的各类奖状。

党员及干部年报，干部任免报告、工作报告，各党支部改选材料，团员年报，团委改选材料、工作总结，党团会议材料。

干部离休、任免、聘任专技职务的通知和决定，职工调进调出材料，职工登记册、报到通知书、联系表，精简退职人员登记表，职工劳动合同材料，职工晋级材料，工资调整材料，劳资年报，职工离职材料，退休职工花名册，关于退休金、抚恤金、保险金的材料。

与国内外各企业合作的材料，与其他企业纠纷处理材料，赴西德、比利时、意大利、印度尼西亚考察、培训、技术服务的材料，工厂1991年遭受特大洪水及抗洪救灾的概述、日记、事迹、表彰通报等材料。

会计凭证、工资单、各类账册、财务报表等。

苏州市丝绸工业公司

全宗号　B00B

苏州市丝绸工业公司由苏州市丝织工业公司演变而来。苏州市丝织工业公司筹建于1956年1月，同年4月建立，并改称"苏州市丝绸公司"，归江苏省丝绸工业局领导。1957年12月，苏州市丝绸公司由江苏省划归苏州市管理，并入苏州市纺织工业局。

1966年11月，苏州市纺织工业局撤销，分建苏州市丝绸工业公司、苏州市纺织工业公司。1967年2月，苏州市丝绸工业公司、苏州市纺织工业公司重新合并为苏州市纺织工业局。1968年9月，成立苏州市纺织工业局革命委员会。1970年2月，改名为"苏州市纺织工业革命委员会"。1972年4月，改称"苏州市革命委员会纺织工业局"。

1980年8月，撤销苏州市革命委员会纺织工业局，建立苏州市丝绸工业公司和苏州市纺织工业公司。苏州市丝绸工业公司地址是人民路537号，为管理市属丝绸企业各项工作的专职机构。

1992年6月，苏州市丝绸工业公司更名为"苏州市丝绸工业局"。1996年7月，撤销苏州市丝绸工业局，成立苏州丝绸集团有限责任公司。

2002年2月，苏州丝绸集团有限责任公司划归苏州市工业投资发展有限公司。

馆藏苏州市丝绸工业公司档案7 606卷，排架长度182.54米，起止年为1965—2007年。其中：文书档案3 612卷，会计档案3 163卷，科技档案711卷，实物档案86卷，音像档案20卷，照片档案14卷。

本全宗档案可提供的检索工具为案卷目录，共34册。其中：文书档案9册，会计档案15册，科技档案3册，实物档案4册，音像档案2册，照片档案1册。

主要内容：

苏州市丝绸工业局组织机构沿革，丝绸工业大事记，苏州市丝绸工业公司所属企业年度工作总结，党委会、董事会等会议记录，上级文件、通知，丝绸系统工业生产统计年报表，劳动工资年报表，党员干部统计年报表，公司关于基建、劳动工资、安全生产的报告和通知，苏州市委常委会关于组建苏州丝绸集团有限责任公司的批复，历年干部任免决定、批复，来信来访材料，苏州市丝绸工业公司所属各企业申请报告，企业整顿材料，公司发文汇编。

企业通用工种劳动规范，丝织工人技术等级标准，企业承包经营责任审计报告，历届丝绸旅游节材料，丝绸工业年鉴，丝绸企业清产核资审批明细表，丝绸大厦建设项目有关材料，历年专业技术任职资格审定表及有关材料，历年人事文件汇编，历年企业技改项目材料，苏州市丝绸工业公司所属各企业平面图。

工人、干部调动介绍信存根，企业调整工资材料，历年职工增资花名册，企业职工退休审批表、名册，企业独生子女登记表，国务院、江苏省政府、苏州市政府关于苏州丝绸企业破产、兼并、重组实施方案的请示批复，苏州市中级人民法院、市政府办公室对丝绸企业破产裁定书，丝绸系统破产企业财务审计报告、破产申请材料、清算工作报告、清算财务报表，苏州市丝绸进出口公司改制、破产材料，江南丝厂破产清算资料，丝绸供销公司破产清算材料，印染企业破产重组材料。

原料经营部、发展公司和丝绸原料公司的会计凭证，苏州新苏丝织厂、苏州丝绸印花厂、苏州绸缎炼染一厂、苏州振亚丝织厂、苏州光明丝织厂、苏州锦绣丝织厂和丝绸进出口公司清算会计凭证等。

苏州第一丝厂

全宗号　B001

苏州第一丝厂的前身为日商瑞丰丝厂，创建于1926年5月，厂址是南门路94号。1938年8月，该厂以评估出资方式参与日伪控制的华中蚕丝株式会社统一经营，并于同年11月改名为"苏州丝厂"。1944年5月，改属中日合资的中华蚕丝股份有限公司管理。

日本战败后，1945年10月，工厂由国民党政府经济部、农林部联合接收。1946年春，工厂归国民党政府组织的中国蚕丝公司管理，改名为"苏州第一实验丝厂"。

1949年4月苏州解放后，工厂由苏州市军事管制委员会接管，6月定名为"国营中国蚕丝公司第一丝厂"。1950年12月，划归中蚕公司苏南分公司管辖。1952年年初，移交苏南人民行政公署工业处管理，同年11月，由苏州市地方国营企业管理处代管，并改为地方国营企业。1953年1月，苏州新华丝厂并入，2月定名为"地方国营苏州第一丝厂"。1956年2月，浒关实验代缫丝厂将工厂部分设备及人员并入。

1990年，苏州第一丝厂因原料脱节，连年严重亏损而逐步停产、转产，至1995年基本退出缫丝生产。曾先后建立的苏州第一丝厂附属中科器材厂、中日合资苏州金桂丝绸服装有限公司、中日意合资金桂—罗曼诺丝绸服装有限公司、中美合资苏州思美尔化妆品有限公司、金叶丝服装有限公司等公司于2000年相继歇业清盘。2001年7月，企业实行整体改制，建立苏州第一丝厂有限公司。

馆藏苏州第一丝厂档案12 378卷，排架长度297.07米，起止年为1947—2002年。其中：文书档案3 300卷，会计档案9 073卷，实物档案5卷。

本全宗档案可提供的检索工具为案卷目录，共14册。其中：文书档案5册，会计档案7册，实物档案2册。

主要内容：

厂志，大事记，各类工作计划和总结，历届职代会、厂务会、厂长碰头会等各类会议记录及文件等材料，上级主管部门关于计划、质量、生产、财务、劳工、物资、卫生、科研等方面的通知通报，对上级部门的各类汇报、各类申请报告，上级关于工厂机构体制及干部任免的批复，关于企业法人变更、增加经营范围、更换厂长印鉴的通知报告，资产清理及估价报告表，第一个五年计划执行情况资料，财务、生产历史资料统计，征用青阳地的批复，财务、生产、劳工、物资、环保、基建年报，企业年检报告，各级管理制度、经济责任制以及职责考核的各种细则，建厂六十周年、六十五周年庆祝活动资料，刊登在《新苏州报》《苏州工农报》上有关本厂的简报。

与业务往来单位签订的各类协议及合同，新华丝厂并厂的批复，上级关于实验代缫丝厂并厂及调拨固定资产的指示，苏州市丝绸旅游公司关于旅游定点单位的通知审批表，苏州 D&G 缝线有限公司章程及合同，苏州思美尔化妆品有限公司合同章程、营业执照、税务登记证、生产许可证、卫生许可证、产品出口企业确认证书等，苏州思美尔化妆品有限公司、苏州金桂丝绸服装有限公司董事会会议纪要及审计报告书，关于第一丝厂土地使用情况的说明及国有土地资产评估申请审批表。

党委会、团委会等各类会议记录，干部统计年报及花名册。

职工转正定级花名册，工资调整花名册，职工离退休花名册，退休人员基本养老金审批表，工人退休及子女顶替申请及审批表，劳动合同制工人解除合同证明、养老保险转移单、工资转移证，职工住房分配材料，房屋所有权证。

产品荣获银质奖材料，生产技术资料，企业晋升省级先进的报告申请表及奖状，历年被评为市劳模、先进工作者、系统先进个人、先进集体的名单，历届操作运动会操作能手名单，关于抗洪救灾受灾情况、定损汇总、保险赔款的通知等材料。

会计凭证、工资单、各类账册、财务报表等。

苏州江南丝厂

全宗号　B004

苏州江南丝厂始创于1931年，原为附设于苏州市郊浒关镇三元蚕种场的三元丝厂，时有坐缫车80台。1947年，厂主将其扩建，并改名为"苏州江南丝厂"，时有立缫车192台。1952年，由苏南行署工商处接收后划归苏州市管辖，改称"地方国营苏州江南丝厂"。

1966年9月，苏州江南丝厂改名为"苏州市第二丝厂"。1978年11月，恢复原"苏州江南丝厂"厂名。1994年10月，暂停缫丝生产的主业。1995年苏州江南丝厂破产。

馆藏苏州江南丝厂档案4 124卷，排架长度98.98米，起止年为1952—2005年。其中：文书档案1 900卷，会计档案2 223卷，实物档案1卷。

本全宗档案可提供的检索工具为案卷目录，共7册。其中：文书档案4册，会计档案2册，实物档案1册。

主要内容：

历年工作总结及工作计划，党委会、团委会、厂务会、厂长碰头会、历届职代会、政工例会等各类会议材料，1993年厂长令相关材料，党员和干部年报，关于工厂行政机构设置及有关人员任免的决定，审干专卷，厂长离任审计报告，商标注册证，企业法人年检报告书，会计、统计、生产、劳工、物资、环保、基建年报，关于计划、生产、财务、劳动工资、安全保卫、物资、卫生、调度、科研、基建、供销等方面的上级有关文件，与业务往来单位签订的协议书及合同书，关于各项减免税、补贴以及各类资金的申请、请示，厂内承包经营责任制文件，第一轮承包述职报告及有关指标完成情况，综合服务部章程及承包合同书、招投标书，江南丝厂部分资产评估报告说明（1994年），《新江南》《江南简报》等报刊。

市、局、厂先进及标兵名单，操作运动会材料，1986—1987年专项奖金存根单，关于市劳动模范晋升工资文件及呈报审批表，工资测算表、调资表，精简职工登记表，招工录取审批表及花名册，合同制工人养老保险手册，独生子女登记表，关于转交养老金和医疗保险基金的意见书，保险费缴费清单，养老保险花名册，职工养老保险缴费记录名册，职工《劳动手册》发放名册，1996年1月1日后退休人员改办补发花名册，劳动合同解除证明，职工养老金审批表，企业协保人员档案协议书及花名册。

优质产品申请表，技术改造、新品开发规划材料，江南丝厂房契、土地协议书等材料，工厂基建合同，厂平面图，职工住宅基建图，优惠售房审批表。

会计凭证，工资单、奖金、破产清算明细账等各类账册。

苏州光明丝织厂

全宗号　B009

1956年1月，在全行业公私合营的浪潮中，延龄、锦纶、开祥、同福、自立、裕新、集成、芮兴隆、天华、勤业、陈金记、恒丰、新华、公大、大新、宝康恒、周记、久如、张志记、经纶道、协成、顾锦记、钱伟记、志达、新纶和新生昌等26家私营小绸厂和成泰、郭顺兴等2家铁铺合并建成苏州光明丝织厂，厂址为古城区西北街140号。

1988年，新明丝织厂并入苏州光明丝织厂。1994年，苏州丝织试样厂并入苏州光明丝织厂。1995年，苏州光明丝织厂作为江苏省改制试点企业，改组成为江苏光明丝绸集团有限公司。1999年，重新组建苏州桑梦丝绸织造有限公司。2002年8月，公司破产。

馆藏苏州光明丝织厂档案12 167卷，排架长度292.01米，起止年为1956—2005年。其中：文书档案4 723卷，会计档案6 594卷，科技档案644卷，实物档案141卷，照片档案63卷，底片档案2卷。

本全宗档案可提供的检索工具为案卷目录，共21册。其中：文书档案10册，会计档案4册，科技档案1册，实物档案4册，照片档案1册，底片档案1册。

主要内容：

厂史，厂志，苏州光明丝织厂简介，苏州光明丝织厂年鉴，各年度工作总结，会议记录，干部任免材料，年度企业法人年检、变更登记、注销登记、承包合同责任制等材料，厂领导历年会议发言材料，五年规划、十年设想，本厂向上级机关的请示报告、批复，上级机关对本厂基建、生产、计划、技术、设备、财务等工作的指示、规定、通知等材料，企业升省级先进申报材料，企业升级汇报材料，关于1987—1990年工厂承包经营责任审计的通知以及1991年预审、"四项基金"审计结论决定等材料，光明丝织厂丝织工艺手册，《光明简讯》，江苏光明丝绸集团有限公司设立登记申报材料，集团公司综合年报表。

厂规及厂长工作、办公室、保卫各项管理制度，全面质量管理制度，全面计划、经济核算、全员培训管理制度，设备、科研、能源、生活等管理制度，力织、经纬车间管理制度，卷纬、保全车间管理制度，关于全面质量管理工作的规划、汇报、条例及质监考核规定，关于全面质量管理工作的专题总结，关于计量工作验收的汇报、细则及制度，企业档案管理制度。

历年党代会、职代会材料，团组织年报，团员花名册，团委及各支部改选报告、批复、决定、总结，关于整党动员及对照检查的总结、报告、批复，党支部改选材料，各年度工会工作总结、专题汇报、选举报告、批复及市工会代表登记表，江苏光明丝绸集团公司组织史资料（1956—1994年）。

《专业技术岗位职责》，关于职工民主管理、劳动竞赛、成果交流的材料，企业调整工资花名册及座谈会记录，关于特殊贡献职工晋级花名册及厂级领导晋升工资的批复，工资标准与经济效益挂钩浮动的报告、批复及花名册。

财务报表、现金日记账、银行日记账、销售日记账、销售表、生产费用明细表等。

苏州丝织试样厂

全宗号　B013

苏州丝织试样厂成立于1973年4月，厂址是白塔西路32号，是在东方红丝织厂原试样车间的基础上筹建起来的，为全民所有制企业。主要承担省或市丝织花色品种的设计、编号和报样等任务。1994年，苏州丝织试样厂并入苏州光明丝织厂。

馆藏苏州丝织试样厂档案1 275卷，排架长度30.6米，起止年为1978—1994年。其中：文书档案399卷，会计档案869卷，实物档案7卷。

本全宗档案可提供的检索工具为案卷目录，共4册。其中：文书档案2册，会计档案1册，实物档案1册。

主要内容：

各级干部任免报告、批复，1978—1994年各级领导讲话、机关发文等材料，1978—1994年生产计划、工作总结，厂领导会议、中层干部会议、生产工作会议、安全工作会议、质量分析会议等各类会议记录，企业关闭歇业批复、审批报告、设备资产台账等，各类工艺、设备、产值、产量报告，设备检验报告，设备买卖合同。

1978—1994年党务工作总结和工会工作总结，民兵工作总结，职代会材料，生产竞赛年终评比、先进名单、先进集体表彰等材料。

企业职工报到通知书，工资单，职工调资花名册，职工工资月报、工资年报、工资统计报表，职工离职材料。

会计凭证、各类账册、财务报表、增值税抵扣联存根、企业债务清偿表等。

苏州新苏丝织厂

全宗号　B014

1950年，苏州新苏丝织厂成立，位于苏州市西北街47号，其前身为苏州第一丝织厂，由中小型纱缎庄和部分"现卖机户"逐渐发展起来的15家丝织厂联营组成。1953年1月，改名为"苏州第一丝织厂股份有限公司"，企业性质属私营。1955年8月，并入两家小厂，实行公私合营，定名"公私合营新苏丝织厂"。1956年1月，全行业开始实行公私合营，当年并入20家私营企业。1957年，由10家小厂组成的公私合营新华染织厂并入新苏丝织厂。1998年6月，苏州新苏丝织厂被正式列入国家非试点城市重大结构调整项目，经过破产重组后，建立江枫丝绸织造公司。

馆藏苏州新苏丝织厂档案8 516卷，排架长度204.38米，起止年为1954—1998年。其中：文书档案2 045卷，会计档案5 263卷，科技档案226卷，实物档案981卷，照片档案1卷。

本全宗档案可提供的检索工具为案卷目录，共15册。其中：文书档案4册，会计档案3册，科技档案1册，实物档案6册，照片档案1册。

主要内容：

部分年份的大事记、年鉴等，各级干部任免报告、批复，1954—1998年各级领导讲话、机关发文等材料，1954—1998年本厂生产计划、工作总结，厂领导会议、中层干部会议、生产工作会议、安全工作会议、质量分析会议等各类会议记录，企业关闭歇业批复、审批报告、设备资产台账等，各类工艺、设备、产值、产量报告，设备检验报告，设备买卖合同。

1954—1998年党务工作总结和工会工作总结，民兵工作总结，职代会材料，生产竞赛年终评比、先进名单、先进集体表彰等材料。

企业职工报到通知书，工资单，职工调资花名册，职工离职材料。

会计凭证、各类账册、财务报表、增值税抵扣联存根、企业债务清偿表等。

苏州东吴丝织厂

全宗号　B015

苏州东吴丝织厂前身为东吴绸厂，位于人民路间邱坊巷南侧，始创于1919年，系由1898年开设的上久坎纱缎庄抽调部分资金、人员和大成恒纱缎庄投入部分资金筹建的东吴铁机丝织厂演变而来。1921年3月，正式开业生产，定名"东吴丝织厂"。1937年抗日战争全面爆发，停工8个月，次年4月复工，改名"东吴绸厂"。1955年6月，私营成永绸厂、私营东吴祥记绸厂染部（东吴绸厂和李宏兴祥记绸厂合资开设）并入私营东吴绸厂，实行公私合营，定名"公私合营东吴丝织厂"。

1966年，厂名改为"东方红丝织厂"。1970年，丝绸研究所丝织工场并入东方红丝织厂。1978年，恢复"东吴丝织厂"厂名。

2001年12月，企业更名为"苏州东吴丝织厂有限责任公司"，由中国东方资产管理公司、中国华融资产管理公司、苏州丝绸集团有限责任公司三方组成。2003年3月、2003年12月、2004年3月,通过公开拍卖,三方将所有股权转让给苏州市工业投资发展有限公司。2004年3月底,通过公开拍卖,以苏州新诚化纤有限公司为主的联合体成为买受人,企业性质由国有转为民营。

馆藏苏州东吴丝织厂档案13 572卷,排架长度325.73米,起止年为1952—2005年。其中:文书档案4 919卷,会计档案6 781卷,科技档案1 674卷,实物档案133卷,照片档案64卷,底片档案1卷。

本全宗档案可提供的检索工具为案卷目录,共26册。其中:文书档案9册,会计档案5册,科技档案6册,实物档案4册,照片档案1册,底片档案1册。

主要内容:

厂志,大事记,各级干部任免报告、批复,各级领导讲话、机关发文等材料,苏州东吴丝织厂及下属科室、车间的生产计划、工作总结,厂领导会议、中层干部会议、生产工作会议、安全工作会议、质量分析会议等各类会议记录,各类工艺、设备、产值、产量报告,企业审批报告、设备资产台账等,设备检验报告,设备买卖合同。

党务工作总结和工会工作总结,职代会材料,党员名册、年报,优秀党员表彰材料及先进事迹记录,民兵工作总结、民兵活动汇报,生产竞赛年终评比、先进名单、先进集体表彰材料。

企业职工报到通知书,工资单,职工调资花名册,职工离职材料。

会计凭证、各类账册、财务报表、增值税抵扣联存根、企业债务清偿表等。

苏州新光漳绒厂（苏州新光丝织厂）

全宗号　B018

苏州新光漳绒厂创立于1956年1月，位于古市巷20号，同年4月，迁至西花桥巷27号，初秋，又迁至桃花坞大街58号。苏州新光漳绒厂原是由15家分散的漳绒业私营工商户合营，1956年7月，又并入3家丝织工场。1966年，更名为"苏州新光丝织厂"。

2000年10月，苏州新光丝织厂整体改制，成立新光丝绸有限责任公司。

馆藏苏州新光漳绒厂（苏州新光丝织厂）档案8 610卷，排架长度206.64米，起止年为1955—2007年。其中：文书档案3 838卷，会计档案4 336卷，科技档案264卷，实物档案5卷，照片档案139卷，底片档案28卷。

本全宗档案可提供的检索工具为案卷目录，共22册。其中：文书档案11册，会计档案3册，科技档案3册，实物档案2册，照片档案1册，底片档案2册。

主要内容：

厂志，大事记，年鉴，机构设置、干部任免的报告和批复，工作计划和总结，会议记录，管理制度，行政报告及批复，生产发展规划，企业整顿材料，整党工作材料，企业工程设计预决算书，电气、水网、蒸汽管道、照明、电话线路等基建工作与企业设备资料，产品介绍，劳工、基建等各类统计报表，1956年合营时的股票、账目及情况表。

会计凭证、工资单、各类账册、财务报表等。

苏州锦绣丝织厂

全宗号　B019

1961年10月，苏州新苏丝织厂第四分工场被划出，于齐门路166号成立苏州锦绣丝织厂，以生产绉类、纺类织物为主。

2000年，苏州锦绣丝织厂改制为由经营层相对控股、职工自愿入股、集团公司适量参股的新企业，并实行风险抵押，租赁国有资产，以支付租赁费来负担老企业部分职工生活费的形式，进行"建新租老"改制。2003年10月，苏州锦绣丝织厂破产。

馆藏苏州锦绣丝织厂档案6 172卷，排架长度148.13米，起止年为1961—2003年。其中：文书档案2 792卷，会计档案 3 307 卷，科技档案 67 卷，实物档案 6 卷。

本全宗档案可提供的检索工具为案卷目录，共 10 册。其中：文书档案 6 册，会计档案 2 册，科技档案 1 册，实物档案 1 册。

主要内容：

大事记，各级领导讲话、机关发文等材料，干部任免报告、批复，厂部及下属科室和车间的生产计划、工作总结，厂领导会议、中层干部会议、生产工作会议、安全工作会议、质量分析会议等各类会议记录，历年技术革新成果汇编，各类工艺、设备、产值、产量报告，设备资产台账，设备检验报告，设备买卖合同。

党务工作总结和工会工作总结，党员名册、年报，优秀党员表彰材料及先进事迹记录，职代会材料，生产竞赛年终评比、先进名单、先进集体表彰等材料。

企业职工报到通知书，工资单，职工晋级方案，职工调资花名册，企业工资标准与经济效益挂钩浮动的报告、批复，企业内部承包合同指标、劳动报酬情况表，职工离职材料，有关长病休假的补充规定，夏季冷饮费发放标准，子女受托问题的讨论意见。

会计凭证、各类账册、财务报表、增值税抵扣联存根、企业债务清偿表、年审计报告等。

苏州绸缎炼染厂

全宗号　B023

苏州绸缎炼染厂前身为苏州第一精炼厂,创建于1931年,最早厂址为人民路装驾桥巷口。1934年,经股东改组扩充设备后迁至平门内北寺塔西首。

1955年7月实行公私合营后,企业获得新生。1963年,正式定名为"苏州绸缎炼染厂"。1982年,经苏州市人民政府批准,将位于白洋湾的苏州化肥厂停产转业并与苏州绸缎炼染厂合并,原有白洋湾厂址作为苏州绸缎炼染厂扩建基地。同年10月,选定原苏州化肥厂钢材仓库,改建成绸缎化纤织物涂层生产厂房。1984年4月,苏州绸缎炼染厂划分为苏州绸缎炼染一厂和苏州绸缎炼染二厂。

馆藏苏州绸缎炼染厂档案394卷,排架长度9.46米,起止年为1949—1984年。其中:文书档案298卷,会计档案94卷,照片档案2卷。

本全宗档案可提供的检索工具为案卷目录,共4册。其中:文书档案1册,会计档案2册,照片档案1册。

主要内容:

厂史、各级领导讲话、机关发文等材料,厂领导会议、中层干部会议、股东会议、清产定股协商会议、生产工作会议、安全工作会议、质量分析会议等各类会议记录,厂部及下属科室、车间的生产计划、工作总结，公私合营方案，公私合营协议书，公私股名单，企业基本年报。

支部会议记录，党员转正通知书，党员名册、年报，党务工作总结和工会工作总结，职代会材料，优秀党员表彰材料及先进事迹记录，生产竞赛年终评比、先进名单、先进集体表彰材料。

各级干部任免报告、批复，企业职工报到通知书，职工调资升级花名册，职工离职材料。

各类工艺、设备、产值、产量报告，基本建设规划及设计任务书，设备检验报告，设备买卖合同，设备资产台账，锅炉工程施工说明、合同。

会计凭证、各类账册、财务报表等。

苏州绸缎炼染一厂

全宗号 B024

苏州绸缎炼染一厂位于人民南路团结桥堍，1984年4月从苏州绸缎炼染厂中划分出来。1992年，苏州染丝厂并入苏州绸缎炼染一厂。2000年1月，苏州绸缎炼染一厂迁至白洋湾。2001年7月，工厂破产，由苏州唯思丝绸印染有限公司竞拍收购。

馆藏苏州绸缎炼染一厂档案5 004卷，排架长度120.1

米，起止年为1984—2001年。其中：文书档案1 757卷，会计档案3 097卷，科技档案123卷，实物档案7卷，照片档案20卷。

本全宗档案可提供的检索工具为案卷目录，共14册。其中：文书档案5册，会计档案2册，科技档案3册，实物档案2册，照片档案2册。

主要内容：

大事记，厂务会议、常委会会议记录，行政计划等材料，上级通知、意见、决定等文件，各部门方针目标管理图，工业企业统计年报，计划统计年报，主要产品产销存情况月报，各类总结、合同，工业普查材料，企业升级资料汇编，国家二级企业申报资料汇编。

职代会材料，单位、集体、个人的先进材料。

干部职务任免决定、批复等，组织人事年报，考勤表，养老金缴费名册、个人台账，职工住房补贴花名册，结婚申请表和独生子女申请登记表。

"梅泽拉"连续精炼机技术说明书、照片，丝绸精炼皂技术鉴定材料，真丝绸高温高压精炼工艺研究材料，各类真丝产品，中国进出口商品交易会报样，厂质量管理成果选，中纺部质量管理奖申报材料，企业优质产品奖，联合国第四次世界妇女大会中国组委会中国丝绸博览会金奖和银奖奖杯，纺织工业部部长吴文英同志来厂视察题词。

会计凭证、工资单、各类账册、财务报表等。

苏州丝绸印花厂

全宗号　B026

苏州丝绸印花厂于1959年成立，坐落在苏州拙政园旁百家巷内。1963年，上升为全民所有制企业。2001年10月，破产终结。

馆藏苏州丝绸印花厂档案31 302卷，排架长度751.25米，起止年为1958—2001年。其中：文书档案2 720卷，会计档案4 444卷，科技档案23 541卷，实物档案597卷。

本全宗档案可提供的检索工具为案卷目录，共39册。其中：文书档案5册，会计档案6册，科技档案24册，实物档案4册。

主要内容：

厂工作计划、总结，厂务会议记录，厂规章制度汇编，厂内各类批复、文件、通知、决定、报告等材料，各类承包合同及协议书，各类月报表、年报表，关于升级为国家二级企业的申报材料，财政局、纺工局、物资局、丝绸公司、计量局等上级单位下达的有关指示、通报、要求、政策、报告、批复，以及对质量、品种、花色等方面的指示和有关规定，关于设立鑫达贸易公司的申请章程，《丝印报》。

党员、干部统计年报，党委工作计划、总结，职代会专卷，工会统计年报。

专业技术人员任职资格通知、登记表、花名册，专业技术职务聘约及工作聘任任务书，劳动工资统计年报，关于职工解除劳动合同方面的决定、证明、申请，关于聘任、调出劳工方面的发文，丽新印染厂去丝绸印花厂名单、人员登记表、任职批复、各种报告，出国考察相关材料。

苏州市丝绸环境监测站测试报告，生产运行中染化料报告单，产品的各类工艺、技术及产品研究、专题合同、鉴定证书等材料，新品开发汇编，花样资料、图案、生产花样检索手册，各类荣誉证书，重合同守信用企业合格证书、计量合格证书等，苏州印花绸实物。

会计凭证、工资单、各类账册、财务报表等。

苏州染丝厂

全宗号　B027

苏州染丝厂建立于1966年6月，位于沧浪区南门路70号，最初是由全市丝织厂的炼染车间于1965年合并移建而成的。苏州振亚丝织厂、苏州东吴丝织厂、苏州新苏丝织厂、苏州光明丝织厂四大绸厂的炼染车间原有人员、设备、用具等全部并入苏州染丝厂。1992年，苏州染丝厂并入苏州绸缎炼染一厂。2001年10月，企业破产。

馆藏苏州染丝厂档案4 081卷，排架长度97.94米，起止年为 1965—2001 年。其中：文书档案 1 296 卷，会计档案 2 501 卷，科技档案 261 卷，实物档案 23 卷。

本全宗档案可提供的检索工具为案卷目录，共 12 册。其中：文书档案 4 册，会计档案 5 册，科技档案 2 册，实物档案 1 册。

主要内容：

大事记，工作总结，工作报表，会议记录，上级重要批复，厂"四五"规划，企业管理材料，会议发言材料、总结、汇报，上级转发的本厂材料，与上级的来往文书。

党支部委员会会议记录，党、团、民兵花名册及年度报表，团组织情况季报表，团支部会议记录，职代会材料。

干部调进调出介绍信、通知单，干部年报表、干部名册、劳动工资年报表，职工花名册及年度报表，职工调动介绍信及工资转移证，有关劳动工资方案、劳保福利、职工探亲、财务处理等的通知。

各车间管理报表，丝绒染整工艺检查记录，染化料助剂测试鉴定书，麻棉染色鉴定卡、涤纶染色鉴定卡、腈纶染色鉴定卡。

会计凭证、工资单、各类账册、财务报表等。

苏州唯思丝绸印染有限公司

全宗号　B028

苏州唯思丝绸印染有限公司成立于 2000 年 8 月，性质为国有有限责任公司，位于苏州金阊区白洋湾。苏州唯思丝绸印染有限公司是通过对原有苏州绸缎炼染二厂白洋湾厂区整体资产及苏州绸缎炼染一厂、苏州丝绸印花厂的部分设备依法进行公开竞拍收购，并对原有三家破产企业的生产要素进行整合重组而来。2003 年，企业名称变更为"苏州华思丝绸印染有限公司"。

馆藏苏州唯思丝绸印染有限公司档案 150 卷，排架长度 3.6 米，起止年为 1989—2003 年。其中：文书档案 127 卷，实物档案 23 卷。

本全宗档案可提供的检索工具为案卷目录，共 3 册。其中：文书档案 2 册，实物档案 1 册。

主要内容：

公司行政事务类材料，年度工作总结，苏州市经济工作会议、集团公司年度工作会议材料，公司自营进出口权申报材料，工业主要产品收、拨、存月报，社会消费品零售总额及商品交货月报表，工业生产、销售总量及主要产品产量等材料，安全生产管理工作发文、总结、承诺书、招标书，苏州绸缎炼染一厂破产申请材料。

党务报表，上级团委关于公司第一届总支委员会的批复。

专业技术职称花名册，离岗、定补人员花名册。

苏州丽华丝绸印染总厂

全宗号　B029

苏州丽华丝绸印染总厂筹建于1980年9月底，其前身为苏州东风丝织厂的知青点，位于郊区娄葑乡友谊村。该厂隶属苏州丝绸工业局，属于集体所有制性质企业。1981年，扩建厂房，生产初具规模。1993年，以苏州丽华丝绸印染总厂为核心，正式组建成为丽华丝绸印染集团公司。主要加工软缎被面、线绨被面、腊羽纱、袖里绸、尼丝纺等，是从事丝绸精炼、染色、印花的现代化加工企业。2004年3月，依法破产终结。

馆藏苏州丽华丝绸印染总厂档案5 224卷，排架长度125.38米，起止年为1978—2003年。其中：文书档案1 253卷，会计档案3 406卷，科技档案561卷，实物档案1卷，照片档案3卷。

本全宗档案可提供的检索工具为案卷目录，共9册。其中：文书档案3册，会计档案2册，科技档案2册，实物档案1册，照片档案1册。

主要内容：

厂内有关组织机构、人员设置的材料，科室计划，各类工作总结，财务分析材料，关于进出口经营权的申请、请示、批复材料，市经委关于丽华厂更名的批复，亚东石棉厂并入材料，珠海东南丝绸公司转股、扩股、增资等申请和批复，综合楼资产评估报告、各车间资产评估报告，生产报表，职代会报告材料。

厂区平面布置图，废水处理平面图，包装车间明细表，扩建染色车间的申请报告，成品车间施工图纸，前准备车间建筑施工图，炼染车间建筑施工图，职工申请住房报告、登记表。

会计凭证、工资单、各类账册、财务报表等。

苏州第三纺织机械厂

全宗号　B032

1966年1月，江南电器厂将修配车间划出，建立苏州纺织机械修配二站。同年7月，该站改名为"苏州机床修造厂"。1969年12月，改名为"苏州纺织配件二厂"。1975年2月，改名为"苏州第三纺织机械厂"，厂址是白塔东路60号。1982年8月，纺工汽修厂、苏景丝织厂并入苏州第三纺织机械厂。1995年6月，苏州第三纺织机械厂加入苏州三和纺织机电（集团）公司。2003年6月，苏州三和纺织机电（集团）公司改制为苏州新三纺机电有限公司，属于集体所有制性质企业。企业主管部门是苏州市丝绸工业公司。

馆藏苏州第三纺织机械厂档案5 430卷，排架长度130.32米，起止年为1965—2005年。其中：文书档案1 126卷，会计档案4 237卷，科技档案66卷，实物档案1卷。

本全宗档案可提供的检索工具为案卷目录，共7册。其中：文书档案2册，会计档案3册，科技档案1册，实物档案1册。

主要内容：

厂史，各部门工作总结，厂部会议记录，上级有关部门的各类文件，厂发文件，经济责任制、厂规条例、各部门管理制度等材料，企业审计报告，企业承包经营合同书，企业各类综合统计年报，科研开发材料，能源设备及特种设备台账，成立新三纺机电有限公司材料专卷，建厂三十周年庆典文件。

历届职代会材料，党员干部年报。

组织人事任命材料，职工人事情况材料，劳动工资材料，养老保险结算表。

会计凭证、工资单等。

苏州丝绸科学研究所

全宗号 B035

1956年6月，苏州市丝织工业公司丝织技术研究所成立。1957年8月，改名为"苏州市纺织工业局丝织研究所"。1958年9月，改名为"苏州市纺织工业局纺织科学研究室"。1960年4月，改名为"苏州市纺织科学研究所"。1962年8月，改名为"江苏省苏州市丝绸研究所"。1963年6月，改名为"江苏省纺织工业厅丝绸研究所"。1969年4月，改名为"苏州丝绸研究所"。1970年10月，恢复"苏州市纺织科学研究所"的称呼。1975年5月，改名为"苏州丝绸科学研究所"，所址是公园路21/2号。1986年年底，组建苏州市丝绸产品质量监督检验站。1988年，组建苏州国家丝绸质量监督检验中心（国家级丝绸产品质量监督检验测试中心）。2000年3月，注册成立苏州丝绸科学研究所有限责任公司，为苏州市首家由事业单位转制为企业的科研单位。2004年6月，苏州国家丝绸质量监督检验中心整体并入苏州纤维检验所。

苏州丝绸科学研究所系苏州市丝绸工业公司领导下的一个以开发丝绸新产品、新技术为主的专业研究单位，承担着国家科委、国家经委、纺织工业部、中国丝绸公司及江苏省和苏州市各有关部门下达的科研任务，隶属苏州丝绸集团有限责任公司。

馆藏苏州丝绸科学研究所档案 5 985 卷，排架长度 143.64 米，起止年为 1956—1998 年。其中：文书档案 742 卷，会计档案 3 649 卷，科技档案 1 592 卷，实物档案 2 卷。

本全宗档案可提供的检索工具为案卷目录，共 11 册。其中：文书档案 3 册，会计档案 2 册，科技档案 5 册，实物档案 1 册。

主要内容：

所史，大事记，机构变动、更名材料，党政部门行政年度总结、计划，各种规章制度及各部门总结材料，所务会会议记录，企业法人登记有关材料，年检材料及报表，中纺部、省纺工厅、省科委、经委、物资器材公司以及市纺工局有关通知和批复，上级下达科研规划及经费有关材料，科技年报，科技承包经营责任制协议合同，关于组建苏州振亚有限公司（丝绸集团）的协议书（讨论稿），1980—1992 年设备图稿，1957—1996 年绸缎样本，建所三十周年专辑。

党政联席会会议记录，党员干部年报，职代会材料。

干部名册，调进调出材料，干部任命材料，职工调整工资审批表。

工资单、会计凭证、科研经费和生产费用等往来明细账等。

苏州市丝绸进出口公司

全宗号 B043

苏州市丝绸进出口公司的前身是中国丝绸公司苏州支公司。

1952年7月,中国蚕丝公司苏州办事处成立,经营苏州市及吴江等县的绸缎委托加工、收购和内外销调拨业务。1955年3月,中国蚕丝公司苏州办事处与江苏省丝绸分公司批发部合并,改称"中国丝绸公司苏州支公司"。1958年2月,苏州对外贸易出口公司、中国丝绸公司苏州支公司、中国畜产公司松江办事处三家合并成立苏州对外贸易公司,为综合性的外贸企业。

1991年4月,苏州市原10家外贸公司合并成苏州市外贸公司、苏州市纺织丝绸轻工工艺品进出口公司、苏州市五矿机械设备医保进出口公司,主要经营三类商品的进出口业务。是年9月,苏州市丝绸进出口公司成立,位于狮山大桥东北堍,代理行使苏州市纺织丝绸轻工工艺品进出口公司的相关进出口业务,具有独立法人地位和海关报关权。

1996年9月,苏州市丝绸进出口公司成建制并入苏州丝绸集团有限公司。

2001年3月,苏州市丝绸进出口公司改制,成立苏州丝绸进出口有限责任公司。

馆藏苏州市丝绸进出口公司档案 7 270 卷，排架长度 174.48 米，起止年为 1977—2001 年。其中：文书档案 265 卷，会计档案 7 005 卷。

本全宗档案可提供的检索工具为案卷目录，共 5 册。其中：文书档案 2 册，会计档案 3 册。

主要内容：

大事记，会议记录，工作总结，年检注册书，关于干部任免、机构设置、劳资、基建的决定和批复，上级关于丝绸生产和收购计划的通知，公司国有资产、固定资产材料，接待外宾计划表、登记表，苏州兴成丝绸复制品有限公司相关文件，合资建办穗丰公司相关文件，苏丝（珠海）公司资产移交材料，固定资金划分和年度信贷材料，劳资、财务、统计年报，历年外贸收购报表。

职工、党员花名册，职代会会议纪要。

职工调动介绍信，工资转移证，离休、退休、待业、外借人员协议书。

工资册、会计凭证、审计报告、资产评估报告等。

苏州香雪海电器公司

全宗号　C001

苏州香雪海电器公司的前身是苏州冰箱厂。

1978年5月，苏州冰箱厂建立，位于苏州市朱家庄。1979年，试制成功SB80-1型家用电冰箱，商标取名"香雪海"。1982年7月，苏州冰箱厂和苏州第二轻工机械厂合并。1983年3月，定名为"苏州电冰箱厂"。

1985年3月，成立以苏州电冰箱厂为主体厂、以7个乡镇企业为成员厂的苏州香雪海电冰箱公司。1986年12月，苏州香雪海电冰箱公司撤销，同时以苏州电冰箱厂为主体，中国苏州电冰箱厂（中国国际信托投资公司与苏州电冰箱厂的合资企业）等21家企业入股，组成苏州香雪海电器股份有限公司，为全民与集体合营企业。各成员厂原有所有制性质、隶属关系等均不变。公司实行董事会领导下的总经理负责制，日常工作由苏州电冰箱厂代理。

1988年5月，苏州香雪海电器股份有限公司更名为"苏州香雪海电器公司"。1995年4月，苏州香雪海电器公司与韩国三星株式会社合资成立苏州三星电子有限公司。

1989年8月，苏州电冰箱厂和中国苏州电冰箱厂合并为苏州电冰箱厂。

2003年12月，苏州电冰箱厂关闭。

馆藏苏州香雪海电器公司档案8 404卷，排架长度201.7米，起止年为1985—2005年。其中：文书档案1 181卷，会计档案6 921卷，实物档案284卷，照片档案18卷。

本全宗档案可提供的检索工具为案卷目录，共10册。其中：文书档案2册，会计档案6册，实物档案1册，照片档案1册。

主要内容：

公司简介，大事记，年度生产计划，年度工作汇报、决议、章程，年度厂务工作会议记录、总结，各年度董事会会议纪要，各成员联营厂申请加入公司的报告批复，有关职工入股、贷款、清产验资、对外贸易等事宜的报告、章程、纪要、通知，各年度产品销售、外贸出口年报，各年度公司订货合同、进出口合同，各年度省、市上级单位关于进出口机电产品质量许可申请的批复等材料，市轻工局等单位关于香雪海公司建立组织机构、公司更名、兼并的报告等文件，关于合资成立三星电子公司的协议书。

各年度党、政、工、团工作总结，各年度职代会材料，关于评定、表彰、奖励先进集体和个人的通知、意见、事迹汇编、名单等。

干部年报、名册，职工花名册，职工调配介绍信、工资转移证，有关工资晋级的申请报告，关于办理协保的报告、用款申请，劳动保障事务代理协议书、花名册，养老金缴费花名册。

工资单、转账明细表、会计凭证等。

苏州电冰箱厂

全宗号　C002

苏州电冰箱厂的前身系 1954 年建立的苏州第三剪刀生

产合作社。1958年，改名为"浇钢工具厂"，后又改名为"苏州五金工具厂"。1971年，改名为"苏州医疗刀剪厂"。1976年，承接中国科学器材公司医疗用电冰箱加工任务，同年，江苏省拨试制费6万元，在白塔东路79号设冰箱车间。1978年5月，建立苏州冰箱厂。1982年7月，并入第二轻工机械厂。1983年3月，改名为"苏州电冰箱厂"。2003年，企业关闭歇业。苏州电冰箱厂主要生产各种规格的电冰箱。

馆藏苏州电冰箱厂档案4 749卷，排架长度113.98米，起止年为1956—2006年。其中：文书档案311卷，会计档案3 458卷，科技档案980卷。

本全宗档案可提供的检索工具为案卷目录，共6册。其中：文书档案2册，会计档案3册，科技档案1册。

主要内容：

公司简介、章程、董事会纪要，大事记，企业规划，各车间（科室）年度工作总结，厂领导讲话材料，厂务会议记录，机构调整材料，有关岗位责任制和厂内管理等方面的规定、通知及报告，关于建立苏州香雪海电冰箱公司的批复、报告，本厂与各联营厂的各类协议书。

建立党、团、纪委组织等各类报告及批复，党员名册、干部调进调出介绍信，党员、干部、工会年报，党总支会议、政工会议记录，职代会材料。

干部任免、政历复查、晋级嘉奖、调进调出等材料，职工晋级材料，人事劳工等相关制度，职工退休、学徒转正定级审批表，关于工资调整的通知，关于贯彻执行浮动工资的若干规定、通告、通报。

生产、财务、销售、劳工、基建、劳动保护、卫生等年报，各项生产指标，生产计划材料，生产执行情况表，生产计划月报表和物资盘点表，生产工作打算、阶段汇报、大会发言稿等材料，外加工、原辅材料、标准件合同及报表，关于产品出厂价格的报告及批复。

全国各类报纸有关本企业的报道、产品广告及信息简报，"112"专项外汇转让建议书、增补外汇额度的报告、出国总结材料，设备批文和竣工记录。

会计凭证、工资单、各类账册、财务报表等。

苏州印铁制罐厂

全宗号　C007

苏州印铁制罐厂成立于1965年11月，位于学士街铁局弄1号，是生产印铁制罐金属外包装产品的专业工厂，隶属苏州市轻工业局，属于集体所有制性质企业。1998年企业停产，2005年12月依法破产。苏州印铁制罐厂生产各种圆形听、方形听、密封听，以及各种盒子、瓶盖等，还为食品、糖果、茶叶、饮料、日用化工、医药文教、化工涂料等行业的产品包装提供配套服务。苏州印铁制罐厂机构设置包括党群工作部门（党支部、政工科、工会、团支部）、管理部门

（生产科、行政科、财务科、供销科、技术科）、生产车间（印铁车间、制罐车间、钢珠车间、金工车间）。

馆藏苏州印铁制罐厂档案1341卷，排架长度32.18米，起止年为1956—2005年。其中：文书档案379卷，会计档案958卷，实物档案4卷。

本全宗档案可提供的检索工具为案卷目录，共4册。其中：文书档案2册，会计档案1册，实物档案1册。

主要内容：

会议记录，企业产权登记材料、年检材料、清产核资材料、税务登记材料，企业向银行贷款的合同、担保书，关于建立苏州自行车钢珠厂的材料，苏州市轻工业局下达的工业生产计划，生产情况说明，工作计划、总结，生产、劳资、供销、物资、财务、统计、基建安全等年报表，核价报告，新产品调研材料，工程图纸，退休干部经商办企业情况调查提纲。

党员年报、党支部改选批复、党支部会议记录，职代会决议。

干部名册，干部年报表，苏州市轻工业局关于本厂各类专业技术人员任职资格的通知，任职批复，工资标准，调资批复，培训学徒工花名册，企业离退休军转干部基本情况、离退休人员增加养老金花名册，社保结算材料，职工缴费工资申报花名册，关闭歇业人员名单和分流方案，关闭企业收支平衡表、用款计划。

会计凭证、工资单、各类账册、财务报表等。

苏州手表壳厂

全宗号 C008

苏州手表壳厂前身为红星五金厂。1973年,红星五金厂改组为苏州手表壳厂,位于富郎中巷44号,生产各种手表壳零件,隶属苏州市轻工局,属于集体所有制性质企业,2003年6月关闭歇业。苏州手表壳厂机构设置包含厂长办公室、质量办公室、技术科、产品开发室、生产计划科、财务科、供销科、销售信息科、劳动工资科、动力设备科、质检科、卫生所、行政科、综服公司等。

馆藏苏州手表壳厂档案1742卷,排架长度41.81米,起止年为1960—2006年。其中:文书档案420卷,会计档案1297卷,科技档案17卷,实物档案7卷,照片档案1卷。

本全宗档案可提供的检索工具为案卷目录,共8册。其中:文书档案2册,会计档案3册,科技档案1册,实物档案1册,照片档案1册。

主要内容:

会议记录、工作计划、工作总结,设备添置请示报告,施工委托书,生产、财务、技术、设备、基建方面的资料及有关协议,综合服务公司有关资料。

市轻工局、手表壳厂关于纪检、党务、宣传、教育工作的通报、规划、意见、党员年报、名册,民兵整组情况。

各年度干部年报表、劳动工资年报表，干部名册，劳动力调配介绍信、工资转移证，全厂职工工资调查情况表，从业人员劳动报酬季报、残疾人就业情况表、社保结算表及职工缴费申报花名册，学徒转正定级审批表，退休退职报告、子女顶替表，留用退休工人表，精简退职人员统计表，知青上山下乡有关材料，先进集体、先进个人方面的相关材料。

工资单、现金日记账、银行日记账、会计凭证（现金、银行、转账）等。

苏州味精厂

全宗号　C010

苏州味精厂成立于1966年，位于盘门路352号，隶属苏州市轻工业局，属于全民所有制性质企业。1982年，苏州味精厂有80%粉状味精、99%结晶味精、药用肌苷、90%谷氨酸等4个产品。2005年12月，企业宣告破产。苏州味精厂机构设置包括厂长室、办公室、厂科协、总务科、人保科、经销部、总务部、政工部、质检科、技术科、生产科、门市部。

馆藏苏州味精厂档案4 512卷，排架长度108.29米，起止年为1964—2006年。其中：文书档案1 089卷，会计档案3 318卷，实物档案105卷。

本全宗档案可提供的检索工具为案卷目录，共11册。

其中：文书档案 3 册，会计档案 7 册，实物档案 1 册。

主要内容：

厂部会议记录，年度总结、大事记、生产大纲、"七五"规划，生产、技术、劳工、设备、销售年报，企业升级申报材料，市轻工局下达的关于各年度工业总产值、生产计划的通知，物资统计月报表、年报表，产品销售表、统计表、调查表，关于档案管理升级工作的规划、进程表、管理制度，中央、国务院、部委文件，江苏省委、苏州市委、苏州市革命委员会文件。

党总支工作材料，工会和团总支工作总结、年报，关于三届六次、四届五次、四届六次职代会暨七届三次、七届四次工代会会议的议程、决议、汇报、总结。

关于机构设置、干部任免、职称评审、退休的报告、批复、通知、决定，关于表彰、评先进的通知、意见、名单、推荐表，职工工资转移证、劳动力调配介绍信、转正定级材料。

仓库和车间成本核算表、工资明细表、对账单、现金日记账、银行日记账、明细账、会计凭证等。

苏州锁厂

全宗号 C011

苏州锁厂前身是始建于1954年12月的苏州市铁锁生产合作社，厂址为学士街115号，是全国制锁行业骨干企业之一，隶属苏州市轻工业局，属于集体所有制性质企业。

1966年，苏州市铁锁生产合作社改名为"苏州锁厂"，生产的传统产品有直开式铜、铁挂锁，主要产品有插芯叶片门锁、双保险门锁、汽车锁、电冰箱锁、电器柜控制锁、卷帘门锁等。1986年4月，苏州锁厂、中国轻工业进出口总公司、江苏省轻工业进出口公司三方组成工贸合营苏州锁厂，当年12月，更名为"工贸合营苏州制锁总厂"，苏州长江五金厂并入该厂，增挂副牌。1987年12月，工贸合营苏州制锁总厂、苏州指甲钳总厂等31家单位组建苏州日用五金（集团）公司。1995年，该厂经营管理苏州张小全剪刀厂和苏州拉链厂。1998年12月，与英国埃费赛特五金制品大众公司组建苏州爱福赛防盗制品有限公司。1999年，工贸合营苏州制锁总厂停产。2003年，企业关闭歇业。

馆藏苏州锁厂档案10 318卷，排架长度247.63米，起止年为1962—2005年。其中：文书档案2 058卷，会计档案8 018卷，实物档案229卷，照片档案13卷。

本全宗档案可提供的检索工具为案卷目录，共19册。

其中：文书档案2册，会计档案14册，实物档案2册，照片档案1册。

主要内容：

厂长负责制工作的计划、就职演讲、任期目标，工业企业统计年报和月报表，历年基本统计资料汇编，长江五金厂清产核资人员名单和各种资产、物品的清单，大通锁厂关闭歇业方案、审计报告、基本情况调查表、董事会决议、债款确认书、抵债协议及其他运作、管理资料，工业企业会计决算报告，落实政策和复查工作的有关材料及上级有关部门的批复等。

党员干部年报、工作总结，党总支（扩大）会议、党员大会记录，首届二次党总支委员改选的工作报告、决议，选举情况汇总，工会评选工作意见和评出的先进集体、先进个人登记表，职代会通知，首届职代会五次会议通过的《企业标准》，劳动竞赛活动的材料，总结评比工作的通知及评出的厂先进集体、先进个人、工会积极分子汇总表和先进事迹登记表，沧浪区七届人代会代表选举工作中形成的选民报告登记表，厂刊《主人翁》。

轻工局对本单位干部的任职批复、通知，职工正常考核晋级的审批表、汇总表、花名册，调整职工工资结构方案、审批表、统计表、花名册，职工增资花名册，职工调资升级试点工作中形成的材料，劳动工资月报和年报表（包括季报表），爱福赛公司人事调度及办理员工录用、劳务工转合同工、辞退手续等材料。

工资表、对账单、会计凭证等。

工贸合营苏州扑克牌厂

全宗号　C013

工贸合营苏州扑克牌厂的前身是苏州印刷二厂，始建于1973年3月。1986年10月，更名为"工贸合营苏州扑克牌厂"，厂址为长春巷22号，隶属苏州市轻工局，属于集体所有制性质企业，主要承担包装印刷和扑克牌生产任务。工贸合营苏州扑克牌厂为江苏省扑克牌重点生产厂家之一。1997年2月，苏州扑克牌厂停产。2003年，关闭歇业。

馆藏工贸合营苏州扑克牌厂档案1 683卷，排架长度40.39米，起止年为1973—2004年。其中：文书档案417卷，会计档案1 218卷，实物档案48卷。

本全宗档案可提供的检索工具为案卷目录，共5册。其中：文书档案3册，会计档案1册，实物档案1册。

主要内容：

厂史，工厂各部门年度工作总结，厂部会议材料，工厂经济责任审计报告、税务材料，工厂各项管理制度及岗位责任制材料，各类合同，工作规划，劳工、计划、生产报表，质量控制小组活动情况材料集，厂报和宣传稿件。

党支部会议记录，党员组织关系介绍信，党团年报、花名册、统计材料、政治工作材料，职代会材料，厂政工科、团总支文件汇编。

干部任职通知、干部年报、干部退休审批表及职称资格书，民主评议干部材料，职工花名册，报到通知书，调动介绍信，退休审批表、退休职工登记表、退休职工花名册，职工养老保险材料，苏州市就业管理中心、苏州扑克牌厂关于职工档案转移保管的登记表和花名册。

银行存款日记账、财务报表、记账凭证、转账日记账、工资单、奖金发放单等。

苏州轻工业品设计研究所

全宗号　C015

苏州轻工业品设计研究所成立于1972年5月，厂址为范庄前24号，隶属苏州市革委会轻工局，从事机电一体化、食品工程、包装装潢、工艺美术等设计。1989年5月，建立轻工业品设计研究所实验工厂。2002年12月，苏州轻工业品设计研究所和苏州轻工业品设计研究所实验工厂关闭歇业。

馆藏苏州轻工业品设计研究所档案1986卷，排架长度47.66米，起止年为1972—2004年。其中：文书档案230卷，会计档案1635卷，科技档案89卷，实物档案32卷。

本全宗档案可提供的检索工具为案卷目录，共7册。其中：文书档案2册，会计档案2册，科技档案1册，实物档案2册。

主要内容：

厂史，各部门年度工作总结，工厂经济责任审计报告、税务材料，各项管理制度及岗位责任制材料，工作规划，关于中心组会、办公会、天龙公司董事会议的决议和记录，关于中层干部会议、专技人员考核会议的会议纪要，苏州市轻工业局关于承包、投资、扭亏、生产计划方面的通知、决定、办法、意见，各类合同。

党团年报、花名册、统计材料、政治工作材料，党员组织关系介绍信，民主评议干部材料，关于支部换届会等相关会议的报告、批复和会议纪要，职代会材料。

干部任免材料，工资审批汇总表，关于轻工实验工厂关闭歇业的批复、报告、职工安置办法、安置方案、分流安置费用、职工协保手续、档案代管、失业保险、失业证明、工龄核准、专项审计等材料。

工资单、会计凭证、会计报表、银行日记账、现金日记账等。

苏州红叶造纸厂

全宗号　C017

苏州红叶造纸厂创建于1920年,地址为浒墅关下塘北街89号,属于全民所有制性质企业。主要生产牛皮箱纸板、高强瓦楞原纸、黄板纸、普通箱板纸等包装纸板,以及油毡原纸、自熄性绝缘浸渍纸等,商标为"红叶"。1996年11月,苏州红叶造纸厂停产。2005年年底,企业破产。

馆藏苏州红叶造纸厂档案2 868卷,排架长度68.83米,起止年为1950—2004年。其中:文书档案1 383卷,会计档案1 365卷,科技档案25卷,实物档案94卷,照片档案1卷。

本全宗档案可提供的检索工具为案卷目录,共13册。其中:文书档案3册,会计档案2册,科技档案1册,实物档案6册,照片档案1册。

主要内容:

厂史,厂长办公会会议记录,工作规划,各部门年度工作总结,本厂公私合营方案,税务材料,工厂各项管理制度及岗位责任制材料,安全科安全生产分析、信息反馈卡等材料,车间安全生产月报表,各类合同。

党团年报、花名册、统计材料、政治工作材料,党员组织关系介绍信,职代会材料,轻工局关于红叶造纸厂第十届工会改选报告的批复及改选情况公示。

干部任免材料，民主评议干部材料，市政府关于本厂干部任免的批复，企业职工考核晋级审批表、花名册、劳工年报，退休工人审批表，退休职工补贴情况审批表，协保人员失保待遇、档案转移、解除劳动合同、保留社保关系、失业证明等材料。

会计凭证、工资单、各类账册、财务报表等。

苏州家具一厂

全宗号　C018

苏州家具一厂的前身是1954年12月成立的第二木器生产小组，后曾更名为"苏州第四木器生产合作社""东风木器厂"等。1980年1月，定名为"苏州家具一厂"，隶属轻工局，属于集体所有制性质企业。该厂是苏州木器家具行业中的主要工厂，厂址为娄门外糖坊湾。1983年，产品开始由苏式家具转向板式家具。2000年，苏州家具一厂、软垫沙发厂、室内成套用品公司三家企业合并。2003年10月，该厂关闭歇业。

馆藏苏州家具一厂档案2 474卷，排架长度59.38米，起止年为1956—2004年。其中：文书档案512卷，会计档案1 950卷，科技档案8卷，实物档案4卷。

本全宗档案可提供的检索工具为案卷目录，共6册。其

中：文书档案 2 册，会计档案 2 册，科技档案 1 册，实物档案 1 册。

主要内容：

大事记，厂部会议材料，营业执照，三产注册书、执照、批复、报告，税务材料，年度生产计划，工作总结，工作报告，企业管理、技术革新等材料，轻工业局鼓励企业加快发展嘉奖合同书，厂部与部门承包合同，各项承包协议书，生产、会计、劳资、供销、设备、安全年报，上级会议材料，中央、省、市、区文件，职代会材料。

干部任免材料，干部年报表、名册等材料，调整工资材料，福利材料，在职和退休人员养老金审批表、缴费情况花名册，职工养老保险缴费花名册，离退休、下岗职工花名册，停薪留职申请材料，养老金结算表，退休人员审批表，解除合同、停薪留职协议等方面材料。

会计凭证、工资表、会计报表、现金日记账、银行日记账、各类明细账等。

苏州电池厂

全宗号　C020

苏州电池厂位于干将路 154 号，隶属苏州市轻工业局，属于集体所有制性质企业。苏州电池厂的前身是南洋电池厂，始创于1944年，位于景德路。1966年，更名为"苏州电池厂"。苏州电池厂主要生产大号、二号、五号、七号、甲号、乙号等规格电池。1994年，苏州电池厂搬迁至新苏十六队。1995年10月，苏州电池厂与苏州电镀厂合并，企业搬迁至娄门路266号苏州电镀厂内，原电池厂土地全部收归国有。1997年，苏州电池厂停产。

馆藏苏州电池厂档案3 363卷，排架长度80.71米，起止年为1956—2006年。其中：文书档案545卷，会计档案2 787卷，科技档案29卷，实物档案2卷。

本全宗档案可提供的检索工具为案卷目录，共10册。其中：文书档案2册，会计档案6册，科技档案1册，实物档案1册。

主要内容：

厂史，厂部会议材料，工作规划，年度工作总结，各类合同，各项管理制度及岗位责任制材料，财务、劳工、计划报表，组织、秘书、人武、劳工、财务、技术、基建设备、供销等文件。

党团年报、花名册、统计材料、政治工作材料、会议材料，党员组织关系介绍信，苏州电池厂支部关于开展社会主义教育运动的计划、汇报及会议记录，职代会材料。

干部任免材料，干部年报表、名册等材料，民主评议干部材料，职工花名册，报到通知书，调动介绍信，职工劳动合同，工资实施方案及工资调整材料，退休审批表，退休职工登记表，退休职工花名册，职工养老保险材料。

会计凭证、工资单、国库券、有价证券、银行日记账等。

苏州光明皮鞋厂

全宗号　C024

1960年11月，苏州皮革制品厂与光明皮革厂、益昌皮革制品厂合并，建立地方国营光明皮革厂。1966年1月，改名为"苏州光明皮鞋厂"。苏州光明皮鞋厂位于娄门内北园，隶属苏州市轻工业局，属于集体所有制性质企业。以生产黏胶鞋、硫化鞋为主，缝制皮鞋为次。2003年8月，停工关闭歇业。

馆藏苏州光明皮鞋厂档案2 636卷，排架长度63.26米，起止年为1961—2008年。其中：文书档案635卷，会计档案1 995卷，照片档案6卷。

本全宗档案可提供的检索工具为案卷目录，共5册。其中：文书档案2册，会计档案2册，照片档案1册。

主要内容：

厂史，厂部会议材料，工作规划，各部门年度工作总结，各类合同，税务材料，工厂各项管理制度及岗位责任制材料，劳工、计划报表。

党团年报、花名册、统计材料、政治工作材料、会议材料、党员组织关系介绍信,整党期间学习材料,职代会材料。

干部任免材料,干部年报表、名册等材料,民主评议干部材料,职工花名册,报到通知书,调动介绍信,职工劳动合同,工资实施方案及工资调整材料,退休审批表,退休职工登记表,退休职工花名册,职工养老保险材料。

会计凭证(现金)、工资单、财务报表、现金日记账、银行日记账、应收账款明细账等。

苏州打字机厂

全宗号　C025

苏州打字机厂成立于1980年1月,位于朱家庄虹桥西。该厂属于集体所有制性质企业,隶属苏州市轻工业局,专业生产中文打字机。1994年,苏州打字机厂停产。

馆藏苏州打字机厂档案1 678卷,排架长度40.27米,起止年为1956—1995年。其中:文书档案508卷,会计档案1 008卷,科技档案162卷。

本全宗档案可提供的检索工具为案卷目录,共6册。其中:文书档案3册,会计档案2册,科技档案1册。

主要内容:

厂部工作总结,厂领导讲话材料,科室、车间负责人会议记录,市、区生产指挥组下达生产计划的通知及区生产组统计汇编，各科室、车间年度生产情况总结，有关生产方面的报告，省轻工局、市经委、一轻局关于技措项目及资金计划的通知，原打字机厂与西德奥林比亚合作项目谈判资料，有关建立打字机二厂的批复、土地征用申请报告，企业安全生产整顿验收评分材料，产品质量标准、升级规划、评定书等资料，集体所有制工业企业会议报表，统计、物资、"双革"等报表。

固定资产调拨单，调整"海鸥牌"打字机价格材料，热敷按摩器试销价材料，申请贷款材料，四项费用、大修理申请书及批复，竣工验收记录，有关基建设备的报告，基建设备统计年报。

有关民兵干部、治保委员的批复，好人好事摘要及全厂大会上的部分发言稿，工厂各种活动资料，实行奖励制度方案、报告的批复，先进生产者登记表，劳工统计年报，定级审批汇总表，工资总额报表，奖金调配介绍信，工资关系转移单（调出、调进）。

记账凭证、明细分类账、工资单等。

苏州衡器厂

全宗号　C026

苏州衡器厂成立于1961年8月，位于北园路46号，属于集体所有制性质企业，隶属苏州市轻工业局。1980年1月，苏州衡器二厂将其产品全部划归苏州衡器厂并转产，苏州衡器厂成为苏州唯一生产衡器的专业工厂。1987年，增挂苏州宏达电器厂副牌，试产"家灵牌"双向排气扇。1995年，向东南亚、东欧、西欧的一些国家和地区出口弹簧秤12 421台，创汇117万元人民币。是年，苏州衡器厂被苏州市轻工业局评为出口创汇先进企业。1997年，弹簧秤停产。1998年6月，苏州衡器厂改制为股份合作制企业苏州大公衡器厂。1999年，苏州衡器厂停产。2003年，企业关闭歇业。

馆藏苏州衡器厂档案3 029卷，排架长度72.7米，起止年为1958—2005年。其中：文书档案552卷，会计档案2 439卷，科技档案38卷。

本全宗档案可提供的检索工具为案卷目录，共8册。其中：文书档案2册，会计档案5册，科技档案1册。

主要内容：

厂办公会议、厂务会议记录，企业概况的调查汇报，生产许可证年审、企业法人年检及工厂方针等材料，本厂各项管理制度，工作计划，车间、部门年度工作总结，生产发展规划方案，经济责任制总体方案与考核办法，各类申请报告，生产、财务、劳工统计年报，工业生产、财务统计月报，二轻局、市计委、经委、总工会、财政局、劳动局、公安局文件。

设立苏州大公衡器厂的有关资料，苏州大公衡器厂统计、劳资、销售年报，苏州大公衡器厂改制为苏州大公衡器有限公司的系列资料，苏州市经贸委、工投公司、轻控公司、本企业关于企业关闭歇业的批复、通知等。

党支部工作总结、党内统计年报、党员名册、党员年报，支部季度工作总结，党支部关于整党学习讨论的会议记录，学习中央文件的小结，团支部工作总结，职代会材料，职工之家的实施方案，民调工作暂行条例，职工教育工作计划、汇报，立功先进个人花名册。

干部任免批复，干部统计年报，调整工资工作总结，与本企业职工签订的劳动合同书。

现金日记账、总账、银行日记账、会计凭证、工资单等。

苏州缝纫机厂

全宗号 C027

苏州缝纫机厂成立于1956年10月，厂址为娄门外糖坊湾，1979年迁至东环路258号，属于全民所有制性质企业，隶属苏州市轻工业局。初期以装配缝纫机和生产缝纫机零件为主，1970年开始生产家用缝纫机，商标为"凤凰"。1985—1987年，苏州缝纫机厂与中国标准缝纫机公司合作生产"标准牌"家用缝纫机，三年时间共生产"标准牌"缝纫机153万架。1988年，拥有铸造设备138套、机壳专用设备

65台,年产家用缝纫机25万架。1992年,企业成功开发出105型电脑绣花机。1995年,企业关闭,职工分流安置。

馆藏苏州缝纫机厂档案3 767卷,排架长度90.41米,起止年为1956—2004年。其中:文书档案1 277卷,会计档案2 454卷,科技档案36卷。

本全宗档案可提供的检索工具为案卷目录,共10册。其中:文书档案2册,会计档案7册,科技档案1册。

主要内容:

关于厂志编写工作的意见、计划纲目、底稿,厂志一、二、三编,工作总结,各项制度,生产工作规划及专题汇报,企业各类年报,生产、财务、劳工年度计划及月报,家用缝纫机产品质量鉴定资料,JA型家用机零部件质量考核标准,关于计量升级、计量工艺管理和质量管理顺序的有关规定。

党员、干部年报,中共苏州缝纫机厂第一次党员代表大会资料,职代会材料,工会会员代表大会资料,工会计划,群众工作材料,职工之家经验交流材料,苏州市政府、苏州市轻工业局对本厂工会改革的意见。

上级、本厂对干部技术职称的任免批复,关于职工工伤处理、辞职、停薪留职、除名的材料和职工享受丧假的待遇规定,先进集体、先进个人相关事迹,劳动立功竞赛资料。

银行日记账、现金日记账、工会经费收支日记账、会计凭证等。

苏州罐头食品厂

全宗号　C034

1958年10月，苏州羽绒被服厂成立，属全民所有制企业，厂址为山塘街554号，另有一车间位于山塘街364号，主要产品为羽绒被服、羽绒枕头。1964年，转向肠衣生产，羽绒产品只少量生产，工厂迁至延安北路（后改为广济路）236号及山塘街230号，厂名改为"苏州羽绒肠衣厂"。

1968年11月，改建成全民所有制的苏州罐头食品厂，隶属苏州市轻工业局，肠衣生产继续存在，但以罐头食品生产为主。1970年，将肠衣、羽绒产品划出，专业生产罐头。

苏州罐头食品厂生产的罐头食品有红烧猪肉、清水笋、醋藕、蘑菇、银杏等47个品种，大部分销往苏联、日本、加拿大、联邦德国，以及中东、西欧的一些国家和地区。1983年起，冷饮生产量逐渐加大，形成"姑苏牌"杨梅棒冰、赤豆棒冰、奶油棒冰、盐水棒冰、雪糕、冰砖等冷饮产品系列。1989年，企业从意大利进口一条冰激淋自动生产线，1990年投入生产，生产各种花式冰激淋。

1995年10月，苏州罐头食品厂停业。2003年12月，企业关闭歇业。

馆藏苏州罐头食品厂档案2 441卷，排架长度58.58米，起止年为1961—2008年。其中：文书档案624卷，会计档案

1 800卷，科技档案10卷，实物档案7卷。

本全宗档案可提供的检索工具为案卷目录，共10册。其中：文书档案2册，会计档案6册，科技档案1册，实物档案1册。

主要内容：

大事记，工作计划和总结、工作大纲、厂规划、章程，厂务会议记录，厂综合情况的材料汇编，各部门的职责，上级有关部门关于生产、技术、质量、财务工作的计划、通知、通报，有关罐头生产的计划、马口铁分配等上级来文，工业企业各项经济技术指标完成情况及经济活动分析报表，年终各部门的总结及评比名单，厂"百日红"质量标兵的评比名单等材料。

苏州市轻工业局、罐头食品厂关于干部任免的批复，劳动工资年报，调进调出人员介绍信、工资转移单，工调工作专卷，厂劳动工资方面的表格、名册、通知和批复，协保人员解除劳动关系的决定、失业证明、申请书、协议书、档案转移保管登记表、安置结算单等材料，先进个人名单及事迹简介。

党员、干部年报，党员名册，党支部总结，党团干部任免材料、组织关系介绍信及团工作有关材料，整党工作计划、总结及会议记录，职代会议程、协议、会议记录。

工资单、现金日记账、银行日记账、转账凭证、对账单等。

苏州时钟总厂

全宗号 C040

1978年,苏州延安电表厂改名为"苏州钟厂"。同年9月,苏州钟厂与苏州钟表材料厂合并,协同生产机械钟。1989年6月,苏州钟表研究所实验工厂、苏州钟厂与苏州华光建筑五金厂等厂合并,组建成苏州时钟总厂,隶属苏州市轻工业局,企业性质为集体所有制,主要生产石英电子钟、机械钟、节能灯、陶土、铝轧制品等多种产品。由于苏州日用玻璃厂被苏州钟表工业研究所兼并,苏州时钟总厂与苏州钟表工业研究所实行两块牌子、一套班子的管理体制,苏州日用玻璃厂隶属苏州时钟总厂。

1993年3月,苏州时钟总厂划出玻纤路4号原苏州钟厂、苏州钟表材料厂地块成立苏州科利达时控厂,划出建新巷11号地块成立苏州华光节能灯具厂。这两个企业实行独立核算、自主经营、自负盈亏,隶属苏州市轻工业局。1996年年底,企业全面停产。2003年7月,企业实施关闭歇业方案,职工分流安置。

馆藏苏州时钟总厂档案1 452卷,排架长度34.85米,起止年为1984—2008年。其中:文书档案449卷,会计档案937卷,科技档案55卷,实物档案11卷。

本全宗档案可提供的检索工具为案卷目录,共5册。其中：文书档案2册，会计档案1册，科技档案1册，实物档案1册。

主要内容：

大事记，上级通知等文件，领导办公会议、中层会议、各专业会议记录，各类规范、工作标准、实施细则，生产经营计划及编制资料，有关联营和合资经营生产项目的协议书、建议书、可行性报告，关于质量分析、评审、用户意见整改的记录，环保工作的打算、规划及工作总结，关于出国考察、购买国外样品、用汇的请示等材料，厂科协会员参评的论文。

生产、统计、劳资、组织、财务、物资等年报，基建财务决算报告，物资的管理、清理材料，物资报表，仓库材料，盘点和报废的综合报表、汇总表，订货合同及配货清单，销售合同及发货情况资料。

团员年报，职代会材料，各类先进集体和个人的通报、决定。

机构设置、干部任免的通知、决定，关于职工的调出、辞职、除名及终止合同等有关材料，关于医疗改革、计划生育的有关材料，关于差旅费、减免税金、保险赔偿、苗木抵欠款的规定等材料，关于农村老工人子女顶替、调整工资结构、养老保险费的通知等材料，协保人员解除劳动关系的决定、档案转移保管登记表、失业证明、申请书、协议书等材料。

全塑机芯模具图，石英钟、电子钟产品图，高频电磁灶产品图，DDF1型机芯测绘设计说明，CP-1800"时标脉冲"控制音乐报时石英钟鉴定会资料，SZS-1型数显世界钟鉴定会资料，SZK-100钟控收音机样品鉴定会资料。

节能灯、石英钟车间基础建设工程材料，关于住房管理、成立拆迁小组、缓交公积金的材料，职工住房情况调查表。

会计报表、会计凭证、工资单、现金日记账、银行日记账、固定资产分类账、固定资产明细账、管理费用明细账、税务申报表等。

苏州日用玻璃厂

全宗号　C043

苏州日用玻璃厂的前身是苏州市玻璃加工生产合作社，隶属苏州市手工业局。1951年5月，苏州市玻璃加工生产合作社成立，厂址为金阊区朱家庄北许巷41号（原小河边2号）。1957年12月，商业部门以金阊玻璃商店为基础，开始筹备玻璃仪器厂。1958年4月，正式开厂。1958年5月，厂名由上级批准为"金阊玻璃仪器厂"，厂址为阊门外朱家庄小河边，生产品种有仪器仪表、光学仪器、水晶玛瑙、天平仪器等。1960年11月，金阊玻璃仪器厂被撤销，并入苏州玻璃厂。1961年，为了满足市场需要，苏州玻璃厂划出一部分人，开办生产瓶子的苏州玻璃厂分厂，并于1961年5月正式开厂，命名为"合作社营苏州日用玻璃厂"，主要产品有酒瓶、医药包装瓶、罐头瓶等日用玻璃包装瓶。1963年，苏州日用玻璃厂开办子厂——鸿丰石粉厂。鸿丰石粉厂形式上独立存在，挂厂牌，实际上是苏州日用玻璃厂的一个车间，与苏州日用玻璃厂实行一套管理班子、一本财务账目的管理体制。1964年4月，鸿丰石粉厂划出独立核算，位于山塘街普济桥堍。1988年，苏州日用玻璃厂被苏州钟表工业研究所兼并。1990年7月，苏州日用玻璃厂增挂苏州节能灯管厂副牌。1994年，苏州市轻工业局撤销苏州钟表工业研究所对苏州日用玻璃厂的兼并。2005年11月，苏州日用玻璃厂依法破产。

馆藏苏州日用玻璃厂档案915卷，排架长度21.96米，起止年为1959—2008年。其中：文书档案217卷，会计档案680卷，实物档案1卷，照片档案17卷。

本全宗档案可提供的检索工具为案卷目录，共7册。其中：文书档案4册，会计档案1册，实物档案1册，照片档案1册。

主要内容：

上级文件，本厂建制批复，年度总结、生产汇报及大会发言材料，关于企业关闭歇业的批复及人员分流方案、审计报告、工作总结，有关业务、工资的报告和批复，物资申请报告，生产成本、制造、管理、销售、财务费用等材料，财务统计报表，工业统计材料，基建项目报告和批复，物资、生产、财会年报。

党员、干部、团员年报，党支部工作总结及党支部换届改选工作的报告、决定，共青团组织关系工作年报，工会材料，职代会材料。

有关人事调动、任命、加班的报告和批复，干部任免材料，奖励制度，职工嘉奖材料，民兵、青少年职工教育及技术培训材料，劳动用工年检登记表，劳动工资统计年报，出勤、工资情况表，协保人员解除劳动关系的决定、档案转移保管登记表、失业证明、申请书、协议书等材料。

会计凭证、集体所有制工业企业会计报表、工资单、银行日记账、总分类账、科目明细账、清算资产负债表、税务申报表等。

苏州香料厂

全宗号　C046

苏州香料厂建立于1959年10月，位于山塘街800号，主要生产香料、香精。1964年，更名为"苏州东方红化工厂"，转为生产化工产品。1980年3月，苏州香料厂重建，位于虎阜大桥北塊，恢复香料生产。1984年，建立苏州香料工业研究所。1988年12月，苏州香料厂划归苏州市月中桂日用化工总厂，实行统一领导、统一管理、一套班子两本账的管理体制。1994年，苏州香料厂全面停产。2006年，企业关闭歇业。

馆藏苏州香料厂档案1 196卷，排架长度28.7米，起止年为1960—2004年。其中：文书档案482卷，会计档案694卷，科技档案20卷。

本全宗档案可提供的检索工具为案卷目录，共4册。其中：文书档案2册，会计档案1册，科技档案1册。

主要内容：

大事记，工作意见、总结，厂务会议记录，苏州香料厂和下属苏州搪瓷厂各类上级来文，企业法人年检报告书和变更登记注册书，关于行政事务工作的汇报材料，关于企业经营承包工作的意见、责任书、报告、审批表，关于财务决算、审计的意见和报告，关于下达本厂销售计划的通知，生产、物资、销售、设备、环保、劳动工资、劳动保护等年报表，环境保护目标责任书，有毒有害名单，企业关闭歇业的相关材料。

党支部会议记录，党员、团员关系介绍信，工会及团工作总结，共青团工作的会议记录及团员登记名单，职代会报告、会议纪要、审计报告及说明，民兵干部名单，选民登记表。

干部任免的批复，干部年报、名单，上级批复及劳动工资文件，复退军人介绍信，专案人员登记表，定级报告批复，调进职工花名册汇编，协保人员花名册，征土工续用书、报到通知、劳动力调配介绍信、工资转移证、工资定级报表等材料，工资调整情况，农民工、临时工转正名单，解除合同、终止合同材料，职工买断工龄、档案转移、失业证明、保险等材料，劳动保障事务代理协议，安置职工用款申请材料，分流工作总结。

苹果酯、菠萝酯产品简介，异长叶烷酮生产工艺流程、质量介绍、企业标准，灵檀内酯产品介绍、技术鉴定证书，乙酸琥珀酯系列产品说明、工艺、鉴定意见，玉兰酯生产工艺流程，紫罗兰酮生产工艺流程，香玫瑰醇生产操作流程，天然香料生产工艺流程，龙涎酮系列合成工艺设备流程，铃兰醛小试、中试材料，麝香T系列产品中试、技术鉴定证书，石油发酵N-长链二酸合成麝香T、麝香N、15环酮、16环酮的中试报告，大环麝香系列得奖照片、中试报告、技术鉴定证书。

转账日记账、银行现金日记账、总分类账、银行对账单、会计凭证、财务年报等。

苏州刀厂

全宗号　C047

苏州刀厂的前身为苏州洋刀生产合作社，创办于1954年12月，由11家洋刀作坊合并而成，主要产品为小开刀，即日用水果刀，当时俗称"小洋刀"。1958年5月，洋刀、电镀、剪刀、指甲钳、剃刀、铁质小件、钢模、搪瓷徽章8个生产合作社合并组建苏州手工业联社五金工厂，厂址为高师巷11号，生产洋刀、指甲钳、民用剪刀、苗剪、锁、刀片、卡钳、眉毛钳、钢锯条、搭扣、饭匙、针箍、徽章、剃头刀等产品。

1958年10月，苏州手工业联社五金工厂转为地方国营企业，同时更名为"金阊日用五金厂"。1959年10月，更名为"地方国营苏州日用五金厂"。1962年1月，由地方国营转为合作社营，专业生产小洋刀、餐具等产品。1964年1月，更名为"苏州市日用五金厂"。1975年11月，更名为"苏州刀厂"。1987年8月，更名为"苏州制刀总厂"，并逐步形成了以日用品小开刀为主要产品，以外协加工为纽带，互不隶属且独立核算的苏站五金厂、梅巷五金厂、东升抛光厂等3家协作分厂。2006年3月，苏州制刀总厂向苏州市平江区人民法院申请破产。

馆藏苏州刀厂档案3 428卷，排架长度82.27米，起止年为1985—2007年。其中：文书档案947卷，会计档案2 430卷，实物档案43卷，音像档案1卷，照片档案6卷，底片档案1卷。

本全宗档案可提供的检索工具为案卷目录，共11册。其中：文书档案4册，会计档案3册，实物档案1册，音像档案1册，照片档案1册，底片档案1册。

主要内容：

《苏州制刀总厂厂史》（1980—2006年），大事记，工作总结，厂务会议记录，"学大庆"规划，有关产值、产品、产量、新品计划的通知及年度计划大纲，卫生、资金计划，订货合同及各种报告，质量鉴定表，治安、消防、信访制度规则，治安承包工作的验收、通知、承包方案、考核责任书等材料，文明卫生管理制度，物资、能源、销售统计年报，质量、品种、效益百分竞赛月检查表，协会登记表及印鉴登记材料，托管领导小组名单，股权转让协议，商标转让协议书，固定资产转移凭证，迁厂方案，关闭歇业材料。

党委会议记录和支部工作要点、总结，党员年报、党员调进调出登记表、干部任免通知、组织关系介绍信，党纪教育活动的意见及总结，职代会文件，工会经费收支汇总表，民兵登记表，表彰先进组织和个人的通知。

人事变动的名单、统计表、批复、审批表，劳动工资、干部年报，农合工花名册，培训工转正材料，职工退休、顶替材料，新工人报到通知，离退休人员登记表，职工解除合同、档案转移、保险关系协议书、审批表等材料，失业证明、劳动工伤鉴定材料，职工社会养老保险花名册，关于旅费开支管理的规定，计划生育工作检查考核表，勤工俭学协议书。

建筑执照，翻建厂房、污水处理的请示报告，关于基建设备的批复，房地产估价单，厂房出租、租赁合同。

会计凭证、工资单、各类账册、财务报表等。

苏州拉链厂

全宗号　C049

苏州拉链厂的前身为金星拉链厂。1962年1月，原长江五金制造厂的第一车间分出124人，建立合作社营金星拉链厂，厂址为中街路126号。1966年，金星拉链厂改名为"红星拉链厂"，后改为"苏州拉链厂"。1970年第四季度，苏州拉链厂重新合并回长江五金制造厂，仍为该厂的拉链车间。1973年10月，苏州拉链厂由长江五金制造厂划出，恢复单独建厂，厂址为白塔东路79号。苏州拉链厂的产品有金属铝镁合金拉链、铜拉链、螺旋形芯尼龙拉链和塑料树脂拉链四个大类品种，共40余种规格和色彩，生产规格比较齐全，行销全国各地。1982年10月，苏州拉链厂与江苏省服装进出口分公司、中国出口商品基地建设公司江苏代办处签订合营协议，合营后苏州拉链厂所有制性质不变，改名为"工贸合营苏州拉链厂"。1991年8月，工贸合营苏州拉链厂增挂"苏州有色金属压铸件厂"副牌，经营压铸件生产加工业务。1993年6月，该厂与香港原辅料有限公司合资建立的苏州苏华辅料有限公司正式挂牌。1997年8月，苏州苏华辅料有限公司的营业执照被吊销。2002年11月，工贸合营苏州拉链厂关闭歇业。

馆藏苏州拉链厂档案1 770卷，排架长度42.48米，起止年为 1968—2006 年。其中：文书档案 512 卷，会计档案 1 254 卷，实物档案 4 卷。

本全宗档案可提供的检索工具为案卷目录，共 6 册。其中：文书档案 2 册，会计档案 3 册，实物档案 1 册。

主要内容：

企业法人营业执照、公司注册证书、登记表、聘书等，商标注册证、验审登记表、管理制度，中层干部、厂长办公会议记录，董事会会议材料，工业企业统计年报表、年检报告，生产、劳动工资、销售、库存、劳动保护、环保年报表，能源统计年报表，生产计划统计表，合同材料，设备情况汇总表，有关生产、基建的报告等材料，申请破产综合材料，苏州市产品质量监督检验所检测报告。

党支部年度工作总结、年报，干部、党员名册，团支部年度工作总结、名册、统计表、会议记录，职代会材料，工会材料。

职工教育培训、药费报销、计划生育、岗位责任制等材料，专业技术人员定岗定员统计表、岗位职责考核办法，中层干部任免、技师任职资格材料，应征青年健康状况表、兵役登记花名册，教育年报表。

银行存款日记账、总账、工业企业会计报表、会计凭证、工资单、各类明细账等。

苏州玻璃厂

全宗号　C050

苏州玻璃厂的前身为张中正玻璃厂。1951年开始筹备建厂，投资12万元，初期生产五磅保温瓶和玻璃器皿两种产品。1952年，由苏州公营公司接收，定名为"公营苏州玻璃厂"，后改名为"地方国营苏州玻璃厂"。建厂以来生产范围逐步扩大到保温瓶、日用器皿、眼镜片三大类。1953年，配套生产竹壳保温瓶，商标为"增产"和"双鹤"。1956年3月，保温瓶滞销，开始试制眼镜片毛料；同年9月，苏州市轻工业局决定将胥门外公私合营华丰玻璃厂并入苏州玻璃厂，开始生产灯具、灯座、糖果瓶等。1958年，苏州玻璃厂相继试制和生产了高级玻璃丝、耐火材料、玻璃肥料等多种化工、农肥产品。1960—1961年，苏州金阊玻璃仪器厂、大新纤维厂灯泡车间、鸿丰石粉厂先后并入苏州玻璃厂。1978年9月，生产玻璃杯、眼镜片的车间被划出，建立集体所有制的苏州玻璃器皿厂。1996年，苏州玻璃厂宣告破产。

馆藏苏州玻璃厂档案4 021卷，排架长度96.5米，起止年为1952—1998年，其中文书档案1 346卷，会计档案2 610卷，科技档案53卷，实物档案12卷。

本全宗档案可提供的检索工具为案卷目录，共9册。其中：文书档案2册，会计档案4册，科技档案1册，实物档案2册。

主要内容：

厂志材料，大事记，年鉴书，工作总结，厂务会议记录，上级下发的文件，机构设置材料，法人变更注册书，启用新法人章的决定，综合服务部法人年检报告书，企业管理规章制度，企业全面整顿验收登记表、验收申请报告、汇报及整改情况总结等，全面质量管理工作计划，全面质量管理教育培训计划，业务材料，销售合同，经济合同汇总表，关于劳动保护、安全生产及消防工作的通知等材料，用户来信，产品价格及更换汽车报告和批复。

厂党委会议记录，党会及党员材料，民主生活会议记录，整党学习记录，关于支部改选的材料，工会、团委年报表，职代会材料，职工思想政治学习材料，保卫工作和民兵工作小组文件，表彰奖励先进团员、文明青年材料，关于职工教育、开展读书活动、组长培训、创建文明班组的倡议与意见等材料，教育工作意见、总结、年报表、会议记录，抗洪救灾总结、纪实、通报、决定，宣传通讯和苏州玻璃厂青年刊物，《苏玻民兵》简报。

干部任免通知，关于中层干部任免的决定，工程技术人员、财会人员、统计人员技术职务申报表，一次性补偿人员失业证明、保险待遇、解除劳动关系、档案转移登记等材料，民事调解、医疗卫生、计划生育等材料。

生产、劳动工资、财会、供销年报，能源消费、耗油燃料月报表，气压式保温瓶创部优规划材料，玻璃配料单，料房均匀度分析报告单，工艺流程及安全制度。

基建报告材料，玻璃厂房屋分幢普查表，配电间立面、二层、楼梯、电气详图，煤气、蒸汽系统示意图，供油系统示意图，变电所设备安装项目材料。

会计凭证、工资单、各类账册、财务报表等。

苏州嘉美克钮扣厂

全宗号　C052

苏州嘉美克钮扣厂创建于1921年年初，主要生产贝壳钮扣、珠光有机钮扣、胶木钮扣等产品。1956年，钮扣业多家私营企业合并成为公私合营苏州嘉美克钮扣厂，厂址为南门路17号。1958年，改名为"地方国营苏州嘉美克钮扣厂"。1966年，改名为"地方国营苏州塑料总厂二分厂"，隶属苏州塑料总厂。1979年1月，恢复"苏州嘉美克钮扣厂"厂名，属于全民所有制性质企业，隶属苏州市轻工业局。1997年9月，企业改组，成立苏州嘉美克合众服饰辅料厂、苏州嘉美克聚氨酯制品厂和苏州嘉美克机械制造厂三个股份合作制企业。2003年，苏州嘉美克钮扣厂全部资产（不含土地及债务）公开拍卖。

馆藏苏州嘉美克钮扣厂档案4 068卷，排架长度97.63米，起止年为1956—2004年，其中文书档案791卷，会计档案 3 228 卷，科技档案 36 卷，实物档案 12 卷，照片档案 1 卷。

本全宗档案可提供的检索工具为案卷目录，共 9 册。其中：文书档案 2 册，会计档案 4 册，科技档案 1 册，实物档案 1 册，照片档案 1 册。

主要内容：

厂志，上级部门来文，厂内发文，各项管理制度，会议材料，工作总结和工作打算，企业工作日记，工作验收细则和本厂总结汇报材料，经济责任制总体设计方案及有关统计资料，各类合约书、协议书、协议聘用书，"飞马牌"注册商标验证的登记表、管理制度、注册证，法律合同，审计报告书，有关企业整顿、验收的材料，计划生育、卫生工作的达标证书及通报，成立辅料公司、嘉裕餐厅的有关资料。

党员年报，党内统计年报表，共青团工作的计划、总结、报告、统计报表，文明单位、先进集体、先进个人等材料。

干部批复和落实政策等材料，干部年报、干部任免批复，劳动力调配介绍信、工资转移证等材料，全部职工人数与工资情况的年报，职工离退休报告、批复及登记表，退休干部审批表、花名册，调整退休金花名册，职工缴费花名册，社保、医保、养老金调整等材料，农民工使用情况资料，劳资工作材料。

有机扣生产工艺，设备、安全管理制度及操作规程，噪声和废水治理的方案、申请报告、批复，固定资产调拨单。

南门路205号房产评估的报告书，职工居住公房情况汇总表。

会计凭证、工资单、各类账册、财务报表等。

苏州鸿生火柴厂

全宗号 C053

1920年10月，中国民族实业家刘鸿生等集资建立私营鸿生火柴厂，厂址为胥门外施门塘（后编为盘门路312号）。

1956年，私营鸿生火柴厂与中南火柴厂等5家企业合并成立公私合营鸿生火柴厂。2004年1月，企业关门歇业。

馆藏苏州鸿生火柴厂档案1 150卷，排架长度27.6米，起止年为1978—2004年。其中：会计档案1 136卷，实物档案14卷。

本全宗档案可提供的检索工具为案卷目录，共2册。其中：会计档案1册，实物档案1册。

主要内容：

火花、火柴产品。

明细分类账、会计凭证（转账）、会计报表、工资单等。

苏州指甲钳厂

全宗号　C054

1956年2月,苏州指甲钳生产作坊社在东中市100号建立。1966年2月,更名为"苏州指甲钳生产合作社",同年11月,定名为"苏州指甲钳厂"。1982年,该厂搬至文丞相弄12号。1987年9月,苏州指甲钳厂更名为"苏州指甲钳总厂",下属有10个街道企业、乡镇企业作为生产配套分厂。1988年5月,苏州指甲钳总厂搬迁到苏虞公路虎丘乡幸福村平门外金属路的新厂址。1996年5月,企业和美籍华人王介、吴县美灵五金制品厂三方合资建立苏州昌谷五金制品有限公司,不久后,公司被转给一位个体企业主经营,合资结束。1997年5月,企业停产。2004年年初,企业关闭歇业。

馆藏苏州指甲钳厂档案1 927卷,排架长度46.25米,起止年为1962—2004年,其中:文书档案440卷,会计档案1 167卷,科技档案226卷,实物档案74卷,照片档案19卷,底片档案1卷。

本全宗档案可提供的检索工具为案卷目录,共10册。其中:文书档案2册,会计档案2册,科技档案2册,实物档案2册,照片档案1册,底片档案1册。

主要内容：

大事记，工厂各项工作总结，法人年检报告书，工厂关闭歇业材料，生产、物资、劳动工资、销售统计年报表，内销产品合同、产品购销合同。

党支部会议记录，党、工会、团表彰先进的有关材料，党员花名册、年报表，民主评议党员总结登记表，职代会材料。

干部任免材料，干部年报表，职工协保申请、解除合同等材料及失业证明存根，缴纳医疗保险花名册。

产品图、工艺流程、工艺卡、模具图，指甲钳各类标准，开式可倾式压力机说明书、保养记录、合格证验收单。

会计凭证、工资单、各类账册、财务报表等。

苏州张小全剪刀厂

全宗号　C055

1956年1月，公私合营张小全剪刀厂成立，厂址是十全街181号。2003年7月，张小全剪刀厂关闭歇业。

馆藏苏州张小全剪刀厂档案599卷，排架长度14.38米，起止年为1981—2004年。其中：会计档案597卷，实物档案2卷。

本全宗档案可提供的检索工具为案卷目录，共3册。其

中：会计档案1册，实物档案2册。

主要内容：

苏州张小全剪刀厂生产的各类剪刀。

会计凭证、各类账册、财务报表等。

苏州塑料家具厂

全宗号　C056

苏州塑料家具厂前身为苏州木桶厂。1970年6月，新兴盆桶社、苏州木桶社、平江木桶社合并成立苏州延安木桶厂，厂址为三茅观巷25号。1979年4月，苏州延安木桶厂更名为"苏州木桶厂"。1982年4月，迁至西大街76号。1984年7月，更名为"苏州塑料家具厂"。2003年，企业关闭歇业。

馆藏苏州塑料家具厂档案1 437卷，排架长度34.49米，起止年为1962—2004年。其中：文书档案249卷，会计档案1 186卷，实物档案2卷。

本全宗档案可提供的检索工具为案卷目录，共4册。其中：文书档案2册，会计档案1册，实物档案1册。

主要内容：

大事记，厂部年度工作总结，制度汇总表，生产报表，生产合同，销售登记表，产品成本价格表，产品质量升级表，企业决算报告，认购国库券登记表，电力建设债券收据，苏州市轻工业局关于同意建立家具研究小组的批复，关闭歇业分流方案。

党员工作计划和总结，党支部支委会会议记录，整党工作计划、总结和简报，党员登记名单，工会工作总结，团支部工作总结，职代会材料，先进个人登记表，先进事迹总结。

干部任免决定，职务聘任材料，专业技术人员岗位职责、考核制度，干部、职工介绍信，职改会议记录，职工花名册，职工养老保险、退休调资花名册，等等。

会计凭证、工资单、各类账册、财务报表等。

苏州日用瓷厂

全宗号　C057

苏州日用瓷厂建于1960年，前身是苏州美术陶瓷厂。1958年7月，苏州美术陶瓷厂建立于西百花巷。不久，搬至十梓街261号。1959年，由于生产工人增多，苏州美术陶瓷厂又搬迁至横塘原上联瓷厂所在地。1960年，厂内产品向日用瓷方向发展。同年5月，苏州美术陶瓷厂更名为"苏州瓷厂"，不久又更名为"苏州日用瓷厂"。1995年10月，成立苏州康洁利净化特种陶瓷有限公司。1996年10月，工厂停产。2003年,苏州日用瓷厂和苏州康洁利净化特种陶瓷有限公司关闭歇业。

馆藏苏州日用瓷厂档案2 655卷,排架长度63.72米,起止年为1958—2004年。其中:文书档案531卷,会计档案2 041卷,科技档案82卷,实物档案1卷。

本全宗档案可提供的检索工具为案卷目录,共7册。其中:文书档案2册,会计档案3册,科技档案1册,实物档案1册。

主要内容:

大事记,厂部年度工作总结,工作汇报,各类年报,董事与股东会决议、变更法人材料,清产核资材料,康洁利公司年检报告,承包经营责任审计的预审及终审报告,销售承包方案、经营合同,品种质量分析、质量工作动态材料,技术资料参考、技档管理制度,保密工作小结。

党、团、工会议记录,党员名册,职代会材料。

干部名册,干部任免材料,职工调动审批表、工资转移证、劳动力调配介绍信,离休登记表,离休人员调整职务津贴的花名册。

苏州美术陶瓷厂施工图,苏州日用瓷厂平面图。

工资表、会计凭证、财务报表等。

苏州塑料六厂

全宗号　C058

苏州塑料六厂成立于1970年3月,由原苏州塑料总厂和东方红塑料厂合并组成,主要产品为搪塑玩具、塑料薄膜制品(化肥袋、毛泽东语录封套、日记本封套等),厂址为东中市125号,合并初期仍按原产品进行生产。1972年7月,整个塑料加工业做了调整,该厂主要生产聚氯乙烯凉鞋和鞋底。

1982年,苏州塑料六厂首创把彩绘工艺应用到凉鞋生产中,使塑料凉鞋更加美观,此产品久销不衰,连续几年获得销售之冠。同年3月,注册"六叶牌"商标。2003年8月,企业关闭。

馆藏苏州塑料六厂档案5 344卷,排架长度128.26米,起止年为1967—2005年。其中:文书档案1 698卷,会计档案2 437卷,科技档案965卷,实物档案207卷,音像档案15卷,照片档案21卷,底片档案1卷。

本全宗档案可提供的检索工具为案卷目录,共12册。其中:文书档案2册,会计档案3册,科技档案2册,实物档案2册,音像档案1册,照片档案1册,底片档案1册。

主要内容:

组织机构沿革汇编、大事记汇编、发展简介汇编、经济合同材料汇编,厂部年度工作总结,企业管理制度,关于合资经营苏州富豪塑胶制品有限公司的合同、章程，苏州市轻工业局、苏州塑料六厂、港方关于签订合资意向协议、论证可行性方案、人事安排的会议记录，生产年报，经济信息反馈表，综合治理目标管理责任书，测试报告单。

党员工作计划与总结，支部大会记录，党员年报及名册，职代会材料。

干部任免材料，职工增资审批表，职工增资花名册，劳资年报，协保职工档案管理、失业证明、缴费年限、失保审核、协保申请及解除劳动关系的决定等材料，劳动用工、劳动保障年检材料，中技培训四级材料，工龄考评底稿，表彰先进和论文获奖的光荣册，相关课程试卷材料。

PVC塑料3129系列女凉鞋照片、文字材料、图纸等。

会计报表、会计凭证等。

苏州圆珠笔厂

全宗号　　C059

苏州圆珠笔厂创建于1956年，由原来的力生、苏州、金美、时轮、祝宝成、胜美、煜华和三民8家钢笔厂社合并而成，建厂初期以生产铱金笔为主，厂名为"公私合营力生自来水笔厂"。厂址为金太史场10号，下设3个工场，分别制造钢笔尖、制杆及压料。随着生产规模的扩大，1956年7

月,厂名改为"公私合营新苏钢笔厂",由金太史场迁至十梓街34号。1966年8月,更名为"地方国营苏州圆珠笔厂"。自1972年10月至1973年8月,该厂分批由十梓街迁至十全街89号。1980年8月,苏州制笔零件厂并入该厂,采用两块牌子、一套领导班子、财务独立经营的管理体制。1998年,苏州圆珠笔厂停产。2003年12月,企业关闭歇业。

馆藏苏州圆珠笔厂档案3 880卷,排架长度93.12米,起止年为1963—2004年。其中:文书档案638卷,会计档案3 184卷,科技档案57卷,实物档案1卷。

本全宗档案可提供的检索工具为案卷目录,共7册。其中:文书档案2册,会计档案3册,科技档案1册,实物档案1册。

主要内容:

大事记,年度工作总结,承包合同书,承包经营责任审计的预审、终审报告,物资、销售管理工作的考核指标,全面质量工作总结,生产、销售等各类年报。

党支部工作总结,党员花名册,党员调进登记表、介绍信,民主评议党员工作的总结决议、意见、报告,民主生活会、支委会会议记录,共青团工作总结、团费收据,团员教育评议工作总结,职代会工作情况、职代会的决议议程及会议记录。

干部任免的决定,干部花名册,职教工作机构设置、考核标准、培训名册、总结,企业职工养老保险转移单、企业职工养老保险花名册、职工失业证明、失业保险待遇审核表、失业后档案转移保管登记表。

会计凭证、工资单、各类账册、账务报表等。

苏州缝纫机针厂

全宗号　C060

从1956年6月至1979年年底,企业经过了多次分、拆、并的变化,1980年,正式定名为"苏州缝纫机针厂"和"苏州电池二厂"(一套领导班子、两块牌子,经济上各自独立)。苏州电池二厂的生产区域位于娄门下塘47号(原轻工业所属企业苏州搪瓷厂厂址),苏州缝纫机针厂的生产区和厂部机构在人民路700号。1982年年初,苏州缝纫机针厂全部搬迁至娄门下塘28号(原农林局招待所)。1993年,苏州缝纫机针二厂并入苏州缝纫机针厂,企业性质为国营集体联营。2003年9月,苏州缝纫机针厂关闭歇业。

馆藏苏州缝纫机针厂档案1 478卷,排架长度35.47米,起止年为1951—2008年。其中:文书档案485卷,会计档案928卷,科技档案64卷,实物档案1卷。

本全宗档案可提供的检索工具为案卷目录,共6册。其中:文书档案3册,会计档案1册,科技档案1册,实物档案1册。

主要内容：

机构设置总结，规章制度，年检报告，企业年报，生产计划，单位财务、房屋、设备普查登记台账，私股定股收据，验收合格证，家用缝纫机针检验标准。

党员干部任免材料，工会年报，共青团工作总结、年报，职代会议程、报告。

干部任免材料，干部花名册，干部培训材料，干部学习计划，专业干部统计情况表，专业技术职称任职资格的报告、批复，职改工作的计划，职工花名册，岗位职责，调入调出人员工资转移证、调配介绍信等资料，职工失业证明、失业保险待遇审核表、失业后档案转移保管登记表，企业下岗职工再就业意向登记表，离岗挂编协议书。

厂区平面图、基建图等图纸，房屋（基地）契约、契税缴款书、收据，地质报告及施工组织设计材料。

工资单、会计凭证等。

苏州手表总厂

全宗号　C062

苏州手表厂成立于1973年，由苏州东风钟表社、苏州钟表元件厂的一部分（手表筹备处）等单位合并而成，属于全民所有制性质，工厂设在苏州钟表元件厂内，主要负责"苏州牌"手表的制造和总装夹板。1976年，苏州手表厂从苏州钟表元件厂迁至娄门外东环一村日晷桥堍。1985年，苏州手表厂、苏州钟表元件二厂、苏州电子表厂、苏州钟表元件三厂和苏州钟表元件五厂合并组建苏州手表总厂。2003年，苏州手表总厂破产。

馆藏苏州手表总厂档案2 483卷，排架长度59.59米，起止年为1971—2006年，其中，文书档案912卷，会计档案1 547卷，实物档案24卷。

本全宗档案可提供的检索工具为案卷目录，共8册。其中：文书档案4册，会计档案2册，实物档案2册。

主要内容：

开业申请材料，企业登记材料，商标注册证，更改厂址材料，转让商标材料，钟表元件二厂动件部分并厂事宜，苏州钟表元件五厂有关借厂生产的协议，厂务会议记录，生产统计年报，生产报告，供销年报，综合计划表，苏州手表厂、苏州手表元件三厂、苏州手表元件五厂劳动工资月报，安全月报，征用土地情况、销售价格、大会发言等材料，"苏州牌"手表鉴定材料，手表同行联产合同协议。

党员名册及统计年报，党委会议记录，工会、职代会工作材料，民兵政审表，企政工作情况、方案规划。

人事组织材料，干部任免通知、批复，表彰先进、调整工资结构、奖金发放、内退终止等材料，先进集体、先进个人名单，协保人员档案、社保关系转移材料、失保待遇表、解除合同决定、失业证明、保留关系协议书。

会计凭证、工资单、各类账册、财务报表等。

苏州塑料七厂

全宗号　C066

1965年10月，苏州塑料总厂建立，下设7个分厂。1970年2月，苏州塑料总厂撤销，所属分厂向专业化改组。同年5月，筹建生产聚氯乙烯树脂的苏州塑料七厂。1982年5月，苏州塑料七厂并入杏秀桥堍的苏州塑料三厂。2003年12月，企业关闭歇业。

馆藏苏州塑料七厂档案1 360卷，排架长度32.64米，起止年为1958—2004年。其中：文书档案150卷，会计档案1 210卷。

本全宗档案可提供的检索工具为案卷目录，共5册。其中：文书档案2册，会计档案3册。

主要内容：

大事记，工厂基本情况，组织机构网络图，工作计划、总结，各类会议记录，各类合同，宣传、保卫工作总结，技术生产指标，车间治安承包考核表，统计、劳工、产销、安全年报，粮食汇总表。

党员和党组织年报表，支部革委会记录、汇报，工会合理化建议活动的计划，团支部报告，职代会材料汇编，职改工作验收合格证书、报告。

国家干部统计报表，干部花名册，职工花名册，干部批复、调令，技术职称批复、评定表，职工工资登记表，职工工资转移材料，学徒录用花名册，出勤统计表，职务评审材料，青工定级审批表，苏州塑研所实验厂学徒报到通知单，苏州红旗雨伞塑料厂人员登记表。

会计凭证、工资单、各类账册、账务报表等。

苏州家具二厂

全宗号　C074

苏州家具二厂以生产、销售各类木制家具为主，前身是1954年12月成立的苏州市第三木器生产小组。从1954年至1979年2月，厂址一直是富郎中巷24号和庙堂巷18号。1979年2月，苏州家具厂并入，苏州家具二厂搬至原苏州家具厂厂区，即胥江路1号（后编为胥江路58号）。

1954年12月，苏州市第三木器生产小组正式成立。1956年1月，苏州市第三木器生产小组转社，定名为"苏州市第三木器生产合作社"，隶属苏州市联社、竹木联社。1958年9月，苏州市第三木器生产合作社转为地方国营，更名为"地方国营苏州木器厂"，隶属沧浪区工业局。1960年，更名为"地方国营苏州市仪器仪表木壳厂"，同年7月，划归苏州市重工业局电讯仪表公司领导。1961年5月，划归轻工系统，更名为"地方国营苏州木器厂"，隶属沧浪区工业局。

1961年12月，地方国营苏州木器厂进行改组，改组后划分为合作社营苏州木器厂（以生产西式家具为主）和胥江木器生产合作社（以修理业务为主），分别隶属沧浪区联社、苏州市联社胥江办事处，进行独立核算。1962年9月，合作社营苏州木器厂调整为苏州市木器生产合作社，隶属竹木农具公司。1964年6月，苏州市木器生产合作社与胥江木器生产合作社合并，定名为"苏州市木器生产合作社"。1966年11月，更名为"苏州木器一厂"。1967年11月，更名为"毛泽东思想战斗队苏州木器一厂临时接管小组"。1968年6月，更名为"苏州市木器一厂革命大联合委员会"，同年9月，更名为"苏州市木器一厂革命委员会"，仍隶属竹木农具公司。1970年7月，更名为"苏州市红旗木器厂革命委员会"，隶属苏州红旗区生产指挥组。1978年9月起隶属苏州市第二轻工业局。1979年11月，改名为"苏州家具二厂"，隶属苏州市第二轻工业局、苏州市家具工业公司。

1996年至2000年，苏州家具二厂进入改革创新时期，进一步探索各种经济组合模式，建立苏州民友家具厂（股份合作制性质）。2003年6月，苏州家具二厂改组为苏州市苏家木业有限公司，完成转制。

馆藏苏州家具二厂档案3 336卷，排架长度80.06米，起止年为1955—2003年。其中：文书档案851卷，会计档案

2 447卷，科技档案38卷。

本全宗档案可提供的检索工具为案卷目录，共7册。其中：文书档案2册，会计档案4册，科技档案1册。

主要内容：

大事记，上级来文，年度工作总结，企业法人营业执照，法人年检报告，工商业登记表，"姑苏牌"商标注册书，审计通知书，各类报告与批复，文件传阅登记资料，企业规章制度，防火安全制度，减免企业所得税批复及税前利润弥补亏损审批表，生产、物资、供销、劳工年报表，订货合同，全国工业企业普查表，职工认股意向书，厂庆四十周年宣传材料。

民友装饰市场的批复、请示及市场登记证和验证报告，民友家具厂章程、变更内部股权材料、股东大会决议、股权转让材料、营业执照及验资报告，理监事名单，合资企业德豪家具装饰有限公司审计报告、会计报表及验资报告，家具中心年审报告书。

党建工作制度，党支部会议材料，党员年报表，组织情况名册，厂级领导民主生活会记录，党风廉政建设责任制材料，纪检工作总结考核表，共青团民主评议材料，团课资料，"五好"团员材料，职代会材料及工会年报，工会会员代表会资料，选民登记表，"百日红"竞赛材料，奖励试行草案，年度先进评比材料，劳动模范登记表，群众来信。

干部年报表，干部任免通知，职称改革工作文件，各类专业技术人员统计表，教育年报表，企业职工浮动转固定升级花名册，高级工名单，木工技师培训计划，退休申请与批复，社员名册，精简下放职工办理"农转非"情况材料，计划生育资料。

合作建造职工住宅协议书，职工住房分配计划方案及花名册。

各类家具全套图纸、成本分析单。

会计凭证、工资单、各类账册、财务报表等。

苏州肥皂厂

全宗号　C075

苏州肥皂厂的前身为裕华皂烛碱厂股份有限公司，于1943年3月创建。公司最初在阊门外大马路621号（苏州解放后编为阊胥路128号），后搬至横塘晋源桥堍原苏州日用瓷厂闲置地块。

1956年，裕华皂烛碱厂股份有限公司成立公私合营裕华皂烛碱厂，苏州市5家同业小厂同时并入。1960年，归口江苏省轻工业厅下属的苏州油脂化学厂。1966年，公私合营裕华皂烛碱厂和苏州油脂化学厂独立经营，7月正式挂牌成为地方国营苏州肥皂厂，归苏州市轻工业局管辖。主要产品有"光荣牌"杀菌皂、洗衣皂，"丽菜牌"美容皂、丝肽香波，"亭牌"硫黄香皂、檀香皂等。1993年，取消"地方国营"

前置名称。1999年12月，苏州肥皂厂改制，成立股份制有限责任公司，同时更名为"苏州工业园区苏扬制皂有限公司"，但苏州肥皂厂名称及工商注册仍保留，新公司注册地为苏州工业园区东环路129号。

馆藏苏州肥皂厂档案3 867卷，排架长度92.81米，起止年为1965—2009年。其中：文书档案715卷，会计档案3 085卷，科技档案66卷，实物档案1卷。

本全宗档案可提供的检索工具为案卷目录，共8册。其中：文书档案2册，会计档案4册，科技档案1册，实物档案1册。

主要内容：

厂志，大事记，厂部会议记录，厂长办公会议记录，科室会议记录，上级来文，企业法人年检报告书，年度工作计划、工作总结，工作大纲，关于行政工作的报告，"四五"规划、发展表，管理制度，各种合同，审计报告，企业升级材料，关于省级先进企业复查的汇报、复查表，企业整改计划，扩大自主权、企业管理、增产节约等材料，工业企业基本业务决算报告，安全生产风险承包责任书，安全生产操作流程，生产、劳动、物料、销售、设备年报，关于创建文明单位的计划、总结、细则，1990年救灾物资清单。

关于变更门市部、扩大经营范围等的申请报告，关于增设南京经营部的批复、报告，关于销售承包、成立销售分公司、调整洗衣皂和皂片价格的申请等文件，关于企业搬迁、扭亏增盈工作的报告等材料，清产核资汇总清册，苏州市审计事务所关于苏州肥皂厂会计报表的审计报告，苏州肥皂厂科学技术协会的成立批复及章程。

相关产品试制、鉴定、投产、创优阶段的材料，洗衣皂、香皂采标验收审批表，产品质量检验报告，质量监督检验机构评审材料，优质产品的材料、登记表、照片，关于各品种皂基指标规定等材料，中国洗涤用品协会、苏州肥皂厂1991年度关于参加全国洗涤用品系列知识大奖赛的材料，江苏省轻工业厅、苏州肥皂厂关于参加第二届北京国际博览会评奖的材料，丽莱系列产品有奖征答材料。

党员年报、花名册、介绍信，党支部工作计划、总结，党总支会议记录，党课材料，共青团工作的总结、年报，团委批复，工会工作的计划、总结、年报，职代会材料，关于女职工劳动保护工作的计划、制度，女工工作手册，肥皂车间劳动竞赛材料，奖金考核单，先进分子材料，职工思想政治工作纲要，1989年关于廉政、文明建设学习和宣传工作的决定等材料，领导班子廉洁自律制度，关于学习《邓小平文选》第三卷及党员轮训的计划，职工应知应会材料。

干部任免记录，专业人员任职资格的通知、登记表，工调材料，企业职工增加工资审批表，职工浮转固及提高离退休人员待遇的名册，统筹医疗费标准，关于独生子女幼托费、保健费津贴发放的规定。

苏州市土地管理局、浩华置业有限公司、苏州肥皂厂关于土地使用的材料，厂部平面图。

会计凭证、工资单、各类账册、财务报表等。

苏州东吴酿酒总厂

全宗号　C076

1951 年，昆山茜墩镇开办第一家白酒厂——国营茜墩酒厂。1953 年，该厂搬迁至苏州齐门外西汇路 2 号，更名为"苏州酿酒厂"，属于地方国营性质，归苏州市工业局管理。1956 年，酿酒业公私合营，18 家白酒私营作坊并入苏州酿酒厂，27 家黄酒私营作坊合并建立苏州东吴酒厂。1958 年，苏州东吴酒厂、苏州酿酒厂和苏州大昌化工厂合并成立苏州化工食品厂，属于地方国营性质，厂部设在西汇路苏州酿酒厂内，除了生产黄酒、白酒之外还生产酒精、化肥等。1959 年，原苏州大昌化工厂划出，苏州化工食品厂更名为"苏州东吴酒厂"。

1961 年，苏州东吴酒厂再行分厂，原苏州酿酒厂划出。1965 年，二厂又一次合并，同时苏州米厂的酒药车间和苏州沧浪酒精厂并入，厂名为"苏州东吴酒厂"。1966 年年底，苏州东吴酒厂改名为"苏州酒厂"。1973 年，又恢复"苏州东吴酒厂"厂名，开始试产啤酒。1980 年，苏州东吴酒厂以酒精车间为基地设立子厂苏州酒精厂，苏州酒精厂属于大集体性质，行政上受苏州东吴酒厂领导，经济上独立核算。1986 年，苏州东吴酒厂更名为"苏州酿酒总厂"，同时为了不放弃"东吴"牌子，将苏州酒精厂更名为"苏州市东吴酒厂"。

1994年,苏州酿酒总厂和苏州市东吴酒厂合并为苏州东吴酿酒总厂。2000年,苏州东吴酿酒总厂实施部分改制,将黄酒车间及销售部门改制成立苏州市利华酒业有限公司。2003年,苏州东吴酿酒总厂整体改制,并通过公开拍卖的形式转让。同年11月,苏州市利华酒业有限公司竞得苏州东吴酿酒总厂。

馆藏苏州东吴酿酒总厂档案5 551卷,排架长度133.22米,起止年为1951—2003年。其中:文书档案1 324卷,会计档案4 159卷,科技档案68卷。

本全宗档案可提供的检索工具为案卷目录,共9册。其中:文书档案2册,会计档案6册,科技档案1册。

主要内容:

大事记,工作大纲,工作总结,中长期发展规划,厂长办公会议记录,机构改革方案,上级来文、批复等,厂内发文,苏州东吴酿酒总厂厂名更改情况、机构设置及企业简介,商标注册材料,酒精厂启用新印章及规章制度等材料,黄酒业加工情况及私营合并等情况,合营前后质量、财务收支、生产成本、利润分析表,部分资产评估表,企业内部管理工作材料,各类协议书,内部承包合同,供销合同,档案评审材料,生产、物资、销售及劳动工资年报,年度能源消耗报表,标准化文件,食品卫生制度文件,污水环保处理文件,罗马尼亚进口罐装线的专用文件,阳澄酒、瓜干酒成本交换资料,关于黄酒生产技术、质量检验的总结报告,关于新工艺白酒的总结，苏州化工食品厂生产统计、干部、劳工、财务年报，划分苏州大昌化工厂移交清单。

苏州市轻工业局简报，苏州市轻工业局日用品公司生产简报，苏州市轻工业局生产情况简报，中央国民经济计划，中央领导讲话、中共中央文件、苏州市委领导讲话等材料，苏州市轻工党校简报，苏州市革命委员会政工简报。

党总支工作的实施细则、工作总结及年度党员干部报表，党支部会议记录，党费收据，党内统计表，厂领导民主生活会记录，苏州化工食品厂党总支会议记录，红旗酒精厂支部活动等资料，工会改选的有关材料，工会关于加强道德教育等工作的批复、意见、总结，团总支改选及评议团员的批复、计划，入团志愿书，职代会资料，人民来信工作材料。

会计凭证、工资单、各类账册、财务报表等。

苏州塑料一厂

全宗号　C077

苏州塑料一厂，原名为"苏州庆丰塑料制品厂"，位于苏州市养育巷327号，是专门生产各类工程塑料制品的全民所有制企业。

1956年7月，李荣年、张少泉等6名个体手工业者在醋库巷29号内开办了一个家庭工业社，以收购的废旧塑料加工生产钮扣、牙刷柄等日用小商品。同年9月，苏州市第一家生产塑胶制品的单位——苏州塑胶制品生产合作社正式成立。该合作社即苏州塑料一厂的前身，属于合作社营的小集体性质。1957年10月，更名为"苏州塑胶制品厂"。1958年4月，更名为"平江塑料制品厂"，所有制性质从小集体上升为大集体，工厂迁至肖家巷。同年10月，更名为"苏州庆丰塑料制品厂"，所有制性质由大集体上升为地方国营（全民所有制），并逐步成为苏州市塑料制品的重要生产基地之一。1960年，该厂迁至严衙前（厂部办公室所在地），车间则设在十梓街，隶属沧浪区工业科。1962年，该厂划归苏州市轻工业局领导，上升为市属厂。

1964年2月，企业迁至景德路225号。1968年10月，更名为"苏州塑料总厂一分厂"，主管单位为苏州市第二轻工业局革委会。1970年2月，苏州塑料总厂撤销，更名为"苏州塑料一厂"。1989年4月，苏州感光材料厂划归苏州塑料一厂，法人代表由苏州塑料一厂厂长担任。1992年，苏州感光材料厂并入苏州塑料一厂。1998年9月，企业进行产权制度改革，建立股份制的苏州工业园区富事达塑业有限责任公司。2003年11月，企业进一步深化改制为民营企业，公司设在苏州工业园区通园路198号。企业早期产品主要是牙刷柄、彩色钮扣，后来发展到凉鞋和鞋底，后期主要生产各类工程塑料制品。

馆藏苏州塑料一厂档案5 885卷，排架长度141.24米，起止年为1958—1998年。其中：文书档案1 987卷，会计档案3 807卷，科技档案61卷，实物档案29卷，照片档案1卷。

本全宗档案可提供的检索工具为案卷目录，共10册。其中：文书档案3册，会计档案4册，科技档案1册，实物档案1册，照片档案1册。

主要内容：

厂史，机构设置材料，厂务会议、厂长办公会议及工厂管委会等各类会议记录，企业年检报告书，厂发文件，首长讲话材料及密级件，厂长述职报告书，财务决算、启用印章的材料，企业管理制度、规定守则及各工种安全操作制度，各种会议通知，各类请示，工业企业生产统计报表，有关档案工作文件，整改三类产品材料，与外单位签订的协议等材料。

原苏州塑料一厂经营部更名的批复及商店门面租赁合同，承包经营合同、责任书，商店门面租赁及联营协议，关于感光材料厂并入的批复及成立星星百货商店的批复，第三产业独立核算的规定、会计审计报告书及成立海塑公司的批复，关于成立益达公司的批复、公证书、营业执照，苏州庆丰塑料制品厂上级来文，苏州工业园区富事达塑业有限责任公司关于1998年设备管理的报表及设备租赁协议。

党员年报、花名册，整党计划、总结，组织关系介绍信，党内活动记录，民主生活会、党外群众座谈会记录，工会开展女职工为企业献计献策活动讨论交流材料，团总支工作总结、团员名册、团工作年报表及表彰优秀团员决定，职代会材料，思想工作资料，"五好"规划总结，学大庆材料。

干部年报、花名册，全民所有制企业集体职工转为全民职工审批表，辞职、外借、停薪留职人员调进调出协议书，苏州塑料一厂分厂职称评定材料、聘任契约，苏州市轻工业局职改领导小组关于专业技术人员任职资格的通知书。

江苏省政府关于表彰省技术进步先进企业和优秀工作者的决定，江苏省轻工业厅关于表彰"八五"期间职工教育先进单位、重教企业、重教企业家的决定，苏州市委组织部表彰优秀承包经营者的决定，全世界电影、电视、照相座谈会材料，全国塑料行业会议材料，外单位奖励、"月月红"劳动竞赛方面的经验介绍，各报纸报道苏州塑料一厂情况的材料。

重氮胶片、复制胶片鉴定材料，试制塑料螺旋桨鉴定的会议纪要及技术鉴定证书，原料进厂玻纤测试原始记录、黏度测试原始记录、熔融指数测试报告，原材料及产品测试报告单，改性材料测试报告，玻纤材料测试报告（无碱、中碱），外加工件入库验收单（外协件、外加工件），产品质量工作动态（动态表、测试单），质量信息传递报告单（啤酒箱、气室、波纹管），综采产品图、模具图、质量要求等材料，产品说明、零件图，质量手册，关于环保测试、体检的年报、报告、意见。

房屋所有权证。

会计凭证、工资单、各类账册、财务报表等。

苏州船用机械厂

全宗号 C080

苏州船用机械厂的前身是苏州龙门金银制品厂。

1958年7月，苏州龙门金银制品厂诞生于玄妙观乔司空巷8号，是由中国人民银行主办的家属卫星厂，主营业务是加工金银首饰。

1964年，苏州龙门金银制品厂更名为"苏州金银饰品厂"。1966年，金工车间搬迁至宫巷碧凤坊45号。

1967年，企业改名为"苏州东方红工艺厂"。1970年2月，改名为"地方国营苏州市无线电三厂"，归口第四机械工业部。同年10月，工厂由乔司空巷8号迁至延安西路100号，后又迁至金门路155号（后编为金门路519号）。

1971年3月，地方国营苏州市无线电三厂改名为"地方国营苏州市航海仪器三厂"，归口第六机械工业部。

1975年4月，苏州市航海仪器三厂、苏州市航海仪器四厂合并，成立苏州船用机械厂，厂址为苏州市延安西路100号，隶属苏州市革命委员会机电工业局。

1985年，苏州船用机械厂与中国船舶工业贸易公司签订合资经营合同，成立苏州船用设备合营公司，合资期限为10年。1990年7月，苏州船用设备合营公司撤销。1991年4月，恢复苏州船用机械厂。

2001年,苏州船用机械厂与中船重工集团上海704研究所合作成立苏州四欣船用机械有限责任公司。2006年2月,苏州四欣船用机械有限责任公司更名为"苏州船用机械有限公司"。

馆藏苏州船用机械厂档案5 735卷,排架长度137.64米,起止年为1958—2001年。其中:文书档案549卷,会计档案5 186卷。

本全宗档案可提供的检索工具为案卷目录,共8册。其中:文书档案2册,会计档案6册。

主要内容:

厂史,大事记,企业概况表,军工史资料,第六机械工业部、海军有关水雷等方面文件,上级经费审批通知,上级下达的生产计划,厂技术安全操作规程、责任制度、奖惩制度、业务流程管理制度等汇编。

江苏省环保产业协会关于"白色污染"防治专业委员会入会须知的通知及苏州船用机械厂申请加入协会的材料,中国船舶集团总公司及苏州香雪海电器公司1990年关于编制船用设备汇编及设备国产化总结的通知。

企业党员、干部、团员年报及名册,党总支会议记录,民主评议党员会议记录等材料,团支部工作台账情况统计表、团员花名册,职代会有关文件,工会年报,首届工业学大庆先进集体、个人典型材料。

企业职工增资花名册。

中国船舶集团总公司关于派员出国访问的通知,苏州市政府对出国考察的批件，德国专家来华服务的小结，接待外宾登记表。

会计凭证、工资单、各类账册、财务报表等。

苏州印刷厂

全宗号　C081

1949年，苏州市军管会接收了大资本家严庆祺开办的江东日报社和由国民党开办的苏报社，并于同年7月组建了新苏州报印刷厂，由苏州市委宣传部直接领导，承印苏州市委主办的《新苏州报》。1952年6月，苏州市人民委员会机关企业新光印刷所并入新苏州报印刷厂，增加了零件业务。1954年4月，报社同印刷厂分开经营，建立了新苏州报社和地方国营苏州印刷厂，前者仍由苏州市委宣传部领导，后者隶属苏州市工业局。苏州印刷厂建立后，工厂设在尚书里四号半。

1956年，苏州市印刷行业实行公私合营，先后有26家私营企业并入苏州印刷厂，另有44家个体户合并组建成苏州市第一印刷合作社、第二印刷合作社。合营后的苏州印刷厂隶属苏州市轻工业局，在印刷业务中，增加了书刊印刷。

1958年，苏州印刷厂同苏州市联社平江印刷厂（由苏州市第一印刷合作社、第二印刷合作社组建而成）合并，厂名仍沿用"苏州印刷厂"。至此，苏州印刷企业归为一体，原印刷报纸的业务划归新苏州报社，苏州印刷厂专营扑克、零件、书刊印刷，并开始发展图版印刷。

1972年，苏州印刷厂划出扑克生产业务，建立苏州印刷二厂，经济性质为大集体，工厂设在长春巷，主要承担包装印刷和扑克生产任务。1976年，苏州印刷厂隶属市第一轻工业局。1978年，划出五车间，建立苏州彩色印刷厂，企业性质为全民所有制，工厂设在九胜巷。1979年8月，划出纸制品业务，建立苏州知青纸制品印刷厂，企业性质为集体所有制，工厂设在娄葑公社团结大队知青点。1981年1月，苏州知青纸制品印刷厂改名为"苏州印刷三厂"，并入苏州印刷二厂，一套领导班子，分别独立经济核算。

1986年9月，苏州印刷厂与苏州彩色印刷厂合并，建立苏州印刷总厂。2001年9月，企业整体改制，组建苏州印刷总厂有限责任公司，厂址为苏州工业园区通园路236号。该企业产品主要有三大类：一是包装装潢印刷品及样本、说明书、图书画册，二是彩色教科书，三是票据印制品。

馆藏苏州印刷厂档案4 033卷，排架长度96.79米，起止年为1953—2001年。其中：文书档案1 440卷，会计档案2 580卷，实物档案13卷。

本全宗档案可提供的检索工具为案卷目录，共5册。其中：文书档案2册，会计档案2册，实物档案1册。

主要内容：

厂志，厂务会议等各类会议记录，上级下达的生产计划、通知等各类文件，生产、劳资、经营、设备工作年报表，特种印刷行业管理制度，苏州市国家保密局、苏州印刷总厂关于国家秘密载体定点复制单位的相关材料，关于建立苏州市电脑设计排版厂的批复、报告、章程、协议书、注册书，关于建立富瓷办公印刷设备经营部的报告、批复、名册，1993年关于建立环球副食品经营部的报告、批复、章程、协议，关于建立长江实业发展总公司的报告、章程、决定、注册书，关于企业改制成立苏州印刷总厂有限责任公司的批复、章程、决议、协议，《苏印简报》。

党员、干部年报及名册，党总支会议记录，党员组织关系介绍信，整党工作材料，职代会材料。

1989年度苏州市文明单位证书，关于赴港参加国际包装展览会的批件、报告、汇报，关于赴日本验货考察的批件、报告、汇报，关于赴德考察的报告、批件、合同、汇报。

财务报表、现金日记账、银行日记账、收付凭证、转账凭证、增值税抵扣联等。

苏州皮革总厂

全宗号　C082

1955年10月，位于齐门的6户个体作坊合并建立苏州制革生产小组。1956年年初，在手工业合作化高潮中，9户制革业商户和41户制革个体劳动者共计159人，加入苏州制革生产小组。同年1月，原小组上升为合作社，定名为"苏州市光明制革生产合作社"，社址为齐门下塘65号。1958年10月，苏州市光明制革生产合作社与平江区皮革制品社合并，更名为"地方国营苏州光明皮革厂"。1960年10月，又与苏州市皮革制品厂合并。同年12月，苏州益昌皮件厂并入。1961年6月，划出制革的全部人员，单独建立地方国营苏州光明制革厂。1962年1月，苏州光明制革厂改为集体所有制。1964年11月，苏州光明制革厂和苏州光明皮鞋厂合并，改名为"苏州光明皮革厂"，厂部设在颜家巷43号。1965年12月，苏州光明皮革厂一分为二，分别建立合作社营苏州制革厂和合作社营光明皮鞋厂。1980年年底，苏州制革厂迁至苏州市郊虎丘公社花锦大队。

1987年6月，苏州制革厂更名为"苏州皮革总厂"。1992年5月，苏州皮革总厂成立中日合资苏州粟崎皮革有限公司，因亏损严重，于1995年终止合同。2000年12月，苏州皮革总厂改制为苏州皮革总厂有限公司，公司设在花锦大队城北公路三号桥堍。2004年,迁至苏州工业园区车坊镇朝前村工业园。

馆藏苏州皮革总厂档案1 159卷,排架长度27.82米,起止年为1953—2000年。其中:文书档案604卷,会计档案555卷。

本全宗档案可提供的检索工具为案卷目录,共4册。其中:文书档案3册,会计档案1册。

主要内容:

苏州光明皮革厂工业历史情况、简史、工作总结,厂务会议记录,法人单位登记表,企业法人年检报告,审计报告,工厂对外的各种工作汇报、先进材料,工厂设立职工持股会的有关材料,工厂改制、资产处置的批复及工厂改制方案、公司章程、董事会决议等材料,与苏州粟崎皮革有限公司关于资产抵押的协议,苏州市审计事务所关于顺德工贸公司、苏州市皮革产品经销部、苏州皮革总厂的审计报告,清产核资专题报告及批复,1992—1995年苏州粟崎皮革有限公司工作状况,环境长效管理目标责任书及无偿献血的有关材料,生产统计、劳动工资、安全生产、基建设备、环保、计划生育年报,《内参选编》。

党务工作规划、制度,党内统计年报,党员调进调出登记表及党员教育统计表,工会、共青团年度总结,职代会材料。

岗位责任制材料,人事决定批复,劳动合同制实施细则,劳动用工年度审核表,企业养老保险花名册汇总表,离退休人员名册。

会计凭证、工资单、各类账册、财务报表等。

苏州红光造纸厂

全宗号　C083

1954年10月，苏州市民政系统为解决烈军属的生活问题组织生产自救，在朱家庄筹建草纸工场，定名为"西区烈军属草纸工场"。1955年，因行政区更名，该厂更名为"金阊烈军属草纸工场"。1956年6月，工厂从朱家庄搬到横塘镇彩云桥畔，更名为"苏州市社会福利造纸生产合作社"。"大跃进"开始后，又搬到苏州西大营门，更名为"苏州市地方国营苏生造纸厂"。1959年，苏州市地方国营苏生造纸厂造纸部门人员及工具全部搬回横塘旧址，逐步向机械化发展。1960年6月，更名为"苏州红光造纸厂"，定点生产妇女卫生用纸。1965年年初，停止卫生纸生产，改建机台生产油毡原纸及瓦楞纸，并大力发展煤焦油毡生产。

1966年，印刷行业实行以纸代铅的改革，苏州红光造纸厂联合横塘粗纸社（1968年下半年更名为"苏州市造纸社"）试制塑料模型纸，试制成功以后，上级决定自1969年6月起两厂合并，投资扩大生产。上级拨款将横塘粗纸社原址作为扩建基地，建成后，苏州红光造纸厂形成新、老两个厂区的布局。1977年4月，该厂停止煤焦油毡生产，以造纸为发展方向。

该厂隶属关系几经变更：1954年10月至1959年8月属于民政局领导。1959年9月，划归轻工业局领导。1961年10月，由轻工业局划归手工业局领导。同年11月，再由手工业局划归轻工业局领导。1962年7月因经济性质归口，又由轻工业局划回手工业局领导。1965年9月因造纸行业归口，再次由手工业局划回轻工业局领导。

1986年4月，苏州红光造纸厂划归苏州华盛造纸厂，成为其第五车间（对外称"红光分厂"）。1993年11月与苏州华盛造纸厂脱钩，恢复苏州红光造纸厂。1995年2月，苏州红光造纸厂委托苏州华盛造纸厂经营管理。2000年6月，企业改制，设立苏州红光纸业有限公司。2006年4月，企业全线停产。

馆藏苏州红光造纸厂档案3 134卷，排架长度75.22米，起止年为1959—2000年。其中：文书档案1 701卷，会计档案1 264卷，科技档案169卷。

本全宗档案可提供的检索工具为案卷目录，共6册。其中：文书档案3册，会计档案2册，科技档案1册。

主要内容：

《红光造纸厂厂史（1954—1983年）》（底稿），大事记，工业生产年报，厂务会议记录，法人年检报告书，企业法人申请变更登记注册书，工厂收发文登记材料，各项规章制度，企业管理专卷，企业整顿专卷，江苏省造纸公司、苏州市轻工业局等上级部门下达的各项工作计划,苏州市委、手工业局文件,集体资产产权登记年度检查表,苏州红光纸业有限公司改制中的申请、确认书、通知、协议、批复,合资企业董事会议纪要、信函,苏生化工厂出差补助、经费使用审批等材料,社会福利纸厂规划、管理制度、生产分析等材料,产品生产企业调查表、生产基本情况报告、全厂布局平面图。

生产、销售、教育、劳动工资、环境保护等各类年报,有关产品的工艺流程图、工艺检查表、企业标准、部标准等材料,有关产品、质量规划、计划报告等文件,全面质量管理考核情况材料,特殊工种安全知识培训材料,各类培训日报,销售合同及凭证,用户座谈会会议材料,技术协会入会申请。

学大庆先进代表和先进单位的事迹材料,"红五月"操作表演赛、班组长培训班材料,"红五月"歌会材料,先进表彰及消防运动会材料,新华通讯社内参选编,外国人申请入境的审批表。

党支部工作总结、规划及党员名册,党员干部年报,党支部委员会会议记录,基层工会信息、宣传、调解工作年报,工会工作计划、总结,职代会材料,选民登记表,第四个老年节纪念活动的材料。

苏州市轻工业局关于职工回乡支农的批复,精简下放的资料,干部年报、名册及离休批复,干部家属统计材料,劳动合同制工人的劳动合同书,工资总额构成材料,农民工审批表。

工厂总体规划、新老厂平面布置图、危房翻建报告及苏州市轻工业局五万元以下工程项目批复,市区优惠住房买卖契约,购房合同书。

会计凭证、工资单、各类账册、财务报表等。

苏州春花吸尘器总厂

全宗号　C085

苏州春花吸尘器总厂的前身是1959年成立的苏州长江五金厂。苏州长江五金厂属于大集体性质,生产铅丝、元钉、鞋钉、开口销、电焊钳等小五金产品,厂址为东中市27号。1980年3月,苏州长江五金厂划出部分人员,迁至虎丘路北成立知青厂,原厂改为苏州家用电器一厂,隶属苏州市轻工业局,属于集体所有制性质,专业生产清洁器具,注册了"春花"商标。1984年5月,苏州家用电器一厂定名为"苏州吸尘器厂"。1988年,更名为"苏州春花吸尘器总厂"。同年下半年,生产车间迁移至跨庄路46号,老厂区为厂部、科室办公场所。1994年5月,实行改制,由苏州春花吸尘器总厂、苏州吴县微型电脑厂、常熟徐市镇资产经营投资公司三家企业共同发起,以定向募集方式设立苏州春花电器股份有限公司。1996年9月,将苏州春花吸尘器总厂全部经营性资产以净资产形式再次投入苏州春花电器股份有限公司，增资扩股并更名为"江苏春花电器集团股份有限公司"。1998年，厂部办公场所搬至干将西路232号。2000年，公司管理部门和总装分厂迁移至苏州工业园区梅巷工业区，电机分厂仍在跨庄路厂区生产。2003年8月，公司改制，苏州轻工控股（集团）有限公司所持股份及内部职工股一次性转让给公司17位经营者。2004年12月，公司全部迁至苏州相城经济开发区蠡塘路999号。

馆藏苏州春花吸尘器总厂档案11 437卷，排架长度274.49米，起止年为1958—2004年。其中：文书档案2 105卷，会计档案8 862卷，科技档案453卷，实物档案17卷。

本全宗档案可提供的检索工具为案卷目录，共15册。其中：文书档案4册，会计档案9册，科技档案1册，实物档案1册。

主要内容：

厂志，公司简史，大事记，各项制度，厂部会议记录，中层干部会议记录，企业法人申请变更登记注册书、年检报告书，企业管理标准，"八五"计划材料，"十五"发展规划，各车间、科室总结，总厂成立大会材料，关于同意苏州春花吸尘器总厂更名的批复、报告，关于建立春花家电分厂销售公司的批复及公司章程，关于合资建立苏州春飞家用电器有限公司的批准书及申报材料，苏州春花吸尘器总厂与美国Amefer公司合资的意向书等材料，关于与香港保富得公司合资生产吸尘器项目的批复、协议，关于同意公司调整股本的批复，关于对在梅巷工业区办企业税收上给予优惠的批复，注销税务登记申请审批表。

关于创1991年轻工业部质量管理奖企业的通知及申报表等材料，江苏省计划经济委员会关于"春花牌"吸尘器获江苏省优质产品的决定及申报表，申报省级企业技术中心材料，产品图、产品技术资料，关于派员参加1999年科隆国际家电展览会的报告、批复、函，关于派员赴我国香港参加法国MOULWEX公司亚洲供应商会的请示报告，关于赴日本验收设备的报告、批复，关于赴阿联酋迪拜参展的报告、批复及小结，关于赴新加坡参加董事会的报告、批复及小结，关于赴法国参加巴黎国际家电博览会的报告、批复及备案表。

法律顾问合同，与江苏舜天国际集团机械进出口苏州有限公司、常熟长明电器有限公司等单位签订的合作合同和协议书，质量手册，销售订货合同，职工教育、干部劳工、统计、物资、销售、外经、环保等各类年报，《吸尘器通讯》（1—24期），《春花通讯》（1—20期）。

党总支会议记录，党总支思想政治工作要点总结，政治工作例会记录，职工教育计划、总结，思想政治工作研究会活动记录，党员年报、名册，工会团员年报，职代会材料。

关于表彰江苏春花电器集团公司技改先进工作者的决定，先进事迹，职工花名册，专业技术岗位职责，职工退休退职花名册，退休人员基本养老金待遇审批表，计划生育工作手册，独生子女申请表，女职工委员会目标管理工作手册。

会计凭证、工资单、各类账册、财务报表等。

苏州自行车厂

全宗号 C087

1970年2月,勤奋木器社、木制品社合并成立苏州力车配件厂,属于集体所有制性质。6月,虎丘五金工场、搪瓷徽章社并入,更名为"苏州力车厂",生产手推车及配件。1972年5月,苏州力车厂分为苏州自行车零件厂、苏州金属压延厂。1974年1月,苏州自行车零件厂更名为"苏州自行车厂",属于集体所有制性质,位于苏州市觅渡桥北侧、葑门西街南端,开始生产28寸"飞鹿牌"自行车。

1978年,苏州自行车厂试制成功24寸轻便车(飞鹿轻便女车),填补了自行车系列的空白。1979年,在市郊上方山麓筹建新厂。1981年6月,迁入新厂。1984年,苏州自行车厂与上海自行车厂联营,企业更名为"上海自行车厂苏州分厂"。1986年,成立永久自行车企业集团,以上海自行车厂为主体,由上海自行车厂各分厂、定牌整车厂、配套件厂等14个单位组建而成。1989年,上海自行车厂苏州分厂实行紧密型联营,更名为"永久自行车苏州股份有限公司",为全民与集体联营企业性质,行政隶属关系归苏州市轻工业局。1996年2月,上海永久股份有限公司出资收购永久自行车苏州股份有限公司,将其更名为"上海永久股份有限公司苏州公司"。

馆藏苏州自行车厂档案10 166卷,排架长度243.98米,起止年为1970—2005年。其中:文书档案1 666卷,会计档案8 080卷,科技档案409卷,实物档案11卷。

本全宗档案可提供的检索工具为案卷目录,共18册。其中:文书档案8册,会计档案8册,科技档案1册,实物档案1册。

主要内容:

厂长述职报告及会议纪要,厂务会议记录,生产计划,各部门规章制度,1986—1990年发展规划,商标使用许可证、合同备案表,产品图,单位审计报告,收发文登记簿,关于现代管理、方针目标展开的建议,企业章程,股票发行管理细则,上级有关联营的文件、批复,本厂联营情况,上海经济区联营会议材料,上海自行车厂苏州分厂成立材料,关于永久自行车企业集团深化改革、组建股份有限公司的方案,永久自行车企业集团成立的会议材料。

大事记汇编、组织机构沿革汇编、产品质量鉴定资料汇编、质量管理小组活动及成果情况汇编、经营销售情况汇编、产品简介汇编、主要经济技术指标数据汇编、技术改造项目简介汇编、基建工程项目简介汇编、专业技术人员情况汇编、职工进出情况汇编、职工收入汇编、档案利用典型事例汇编、产品质量鉴定分析报告,产品技术、工艺资料,生产科关于工业总产值、主要产品产量、各项技经指标等材料，生产、供应、销售、劳资、基建年报，技术进步企业、先进企业申报材料，与荷兰车架公司补偿贸易谈判的材料。

党员、干部、团员年报，党总支会议记录，党员大会及党总支改选材料，党员先进性教育材料，党支部评议意见表，党委会及民主生活会会议记录，团支部改选材料，青工政治轮训名单，宣传工作报表，职代会材料。

干部任免材料，干部介绍信，职工登记表，退休人员花名册。

会计凭证、工资单、各类账册、财务报表等。

苏州织锦厂

全宗号 D001

1955年7月，16户手工业劳动者合并成立苏州宋锦生产供销合作小组，8月成立苏州市第二漳绒供销生产合作社。1956年1月，宋锦生产合作社建立，归苏州市工艺刺绣联社领导。1958年6月，宋锦漳缎厂获批建立，9月上升为地方国营宋锦漳缎厂。1959年2月，划归苏州市纺织工业局领导，3月改名为"地方国营宋锦织物厂"，1962年6月，下放为集体所有制企业。1966年10月，宋锦织物厂改名为"朝阳丝织厂"。1966年11月，苏州市纺织、丝绸工业公司成立，朝阳丝织厂归丝绸工业公司领导。1978年9月，朝阳丝织厂改名为"苏州织锦厂"。1980年3月,划归苏州市工艺美术工业局领导,厂址为园林路12号,主营天鹅绒毯、工艺织锦。1996年8月停产。

1996年12月,苏州织锦厂的主管单位苏州工艺美术集团有限责任公司拨款90万元,苏州织锦厂职工集资60万元,利用苏州织锦厂部分生产线,设立了苏州市朝阳丝织厂,企业性质系股份合作制,制造加工各色乔绒、丝绸、天鹅绒毯,产品主要出口印度尼西亚。1998年10月,企业停产。

苏州市朝阳丝织厂和苏州织锦厂是两块牌子、一套留守班子。2002年,苏州织锦厂(苏州市朝阳丝织厂)关闭歇业。

馆藏苏州织锦厂档案3 838卷,排架长度92.11米,起止年为1954—2005年。其中:文书档案1 603卷,会计档案1 992卷,科技档案211卷,实物档案32卷。

本全宗档案可提供的检索工具为案卷目录,共11册。其中:文书档案3册,会计档案3册,科技档案2册,实物档案3册。

主要内容:

大事记,各种规章制度,各部门发文报告,会议文件,厂务会议记录,厂部工作计划、总结,主要技经指标完成情况统计表等各类报表。

党员、干部、团员统计年报表,党总支民主生活会议记录。

粮油户口花名册、回乡人员花名册,劳动工资等材料。

"天鹅牌"天鹅绒毯申报中国工艺美术品百花奖材料（1983年），B665型牛头刨床、剑杆织机等设备档案，"黄山迎客图"天鹅绒挂毯、宋锦花绫样本等产品档案。

会计凭证、工资单、各类账册、财务报表等。

苏州线带集团有限责任公司
（苏州花线厂、苏州排须花边厂）

全宗号　D002

1994年12月，苏州花线厂、苏州排须花边厂、苏州鸿斌针织厂合并建立苏州线带集团有限责任公司，苏州花线厂是核心企业。公司性质是集体所有制，主营各类绣花线、出口丝线、排须花边、针织品、针织服装。1998年，企业改制，其中苏州排须花边厂和苏州鸿斌针织厂改制为股份合作制企业，苏州花线厂当时因改制条件不成熟，还原成苏州工艺美术集团有限责任公司的下属企业。1998年1月，苏州线带集团有限责任公司停产。2003年8月，公司关闭。

苏州花线厂：最初花线是由摇丝作、染坊、拢作三种作坊分工协作生产出来的，苏州解放后，个体经营的花线作坊逐步走上了合作化道路。1951年，苏州市丝线生产集体工场成立，1954年8月，划归苏州市手工业联社领导，改名"丝线联系小组"。1955年，部分拢作成立了拢线小组。1955年

6月,丝线联系小组部分人员联合3户摇丝作13人、拙线小组4人成立了苏州市丝线生产小组,隶属北塔区手工业科领导,位于天后宫大街,小部分工序因场地原因分散在后张家弄等地。1956年1月,丝线生产小组改为苏州丝线生产合作社,属于苏州市手工业联社领导。1958年7月,改为苏州花线厂,属于苏州市手工业联社集体所有制工厂,工厂迁至东海岛3弄2号。1958年8月,苏州花线厂撤销,并入苏绣厂,作为苏绣厂的花线工场。1959年11月,苏绣厂花线工场从苏绣厂分出,成立苏州花线厂筹备处。1961年12月,苏州花线厂正式成立。苏州花线厂位于南环西路,系集体所有制企业。经营方式是织造,主营绣花线、十字线、缝纫线,兼营针织品。针织服装使用"苏花"商标。

苏州排须花边厂:1958年7月,排须生产合作社、花边生产合作社、弦线生产合作社、第一棉线生产合作社4家单位合并成立苏州丝棉纺织品厂。同年8月,第一棉线生产合作社划出,苏州丝棉纺织品厂改称"地方国营苏州丝纺织品厂"。1959年8月,撤销地方国营,改为合作社营苏州排须花边厂。1962年,苏州排须花边厂撤销,其原有的三个工场分别并给苏州织带厂、苏州民乐厂、苏州剧装戏具厂。同年,原排须花边厂三个工场的人员全部从苏州剧装戏具厂划出,单独成立苏州排须生产合作社。1970年10月,苏州排须生产合作社与和平花边生产合作社合并成立苏州第二织带厂,归苏州纺织工业公司领导。1982年4月,苏州排须花边厂正式从第二织带厂划出,归属苏州工艺美术工业公司(简称"工艺公司"),借用苏州西乐器厂六楼进行生产,厂房位于宝城桥弄22号半。企业性质是集体所有制,主营排须、回须、丝带,兼营花边、缎带、丝织品。1998年,苏州排须花边厂改制为股份合作制企业。

馆藏苏州线带集团有限责任公司(苏州花线厂、苏州排须花边厂)档案6 310卷,排架长度151.44米,起止年为1960—2004年。其中:文书档案1 091卷,会计档案4 690卷,科技档案432卷,实物档案97卷。

本全宗档案可提供的检索工具为案卷目录,共15册。其中:文书档案3册,会计档案3册,科技档案6册,实物档案3册。

主要内容:

苏州线带集团有限责任公司厂长方针目标,企业管理标准、制度、方案、细则,工艺公司文件,会议记录,各类报表、合同,党员年报、花名册,职工名册、劳动合同书,干部年报、花名册,离退休人员退休审批表、花名册,组建线带集团的报告、批复、章程、决议,企业名称变更的申请及领导人员任免的报告、批复,股东会决议,苏州线带集团有限责任公司所属企业苏州花线厂、苏州花线厂鸿斌贸易公司、苏州市锦花经营服务部1996年法人申请变更登记注册书,产品实样。

苏州花线厂志,组织沿革(1987—1990年)、企业概况(1991年),企业法人年检报告书、工作标准、厂务会议记录,工艺公司、苏州花线厂办公室工作总结,各类报表、合同，党员统计年报、花名册，干部录用、任免职材料，江苏省工艺美术品百花奖申报材料（1985年），苏州花线厂1993年调往礼同水洗服装有限公司的职工养老保险关系转移单，染色样品，花线广告，"双猫牌"绣花线获江苏省工艺美术品百花奖的证书（1989年）。

苏州排须花边厂志，大事记，上级来文，厂部会议记录，各科室、车间工作计划和总结，各类报表，党支部及共青团建设材料，活动文件，职代会材料，干部名册。

会计凭证、工资单、各类账册、财务报表等。

苏州剧装戏具厂

全宗号 D003

苏州剧装戏具厂成立于1956年，厂址是西百花巷4号，属于集体所有制性质，是当时全国规模最大的一家剧装戏具单位。主要产品为外销丝绸服装，印染丝绸面料，工艺帽，日本和服，摄制电影、电视剧用各类服装和道具，演出阵列用历代戏剧服装、舞蹈服装、民族服装、婚纱和日本太鼓台。2002年停产，2003年10月关闭。

馆藏苏州剧装戏具厂档案5 544卷，排架长度133.06米，起止年为1955—2006年。其中：文书档案1 050卷，会计档案4 270卷，科技档案174卷，实物档案48卷，照片档案2卷。

本全宗档案可提供的检索工具为案卷目录,共19册。其中:文书档案4册,会计档案3册,科技档案6册,实物档案5册,照片档案1册。

主要内容:

企业法人年检报告书、法人单位登记表,科室设置材料,规章制度汇编,上级来文,材料收发汇总表,会议纪要。

党支部换届选举的报告、批复、选票,团员教育评议材料,职代会情况报告表。

职工劳动合同书,干部任免决定、干部年报,调进调出人员介绍信、辞职人员名单、劳动工资统计年报,协保人员和一次性补偿人员的档案转移材料、失业保险待遇审批表、安置结算单。

电影《红楼梦》剧装荣获北京电影制片厂《红楼梦》摄制组颁发的荣誉证书(1990年),"仿明朝武将宝剑腰刀"获工艺系统1992年工艺美术百花成果奖资料,苏州市委、市政府授予苏州剧装戏具厂1992—1993年度、1994—1995年度、1996—1997年度文明单位称号的有关材料。

电视片《滴水之光》拍摄情况资料,历史剧服装仿古整理技术的研究资料,电视剧《施耐庵》服装试制工作的资料,日本狮子采访团赠送的资料(1996年),电视剧《红楼梦》剧装画稿、剧装影集等。

会计凭证、工资单、各类账册、财务报表等。

苏州工艺美术研究所

全宗号 D007

1959年，苏州工艺美术研究所成立。1960年，苏州工艺美术研究所被分为苏州市工艺美术研究所和苏州市刺绣研究所。1961年，两家研究所又合并为苏州市工艺美术研究所。1962年，分出苏州市工艺美术研究总所（1963年改名为"苏州市工艺美术研究所"）。1963年，分出苏州市工艺美术研究分所（1963年改名为"苏州市刺绣研究所"）。1964年，苏州市工艺美术研究所筹办苏州工艺美术学校，校址设在原所址东北街，而苏州市工艺美术研究所迁至王洗马巷20号，1966年3月，又迁至察院场工艺大楼。

1966年9月，苏州市工艺美术研究所被撤销，并入苏州市红木雕刻厂。1970年3月，苏州市刺绣研究所分出，与苏州绣品厂、儿童用品厂、苏绣厂合并为苏州刺绣厂，1972年又分出，恢复原名苏州市刺绣研究所。

1977年，苏州市工艺美术研究所恢复建立，企业性质仍为集体所有制，研究所设在苏州工艺美术厂内，实行厂、所合一，两块牌子、一个机构的管理体制。1978年10月，苏州市工艺美术研究所从苏州工艺美术厂内分出，迁至中街路144号，独立建所，为集体所有制事业单位。1980年，苏州市工艺美术研究所设立实验厂。1984年，苏州市工艺美研究所由集体所有制事业单位改为全民所有制事业单位,是从事工艺美术产品的生产、销售,集科、工、贸于一体的全民事业单位,地址为苏州市中街路154号。1992年,苏州市工艺美术研究所与日本东京蛇乃目鳍有限会社合资筹建经营苏州红雨礼品有限公司。2002年,苏州市工艺美术研究所(含实验工厂)改制,成立苏州工艺美术研究所有限责任公司(又名"苏州工艺美术研究所"),为民营科技企业。

馆藏苏州工艺美术研究所档案1 483卷,排架长度35.59米,起止年为1977—2002年。其中:文书档案285卷,会计档案1 050卷,科技档案148卷。

本全宗档案可提供的检索工具为案卷目录,共9册。其中:文书档案3册,会计档案1册,科技档案5册。

主要内容:

大事记,研究所志,研究所各类报告、批复,工作总结,会议记录,组织体制材料,上级文件,各类统计报表。

党支部、工会、团支部工作材料。

干部任免、考核材料和年报表,专业技术职务任职资格批文,职工年报、花名册及统计表,劳动工资、福利费用年报,研究所人员调动材料、介绍信及工资转移单,职工考核、离职等材料,职工晋级审批报告,职工离退休申请表,工资调整材料,人事工作年报及专技人员聘任材料,养老保险金缴费材料。

表彰先进个人等文件,企业产品执行标准证书,各类图纸、基建设备档案,实验原始记录材料,建立中日合资苏州红雨礼品有限公司的相关材料，金属工艺厂划归苏州工艺美术研究所的相关材料。

工资单、会计凭证、会计账册、会计报表等。

苏州艺石斋

全宗号　D009

苏州艺石斋建于1961年9月，在"文化大革命"中撤销，1980年恢复建立，1985年与桃花坞木刻年画社合并，实行两块牌子、一套管理班子，合并经济核算的管理体制，是一家从事碑刻和篆刻的生产企业，位于宫巷。艺石斋拓裱的碑帖远销海外，门市部供应碑帖、印谱、文房四宝、印泥、刻刀、绫绢、册页等，为书、画、篆刻家及爱好者服务。2003年8月，苏州艺石斋被公开拍卖。

馆藏苏州艺石斋档案2 183卷，排架长度52.39米，起止年为1980—2003年。其中：文书档案440卷，会计档案1 590卷，实物档案149卷，音像档案4卷。

本全宗档案可提供的检索工具为案卷目录，共9册。其中：文书档案2册，会计档案1册，实物档案5册，音像档案1册。

主要内容：

工商注册书，承包责任书，各部门签订的承包合同，劳动合同书，办公会议记录。

党员年报、名册，民主评议党员材料，工会工作计划、总结、年报。

对单位领导人、中层干部任免的通知，干部年报、名册，劳动工资年报，工效挂钩批复，职工报到、离职、终止合同、定级等材料，工资转移单存根。

企业产品标准的执行标准证书、备案表、审批表，艺石斋、桃花坞木刻年画社关于企业改制、竞争上岗的方案，以及改制初步设想和小组名单，注册商标验证材料及登记表。

会计凭证、各类账册、财务报表等。

苏州市恒孚首饰集团
（苏州金属工艺厂）

全宗号　D011

苏州市恒孚首饰集团的前身为苏州金属工艺厂。苏州金属工艺厂于1976年8月从原苏州工艺美术厂划分出来，性质为集体所有制，隶属苏州市工艺美术工业局，厂址为平江路306号，主要生产金银首饰、仿古铜器、金属活动鱼，并承接金银来料加工业务。1985年7月，与苏州长青乡富强村合资建立苏州市金属工艺分厂。1988年9月，开设恒孚银楼，位于人民路566号。1995年7月，以苏州市恒孚金属工艺品厂、苏州恒孚钻石首饰厂、苏州金属工艺厂多种经营服务部为紧密层企业，以苏州恒丰珠宝首饰有限责任公司为半紧密层企业，联合组建苏州市恒孚首饰集团。该公司位于平江路306号，主营业务为金银饰品、珠宝玉器、工艺美术品、旅游纪念品的生产、加工、销售。

馆藏苏州市恒孚首饰集团（苏州金属工艺厂）档案3 686卷，排架长度88.46米，起止年为1972—2002年。其中：文书档案781卷，会计档案2 891卷，实物档案14卷。

本全宗档案可提供的检索工具为案卷目录，共5册。其中：文书档案2册，会计档案2册，实物档案1册。

主要内容：

公司概况，厂志，大事记，历史沿革，机构设置，商标、法人、营业执照等材料，各项规章制度，上级来文，厂发文件，厂务会议记录，厂部工作计划、总结，各类报表、合同，企业荣誉汇编（1992—1994年），高级技术（首饰）培训教材。

党支部及共青团建设材料、活动文件、名册、报表等材料，工会会议纪要，职代会资料。

职工花名册，退休职工名册、审批表，工调情况，劳动合同书，先进名单，干部名册、任免材料，离退休人员增资表，养老保险材料。

会计凭证、工资单、各类账册、财务报表等。

苏州绣品厂

全宗号　D012

1958年10月,苏州泰丰刺绣总店、刺绣童帽社、枕套社3家店(社)合并建立苏州刺绣儿童鞋帽服装厂,位于苏州宋仙洲巷。1960年1月,改名为"苏州绣品厂",专产机绣日用品。

1970年3月,苏州绣品厂、苏州儿童用品厂、苏州刺绣厂、苏州刺绣研究所4家单位合并为苏州刺绣厂,地址仍为各自原址。1972年8月,又恢复为4家单位原状。

1985年,苏州绣品厂迁至苏州市三香路160号,为工贸联营企业,隶属苏州市工艺美术(集团)有限责任公司。1992年4月,改建为苏州绣品总厂。2004年1月,随苏州市工艺美术(集团)有限责任公司整体公开转让。

馆藏苏州绣品厂档案5 346卷,排架长度128.3米,起止年为1958—2004年。其中:文书档案596卷,会计档案4 075卷,科技档案359卷,实物档案288卷,音像档案2卷,照片档案26卷。

本全宗档案可提供的检索工具为案卷目录,共18册。其中:文书档案2册,会计档案2册,科技档案5册,实物档案6册,音像档案1册,照片档案2册。

主要内容：

厂部大事记及资料汇编，厂部总结，各类年报，各种规划，普查登记表。

党员调进调出相关材料，支部年度总结，党支委记录本、各类年报等，厂部总结、党团年报。

干部及职工花名册，干部任免、岗位责任制等材料，工资改革审批表，学徒转正定级审批表，退休职工登记表，职工调进调出审批表。

生产、劳工年报表，各类制度、细则、协议书、报告、批复，财产保险单，浇汰质量控制（QC）小组获市经委"优秀质量控制（QC）小组"称号证书，"重合同、守信用"企业证书，"欧美式电绣日用装饰品"获苏州市经委第二届新产品"金马奖"证书，共青团苏州市委授予"苏州绣品厂新长征突击队"称号等相关文件。

会计凭证、工资单等。

苏州刺绣厂

全宗号　D013

1958年7月，苏州市第一刺绣生产合作社、第三刺绣生产合作社、绣品生产合作社和苏州市郊区生产合作社合并，组建苏州刺绣厂，厂址是平江区史家巷32号。

苏州刺绣厂主产手绣、机绣、双面绣、和服腰带等，产品可分为苏绣日用品和苏绣艺术欣赏品两大类。注册商标为"金蜂"和"金花"。

1995年6月，以苏州刺绣厂为核心企业，以苏州市业盛工贸中心、金蜂经营服务部、福寿顾绣庄为紧密层企业，以常熟赵市吴祥服装厂、吴县蠡口丝绸织带厂等为松散层企业，组建苏州刺绣集团。1998年9月，企业改制为股份合作制。

馆藏苏州刺绣厂档案4 851卷，排架长度116.42米，起止年为1966—2005年。其中：文书档案1 013卷，会计档案3 833卷，实物档案5卷。

本全宗档案可提供的检索工具为案卷目录，共8册。其中：文书档案3册，会计档案4册，实物档案1册。

主要内容：

厂部大事记，法人年检书，厂部工作总结、计划，组织机构汇编，生产、设备年报，厂务会议记录材料，购销订货合同材料，生产任务单，出口商品资料，分类管理资料，关于将苏州缂丝厂并入苏州刺绣厂的决定，成立新区分厂综合办公室的通知，聘请法律顾问的批复、决定。

党组年报、名册、会议记录，优秀党员登记表，工、团年报，第五届团总支改造报告、批复，选举第五届党总支委员会组成人员的批复及改选工作中的材料，党支部聘任干部的决定，统计年报，花名册，党费清单，年终总结，知识分子统计表，各项活动计划、汇报材料，支部、党员会议记录。

干部年报，任免、调动材料，浮转标工资汇总表及名册，调进调出、辞职、辞退审批表。

荣获市质量管理奖、公司优秀质量控制（QC）小组表彰的有关材料，有关计量工作汇报及制度的材料，专利制度材料，创汇先进表彰材料，合资报告，协议书材料。

会计凭证、工资单、各类账册、财务报表等。

苏州玉石雕刻厂

全宗号　D014

苏州玉石雕刻厂成立于1958年10月，其前身是1956年2月建立的苏州玉石雕刻生产合作社。1960年9月，苏州玉石雕刻厂与白花玉石雕刻厂（1958年成立）合并，定名为"苏州玉石雕刻厂"，隶属苏州市工艺美术局，厂址为石塔头2号，1962年迁至间邱坊10号。1969年年底至1970年年初，该厂与红木雕刻厂、漆器雕刻厂、装潢设计公司三家单位合并为苏州雕刻厂，隶属苏州市轻工业局。1972年8月，苏州玉石雕刻厂从苏州雕刻厂分出。1974年，迁至白塔西路33号。2002年12月，企业改制。

馆藏苏州玉石雕刻厂档案5 110卷，排架长度122.64米，起止年为1956—2007年。其中：文书档案1 175卷，会计档案3 555卷，科技档案182卷，实物档案196卷，照片档案2卷。

本全宗档案可提供的检索工具为案卷目录,共 17 册。其中:文书档案 5 册,会计档案 3 册,科技档案 4 册,实物档案 4 册,照片档案 1 册。

主要内容:

厂史简编,历史沿革,大事记,企业法人年检报告书,工业企业普查表,企业承包经营合同书,房屋租赁协议书,注册商标验证登记表,商标注册证,计量合格证,定价资格认可证,规章制度汇编,文书档案汇编,上级单位下发文件、批复、通知等材料,厂务会议材料,各科室及车间总结,劳动工资、生产、设备、环保、基建等方面年报,会计报告、审计报告、财务清单等材料。

党支部及共青团建设材料、活动文件,党员年报,民主生活会情况汇报,人员任免等材料,工会年报,会议纪要,职代会会议材料,工厂干部年报。

职工劳动合同书,增资花名册,介绍信,报到通知,除名及转正材料,下岗职工情况表,离退休人员登记表,养老保险名册等相关材料,养老金、离退休费调整材料,住房补贴发放花名册等材料。

厂部表彰先进材料,工艺草图,画稿,产品照片,部分产品实物样本档案,工厂获得荣誉的证书、奖牌及照片。

苏州市金艺装饰广告工程公司、苏州华艺丝针织制品厂、苏州珠宝厂部分文书档案。

会计凭证、工资单、各类账册、财务报表等。

苏州丝绸服装厂

全宗号　D015

1958年，苏州市服装企业合并为4家合作工厂，分别是平江呢绒服装厂、旗帜服装厂、金阊服装厂、沧浪友谊服装厂。1962年，4家服装厂拆分为新艺服装社、国际服装社等生产合作社，1966年更名为"第一至第十五服装社"。1970年，为发展服装生产，合并一社、四社、五社，建立东风服装二社。1976年，东风服装二社更名为"苏州服装三厂"，后又易名为"苏州丝绸服装厂"。厂址为苏州市菉葭巷46号，属于集体所有制性质，隶属苏州市工艺美术工业局，主要生产外贸丝绸服装产品，经营多品种内销服装。

馆藏苏州丝绸服装厂档案4 065卷，排架长度97.56米，起止年为1969—2005年。其中：文书档案516卷，会计档案3 548卷，实物档案1卷。

本全宗档案可提供的检索工具为案卷目录，共6册。其中：文书档案2册，会计档案3册，实物档案1册。

主要内容：

大事记，机构设置材料，商标、法人信息、营业执照、土地证等材料，各项规章制度，上级来文，厂发文件，厂务会议记录，厂部工作计划、总结，各类报表、合同。

党支部及共青团建设材料、活动文件、名册、报表等材料，工会会议纪要，职代会资料。

职工花名册，工调情况，劳动合同书，先进名单，干部名册、报表、任免材料，离退休人员增资表，养老保险材料。

会计凭证、工资单、各类账册、财务报表等。

苏州美术地毯厂

全宗号　D016

苏州美术地毯厂成立于1958年7月，由苏州市手工业生产合作联社拨款筹建，厂址为平江区悬桥巷53号，后迁至人民南路56号。该厂为地方国有工厂，性质为集体所有制，隶属平江区委领导，行政机构隶属苏州市手工业生产合作联社。1960年，工厂划归苏州市工艺局领导。1961年，地方国营苏州市美术地毯厂改组为合作社营苏州市美术地毯厂。1970年1月，工厂划归苏州市纺织工业局革命委员会领导。1972年，工厂归口苏州市工艺局领导。该厂主要生产羊毛地毯，注册商标为"云山牌""佳乐牌"。1993年，该厂与香港金志洋行合资经营苏州金马服饰有限公司、苏州金麟服饰实业有限公司，与加拿大华洋实业有限公司合资经营苏州华洋地毯有限公司。2004年，工厂改制。

馆藏苏州美术地毯厂档案3 518卷，排架长度84.43米，起止年为1958—2004年。其中：文书档案571卷，会计档案

2 017 卷，科技档案 200 卷，实物档案 717 卷，照片档案 11 卷，底片档案 2 卷。

本全宗档案可提供的检索工具为案卷目录，共 20 册。其中：文书档案 4 册，会计档案 3 册，科技档案 4 册，实物档案 7 册，照片档案 1 册，底片档案 1 册。

主要内容：

厂志，大事记，机构设置材料，企业法人相关资料，厂发文件，各类会议记录，工作总结，各类报表、合同。

党支部工作材料，党员年报、名册，共青团工作材料，工会工作材料、年报，职代会资料。

职工花名册、工厂各类先进名册、残疾人花名册，职工定级、升级和调整技术职称材料，离退休、工资调整、子女顶替、停薪留职、调动、解除合同等材料，职工劳动合同书，干部年报、名册、任免材料，职工养老保险、住房公积金相关材料。

会计凭证、工资单、各类账册、财务报表等。

苏州仙洲制衣集团公司
（苏州儿童用品厂、苏州刺绣童装厂）

全宗号　D018

1993 年 9 月，苏州仙洲制衣集团公司成立，以苏州儿童用品厂、苏州刺绣童装厂为核心层企业，以苏州儿童用品厂昆山制衣分厂、苏州仙洲工艺品厂、苏州兴达多种经营服务部、苏州华东轻纺工贸公司等为紧密层企业，以苏州田中童装有限公司、丹阳纺织服装厂、无锡县双莲时装厂等为半紧密层企业联合组建，增设第二名称"苏州市仙洲制衣总厂"。1993年12月，下设苏州仙洲儿童用品厂、苏州仙洲刺绣童装厂、苏州仙洲针织服装厂、苏州仙洲丝绸服装厂、苏州仙洲帽厂、苏州仙洲后道包装厂等6个分厂。厂址为苏州市宋仙洲巷17—19号，性质为集体所有制，经济上独立核算、自主经营，行政上隶属苏州市工艺美术工业公司。主营童装、丝绸服装、针织服装、帽子，兼营其他面料服装、餐饮业。

苏州儿童用品厂的前身是1956年2月成立的第二刺绣生产合作社，历经多次合并和拆分，于1973年1月由苏州市工艺公司单独成立，厂址为宋仙洲巷17—19号，性质为集体所有制，主管部门为苏州市工艺公司。

苏州刺绣童装厂于1982年1月成立，1985年增挂苏州市姑苏服装公司的牌子，实行一套班子、两块牌子的管理体制。厂址为观前街宫巷106号，1986年迁至三茅观巷38号，后迁至宋仙洲巷61号，性质为集体所有制，主管部门为苏州市工艺公司。

馆藏苏州仙洲制衣集团公司（苏州儿童用品厂、苏州刺绣童装厂）档案5 333卷，排架长度127.99米，起止年为1956—2003年。其中：文书档案1 123卷，会计档案3 821卷，科技档案301卷，实物档案84卷，照片档案4卷。

本全宗档案可提供的检索工具为案卷目录,共 13 册。其中:文书档案 3 册,会计档案 3 册,科技档案 2 册,实物档案 4 册,照片档案 1 册。

主要内容:

大事记,厂史演变材料,机构调整材料,商标,营业执照,各项规章制度,上级来文,厂发文件,厂务会议记录,董事会议记录,工作计划、总结,各类报表、合同,资料汇编,苏州刺绣童装厂与香港好利安企业公司合资经营苏州蔓丽娜时装有限公司的资料。

党支部年报、会议记录、人员任免等材料,共青团文件,工会年报、会议记录,职代会资料。

干部名册、任免材料,职工花名册,工调情况,劳动合同书,奖惩情况,工资变动审批表、职工退休审批表、养老保险材料。

获江苏省工艺美术品百花奖、全国儿童优秀产品奖、轻工部优秀产品奖、儿童生活用品新产品金奖、金龙腾飞奖等材料,"贝丽""牡丹""幼芽"等商标注册和使用情况资料,产品成本单、生产规格单、封样单等。

会计凭证、工资单、各类账册、财务报表等。

苏州湖笔厂

全宗号　D019

苏州湖笔厂由湖笔生产合作社、笔料生产合作社、笔管生产合作社于1958年合并成立，隶属金阊区工业局。1959年，调整体制并改名为"湖笔生产合作社"。1973年4月，恢复为苏州湖笔厂，厂址为金阊区镇抚司前34号，主要产品有湖笔、排笔、笔料等。2004年1月，参与苏州工艺美术集团有限公司整体改制。

馆藏苏州湖笔厂档案1 618卷，排架长度38.83米，起止年为1956—2008年。其中：文书档案235卷，会计档案1 370卷，科技档案9卷，实物档案4卷。

本全宗档案可提供的检索工具为案卷目录，共7册。其中：文书档案3册，会计档案1册，科技档案2册，实物档案1册。

主要内容：

各项规章制度，上级来文，厂发文件，厂务会议记录，厂部工作计划、总结，工厂各部划出、并入材料，各类报表、合同。

党支部工作材料、党员名册，团支部工作材料，工会工作材料。

干部名册、任免材料，职工花名册，工调材料，劳动合同书、职工社保、生活福利规划材料。

会计凭证、工资单、各类账册、财务报表等。

苏州工艺机械厂（苏州玩具厂）

全宗号　D020

苏州工艺机械厂成立于1973年3月，位于中街路471号，1974年，中街路467号地段也划归该厂。1978年，迁至彩香路5号。1981年，建立苏州金属工艺二厂，实行一套班子、两套经济核算制度的管理体制，1983年撤销。1984年4月，与苏州玩具厂（成立于1983年）合并，实行一套班子、两块牌子的管理体制。1985年4月，苏州玩具厂增挂江苏省玩具模具中心厂牌。1992年9月，增设苏州工艺服装厂。1995年，苏州玩具厂正式并入苏州工艺机械厂，厂名不再保留，由后者统一领导和管理。苏州工艺机械厂为集体所有制企业，隶属苏州市工艺美术工业公司，其产品主要有玉雕机、切布机、平毯机、木制玩具、塑料电动玩具等。

馆藏苏州工艺机械厂（苏州玩具厂）档案2 350卷，排架长度56.4米，起止年为1967—2007年。其中：文书档案289卷，会计档案1 836卷，科技档案224卷，照片档案1卷。

本全宗档案可提供的检索工具为案卷目录，共7册。其

中：文书档案 2 册，会计档案 2 册，科技档案 2 册，照片档案 1 册。

主要内容：

厂志，大事记，历史沿革，代码证，各项规章制度，上级来文，厂发文件，厂务会议记录，工作计划、总结，各类报表、合同。

党支部及团支部建设材料、活动文件、会议记录、名册、人员任免材料，工会会议记录，职代会资料。

干部名册、任免材料，职工花名册，工作调动情况，劳动合同书，先进名单，劳工情况，组织情况。

地布机、剪板机、地毯机、玉石雕刻机、大象滑梯、组合式玩具橱等产品资料。

会计凭证、工资单、各类账册、财务报表等。

苏州民间工艺厂

全宗号　D021

苏州民间工艺厂成立于 1970 年 2 月，由苏州民间工艺社、苏州通草堆花社、苏州裱画社和苏州国画社 4 家单位合并而成，厂址为天库前 55 号。该厂性质为集体所有制，隶属苏州市工艺美术局，下辖苏州民间灯彩厂（苏州灯彩工艺品厂）、苏州民间工艺厂经营部、苏州民间产品工贸公司等。

主要产品有红木摆件、国画制品、吴门书画、国画彩蛋、绢画台屏、苏氏灯彩、日用工艺品等，主要用于外贸出口。

2004年1月，苏州民间工艺厂公开转让。

馆藏苏州民间工艺厂档案1 773卷，排架长度42.55米，起止年为1966—2002年。其中：文书档案237卷，会计档案1 526卷，音像档案10卷。

本全宗档案可提供的检索工具为案卷目录，共5册。其中：文书档案2册，会计档案2册，音像档案1册。

主要内容：

企业概况，演变情况，机构设置材料，劳动用工年审证，经营部营业执照、法人代码证、税务登记证、土地改变用途许可证、烟草专卖零售许可证，财产保险单，报损报告，产品质量验收细则，各项规章制度，上级来文，厂发文件，厂务会议记录，工作计划、总结，各类报表、合同。

党支部及共青团建设材料、活动文件、名册、报表、人员任免材料，工会会议纪要，职代会材料。

干部名册，干部报表、任免材料，职工花名册，工改花名册，增资花名册，支援工汇总花名册，工调情况，先进名单，离退休登记表。

无锡幽冥宫、扎灯艺术、十八尊狮子落户乐园、舞龙教学录像、产品简介（雕塑工艺、吴越春秋、东方乐园——神奇漫游、工人文化宫、尚湖公园）、舞狮子等视频资料。

会计凭证、工资单、各类账册、财务报表等。

苏州扇厂

全宗号　D023

1970年10月，苏州扇厂成立，厂址为桃花坞廖家巷27号。1982年3月，成立苏州分宜联合扇厂，由苏州扇厂与分宜县（江西省）第二轻工业局共同投资，隶属分宜县第二轻工业局。1993年12月，开设苏州扇庄，性质为集体所有制，主营各种扇子及配件工艺品，地址为彩香路2号。2004年1月，参与苏州工艺美术集团有限公司整体改制。

馆藏苏州扇厂档案3 410卷，排架长度81.84米，起止年为1957—2004年。其中：文书档案474卷，会计档案2 868卷，科技档案68卷。

本全宗档案可提供的检索工具为案卷目录，共8册。其中：文书档案2册，会计档案2册，科技档案4册。

主要内容：

大事记，法人年检材料，各项规章制度，上级来文，厂发文件，厂务会议记录，厂部工作计划、总结，各类报表、合同。

党支部建设材料、活动文件、表彰材料、会议记录、报表、人员任免材料，党支部及共青团工作计划、总结，工会任免材料，职代会资料。

干部报表、任免材料，合同制工人花名册，职工调动情况材料，离退休人员增资表，养老保险材料。

水摩骨玉折扇获轻工业部中国工艺美术品百花奖的相关材料，中高档男、女旅游竹折扇获江苏省旅游纪念品优秀奖的相关材料，"孔雀牌"竹骨纸折扇获江苏省工艺美术品百花奖的相关材料，轻便扇的相关材料，竹骨绢折扇的相关材料，承接广告扇面样，竹扇骨防霉、蛀技术的相关材料，围棋名人扇鉴定材料，企业标准，红楼梦十二金钗套扇精品，戏剧人物套扇精品等产品档案。

会计凭证、工资单、各类账册、财务报表等。

苏州西乐器厂

全宗号　D024

苏州西乐器厂建于1958年10月，由全市西乐器单位合并而成，为全民所有制企业。1962年，苏州西乐器厂被撤。1964年，又恢复苏州西乐器厂，并于同年7月起由苏州市工艺美术局领导。1984年，苏州西乐器厂迁至临顿路菉葭巷40号。主要产品有大贝斯、大提琴、中提琴、小提琴、吉他、尤克里里等。1995年，苏州西乐器厂被苏州民族乐器一厂兼并。

馆藏苏州西乐器厂档案1 987卷，排架长度47.69米，起止年为1955—2006年。其中：文书档案273卷，会计档案

1 567卷，科技档案143卷，照片档案4卷。

本全宗档案可提供的检索工具为案卷目录，共10册。其中：文书档案3册，会计档案2册，科技档案4册，照片档案1册。

主要内容：

厂志，大事记，商标注册证，营业执照、代码证，各项规章制度，上级来文，厂发文件，厂务会议记录，厂部工作计划、总结，各类报表、合同。

党支部建设材料、活动文件、会议记录、工作计划和总结，共青团名册、报表，工会工作计划、总结、报表，职代会资料。

干部名册、干部报表、任免材料，职工增资审批表、花名册，职工调动情况材料，表彰先进材料，离退休人员增资表。

各式小提琴、大提琴、低音琴图纸，节拍器等各种工夹模具产品图纸，法国琴弓、斯氏提琴、电子琴等产品照片。

会计凭证、工资单、各类账册、财务报表等。

苏州檀香扇厂

全宗号 D025

苏州檀香扇厂的前身为苏州市檀香扇生产合作社，1955

年7月,苏州市檀香扇生产合作社成立,社址为西中市117号。1956年9月,迁至西北街54号(后编为西北街58号)。1958年7月,苏州绢扇生产合作社并入苏州市檀香扇生产合作社,苏州檀香扇生产合作社正式更名为"苏州檀香扇厂"。1959年9月,苏州文化工艺厂、国画工场并入苏州檀香扇厂,苏州檀香扇厂更名为"地方国营苏州檀香扇厂",原绢扇生产合作社人员分出,建立苏州市绢宫扇生产合作社。1961年12月,绢扇、国画类产品从苏州檀香扇厂划出,由地方国营改为合作社营。1962年10月,合作社营苏州檀香扇厂调整为苏州市檀香扇生产合作社。1970年10月,苏州市檀香扇生产合作社与苏州折扇厂、苏州绢扇厂、苏州纸团扇厂合并,成立苏州扇厂。1972年,苏州折扇厂与苏州纸团扇厂的从业人员和产品划出,苏州扇厂更名为"苏州檀香扇厂"。苏州檀香扇厂的主要产品有檀香扇、绢宫扇、香木扇、象牙扇、挂屏等。2004年1月,苏州檀香扇厂参与苏州工艺美术集团有限公司整体改制。

馆藏苏州檀香扇厂档案3 777卷,排架长度90.65米,起止年为1955—2002年。其中:文书档案590卷,会计档案3 095卷,科技档案83卷,实物档案9卷。

本全宗档案可提供的检索工具为案卷目录,共12册。其中:文书档案6册,会计档案2册,科技档案3册,实物档案1册。

主要内容:

厂志底稿,大事记,机构设置材料,商标、营业执照、年检材料，各项规章制度，上级来文，厂发文件，厂务会议记录，厂部工作计划、总结，各类报表、合同。

党团活动文件、表彰材料、会议记录、名册、报表、台账，党员、团员任免材料，工会表彰材料、任免材料、工作计划和总结，职代会资料。

干部名册、报表、任免材料，职工花名册，职工调动情况材料，先进名单，职工提高起点工资花名册，退休人员花名册，离退休人员增资表，养老保险材料。

中国工艺美术品百花奖申报有关材料，1990年首届全国轻工业博览会评奖、审核材料及获奖证书，第二届北京国际博览会评奖申请材料及获奖证书，檀香扇规格、图稿、样本等材料。

会计凭证、工资单、各类账册、财务报表等。

苏州漆器雕刻厂

全宗号　D026

1979年4月，苏州漆器雕刻厂从苏州雕刻厂划出。该厂为集体所有制性质，隶属苏州市工艺美术工业局，产品主要分为骨石镶嵌、平磨罗甸、刻漆三大类。

1989年，苏州漆器雕刻厂与苏州轻工业品进出口公司、日本国WELLSTON CORP、日本国KUIPO CO、香港华远公司、日本国武昌株式会社合资建立苏州瑰宝箱包有限公司。1995年10月，股权调整，新增投资方日本东亚投资企业经营研究所，合资年限为10年，主要生产、经营箱包及各类相关产品。

2004年1月，苏州漆器雕刻厂参与苏州工艺美术集团有限公司整体改制。

馆藏苏州漆器雕刻厂档案3 254卷，排架长度78.1米，起止年为1979—2004年。其中：文书档案431卷，会计档案2 823卷。

本全宗档案可提供的检索工具为案卷目录，共6册。其中：文书档案4册，会计档案2册。

主要内容：

大事记，各项规章制度，上级来文，厂务会议记录，工作计划、总结，各种承包合同。

党员年报、名册，党支部会议记录，团员情况统计表，团支部报告、批复及台账，职代会材料。

干部名册，人事任免材料，劳动合同，职工花名册，职工增资花名册，养老保险材料。

《苏州日报》《姑苏晚报》刊登漆器雕刻厂"姑苏繁华图"等漆面屏风的资料。

会计凭证、工资单、各类账册、财务报表等。

苏州市工艺美术服务部

全宗号　D029

苏州市工艺美术服务部创建于 1956 年 10 月，地址为观前街玄妙观东脚门二楼。1957 年，迁至小公园太监弄江南饭店所在地。1958 年，迁至观前街 92 号。1959 年，成立苏州工艺美术品供销经理部，和苏州市工艺美术服务部实行两块牌子、一套领导班子的管理体制。1966 年 3 月，苏州市工艺美术服务部从原来的全民性质下放为市属大集体性质，同年 6 月迁至察院场口。1970 年 1 月，服务部撤销，1973 年重建，9 月恢复营业，位于景德路路口。1989 年 12 月，迁至观前街 80—84 号。

几经迁移，服务部的隶属关系多次变更，1956 年 10 月至 1957 年 11 月隶属手工经理部，之后至 1958 年 11 月隶属手工业管理局，后又隶属工艺美术工业局。服务部经营范围以工艺美术品为主，同时经营带有工艺性、具有地方特色、富有旅游纪念意义的轻纺手工产品、高级文化用品和少数民族服饰品。

1991 年 11 月，苏州市工艺美术品供销经理部和苏州市工艺美术服务部合并，组建苏州市工艺美术工业供销公司，地址为中街路 49 号，为集体所有制企业，隶属苏州工艺美术公司，主营工艺系统所需的原辅材料（含钢材）、工艺美术品、石油制品、化工产品、百货、家用电器、针纺织品，同时零售金银饰品。

2004年，苏州市工艺美术工业供销公司改制。

馆藏苏州市工艺美术服务部档案2 980卷，排架长度71.52米，起止年为1973—2004年。其中：文书档案188卷，会计档案2 792卷。

本全宗档案可提供的检索工具为案卷目录，共4册。其中：文书档案2册，会计档案2册。

主要内容：

企业法人资料，行政会议记录，上级文件，部门年终总结，各类合同书，党员年报、名册，党支部工作材料，团支部年报，工会年报等材料，职代会材料，职工工调材料，表彰先进材料，干部年报、名册、任免材料，劳工年报，职工养老保险材料，离退休人员花名册、增资批复等材料。

苏州市工艺美术工业供销公司开户许可证，信用A级企业证明，经济咨询会员证，发票购印证及记录簿，公司驻苏州钢材市场经营部营业执照。

苏州市华艺绣品服装厂开户许可证、税务登记表、验证申请表。

苏州市凤宝金店法人代码证书、统计登记证、行政登记证、税务登记证（副本）、企业注销材料，职工调动、离职、解除合同材料，工资转移证，职工独生子女申请登记表。

水中水活水器保健用品专卖店法人代码证书、统计登记证、行政登记证及企业注销材料。

苏州市红艺商场税务登记证（国税）、税务登记表、记录簿、办税人员资格证书。

苏州市旅游工艺品开发公司法人代码证书、统计登记证、行政登记证、税务登记证（副本）、企业注销材料，劳工年报，职工劳动合同书，职工调动、离职、解除合同材料，职工独生子女申请登记表，职工增资审批表、花名册，职工医疗保险花名册。

苏州工艺公司、苏州旅游工艺品开发公司关于企业改制的操作细则、职工安置方案、人员名册和资金明细表，苏州旅游工艺品开发公司、苏州市工艺美术服务部职工住房登记表和住房公积金单位登记表。

苏州虎丘旅游工艺品商场税务登记表、开户许可证、发票购印证及记录簿。

苏州市华辉经销部税务登记证（地税）、注册税务登记证（国税）、开户许可证、劳动用工年度审核证。

苏州市工艺美术工业公司供销经理部法人年检书、各类报表、花名册等。

会计凭证、工资单、各类账册、财务报表等。

苏州红木雕刻厂

全宗号　D037

苏州红木雕刻厂的前身为1954年5月成立的红木自救小组，地址为东百花巷20号。1954年11月，改组为苏州红木小件生产小组，地址为范庄前4号。1955年7月，发展为苏州红木小件合作社，1957年6月，成立苏州雕刻厂，性质为集体所有制，厂址为白塔西路25号。同年9月，变更为地方国营苏州雕刻厂，性质为全民所有制。1959年10月，被列入苏州市对外开放单位之一。1961年12月，改组为4个单位，包括苏州红木雕刻厂、苏州骨器用品生产合作社、苏州角梳图章生产合作社和苏州工艺机具修补厂。1975年4月，苏州红木雕刻厂迁至廖家巷底，隶属苏州市工艺美术工业公司。1984年12月，为扩大红木产品外贸出口业务，将苏州红木雕刻厂与中国工艺品进出口公司联营，性质为工贸合资联营企业。1998年8月，苏州红木雕刻厂改制为股份合作制企业。2005年2月，苏州红木雕刻厂公开转让。

馆藏苏州红木雕刻厂档案4 871卷，排架长度116.9米，起止年为1954—1999年。其中：文书档案528卷，会计档案3 879卷，科技档案459卷，实物档案3卷，照片档案2卷。

本全宗档案可提供的检索工具为案卷目录，共12册。其中：文书档案3册，会计档案4册，科技档案3册，实物档案 1 册，照片档案 1 册。

主要内容：

历史沿革，大事记，商标，各项规章制度，上级来文，厂发文件，厂部会议记录，厂部工作计划、总结，各类报表、合同等。

党支部及共青团活动文件、表彰材料、会议记录、名册、报表、人员任免材料、工作总结，工会任免材料、工作计划和总结，职代会资料。

职工花名册、退休人员花名册，职工调动情况材料，先进名单，干部名册、报表、任免材料，职工提高起点工资花名册，养老保险材料。

会计凭证、工资单、各类账册、财务报表等。

苏州姜思序堂国画颜料厂

全宗号　D038

苏州姜思序堂国画颜料厂始建于明末清初，原为小作坊，1956 年正式成立苏州姜思序堂国画颜料社，后改为苏州姜思序堂国画颜料厂，厂址为玻纤路 1 号，是苏州市工艺美术局下属的集体企业。1987 年 8 月，增挂"苏州美术颜料厂"副牌，其企业性质、隶属关系、核算形式等均不变，即实行两个厂名、一套班子的管理体制。2000 年，企业改制，设立苏州姜思序堂书画用品有限公司。公司经营范围是传统国画颜料、美术颜料、书画印泥、文教用品,以及涂料、油墨。

馆藏苏州姜思序堂国画颜料厂档案2 622卷,排架长度62.93米,起止年为1957—2005年。其中:文书档案705卷,会计档案1 765卷,科技档案136卷,实物档案16卷。

本全宗档案可提供的检索工具为案卷目录,共9册。其中:文书档案3册,会计档案2册,科技档案3册,实物档案1册。

主要内容:

公司变革情况,营业执照,厂发文件,厂长办公会会议记录,厂部工作总结。

党支部及共青团建设材料、活动文件、年报、花名册、人员任免材料,工会材料。

劳工、干部年报,干部名册,退休花名册。

1989年永新颜料百花奖申报表,1990年软管国画颜料荣获部优材料。

产品企业标准,全国各地订货合同,薛康耀老艺人自传等。

会计凭证、工资单、各类账册、财务报表等。

苏州民族乐器一厂

全宗号　D039

1956年1月，由苏州市14家中乐器店合并成立公私合营苏州乐器厂。同年2月，由多家弦线作坊组成弦线生产合作社。

1958年12月，公私合营苏州乐器厂和第一乐器社、第二乐器社合并，成立地方国营苏州民族乐器厂。

1962年，苏州民族乐器厂将鼓乐、响器划出，分别成立苏民鼓乐社、西义丰响器社。1970年2月，弦线生产合作社、苏民鼓乐社、西义丰响器社再度并入苏州民族乐器厂。1972年，苏州民族乐器厂分为一厂、二厂（响器和鼓为二厂）。尔后响器从二厂分出，成立苏州民族乐器三厂。随后苏州民族乐器二厂又并入苏州民族乐器三厂。

1995年，苏州民族乐器三厂并入苏州民族乐器一厂，厂址为学士街梵门桥弄15号，属集体所有制性质，隶属苏州市工艺美术工业公司。主产各类民族弦乐器、管乐器、琴弦等。

1995年12月，苏州民族乐器一厂兼并苏州民族乐器三厂、苏州西乐器厂，组建苏州民族乐器一厂。2000年5月，苏州民族乐器一厂改制，设立苏州民族乐器一厂有限公司，注册资本50万元，均为个人股。

馆藏苏州民族乐器一厂档案4 810卷,排架长度115.44米,起止年为1957—1997年。其中:文书档案934卷,会计档案3 875卷,实物档案1卷。

本全宗档案可提供的检索工具为案卷目录,共7册。其中:文书档案3册,会计档案3册,实物档案1册。

主要内容:

大事记,机构设置材料,企业法人年检材料,各项规章制度,上级来文,厂发文件,厂务会议记录,厂部工作计划、总结,各类报表、合同。

党支部及共青团活动文件、表彰材料、会议记录、名册、报表、人员任免材料、工作总结,工会表彰材料、任免材料、工作计划和总结,职代会资料。

干部名册、报表、任免材料,职工、退休人员花名册,职工调动情况材料,先进名单,职工调整工资花名册,离退休人员增资表,养老保险材料。

1990年12月苏州民族乐器一厂"虎丘牌"红木专业二胡在首届全国轻工博览会上荣获金奖的材料,苏州民族乐器三厂仿古双音编钟获1989年第一届全国乐器博览会优秀产品特等奖和1991年第二届北京国际博览会金奖材料,苏州民族乐器三厂仿古小编钟获1992年首届中国国际工艺美术精品博览会金奖等相关材料。

会计凭证、工资单、各类账册、财务报表等。

苏州吴门画苑

全宗号 D040

苏州吴门画苑于1983年4月从苏州民间工艺厂分出,厂址为天库前55号,主要经营国画制品、旧画装裱、红木小件、屏风、彩蛋、灯彩。1986年6月,迁至留园路105号。2000年,整体转制为股份合作制企业。改制后主营绘画制品、装裱装潢、设计、古旧书画修复、国内产品样本制作、灯箱、馈赠礼品、广告业务。

馆藏苏州吴门画苑档案2 254卷,排架长度54.1米,起止年为1962—2005年。其中:文书档案420卷,会计档案1 764卷,科技档案46卷,实物档案23卷,照片档案1卷。

本全宗档案可提供的检索工具为案卷目录,共13册。其中:文书档案4册,会计档案1册,科技档案4册,实物档案3册,照片档案1册。

主要内容:

历史沿革,大事记,各项规章制度,上级来文,厂发文件,厂务会议记录,厂部工作计划、总结,各类报表、合同。

党支部建设材料、活动文件、表彰材料、会议记录、报表、人员任免材料、工作计划和总结,工会报表,职代会资料。

干部名册、干部报表、任免材料,合同制工人录取名单,职工调动情况材料,表彰先进材料,职工养老保险材料。

山水、花鸟、人物等蓝图稿,产品目录,获江苏省工艺美术品百花奖的相关材料,美国贝蒂公司订单、样品照片、信件稿等材料。

会计凭证、工资单、各类账册、财务报表等。

苏州合成化工厂

全宗号　E001

苏州合成化工厂的前身是上海达丰化工厂樟脑车间,始建于1958年,位于齐门外大街126号,为全民所有制企业,隶属苏州市平江区工业局,由苏州市轻工业局主管。工厂主要生产医药、食品、饲料添加剂及基本有机化工原料等,商标有"韦驮牌""双蝶牌"等。2000年12月,苏州合成化工厂改制为苏州合成化工有限公司。

馆藏苏州合成化工厂档案10 019卷,排架长度240.46米,起止年为1958—2002年。其中:文书档案2 524卷,会计档案6 287卷,科技档案883卷,实物档案217卷,音像档案33卷,照片档案69卷,底片档案6卷。

本全宗档案可提供的检索工具为案卷目录,共21册。

其中：文书档案 2 册，会计档案 10 册，科技档案 4 册，实物档案 2 册，音像档案 1 册，照片档案 1 册，底片档案 1 册。

主要内容：

厂史，大事记，厂部年度总结、厂级各种专题总结、工厂年报，厂务、董事会材料，工厂行政和生产方面的请示、报告、批复及协议书，工厂评奖评优材料，企业整顿材料，生产计划、技术革新等材料，企业关闭、歇业有关材料。

党团年度总结、专题总结、年报、大事记，党员、团员统计材料，职代会、政工、革委会会议材料。

人事任免材料，职工转正定级花名册、转档介绍信、独生子女登记表、调进调出材料及工资调整材料，离退休职工花名册、退休金审批表、职工失业证明存根、养老保险、医保待遇等材料，协保人员缴费花名册，职工技术操作运动会材料。

基建图纸，设备统计报表，物资、劳资年报表，财务决算及成本统计年报，奖状。

工资单、记账凭证、销售明细账、现金日记账等。

苏州树脂厂

全宗号　E004

苏州树脂厂创办于 1984 年 9 月，前身为苏州东升化工厂，位于平门外洋泾塘。1982年，原苏州市化工研究所实验厂的树脂产品并入苏州东升化工厂，苏州东升化工厂停产原有的铬产品，转产树脂产品。2000年4月，苏州树脂厂和苏州特种油品厂一起实行资产重组，改制成立苏州特种化学品有限公司，隶属苏州纺织工业公司，属全民所有制企业。

馆藏苏州树脂厂档案4574卷，排架长度109.78米，起止年为1954—2000年。其中：文书档案1823卷，会计档案2011卷，科技档案740卷。

本全宗档案可提供的检索工具为案卷目录，共13册。其中：文书档案5册，会计档案3册，科技档案5册。

主要内容：

厂志编写计划，大事记，厂务会议记录，启用印章、机构设置、发展计划等材料，工作计划、总结、目标，工作制度，厂资产评估明细表，各部门发文及上级的有关指示、批复，各类决定、通知、报表、合同，各部门年度总结，上级生产指挥组文件，本厂制定的条例、守则和规划，本厂综合部管理性文件，治保名单、安全考核材料，工业普查记录表，文明单位命名、奖励、表彰材料。

干部任职材料，工厂职工、干部调进调出介绍信和工资转移证，学徒转正、定级备案表，工调工作宣传材料，工资调整审批表和工种调资名册，教师、幼托工作人员调资和升级材料，浮动升级审批表及花名册，职工内退审批表，劳动合同，退休退职批复和名册，退休人员基本养老金审批表，职工退休、子女顶替审批表，单位职工教育、考核的细则表，盐城地区下放情况登记，先进集体和个人名单，劳模表，关于劳工、职教方面的通知等材料。

党团会议记录、年报表、组织关系、支部改选材料，工会年报表，民兵名册，各类政治学习和干部培训材料，职代会材料。

征土协议，征地奖金的报告和批复，苏州树脂厂统建房分配数汇总、住房分配表和其他零星住房分配情况等材料。

会计凭证、工资单、各类账册等。

苏州乳胶厂

全宗号　E006

苏州乳胶厂建于1958年，位于养育巷94号。1987年，搬迁至盘门外杨家浜桥100号。1996年3月，苏州乳胶厂与阿根廷阿尔法贸易公司合资建立苏阿胶乳制品有限公司，公司仍位于盘门外杨家浜桥100号，合资合营年限为10年。2000年1月，苏州乳胶厂、苏州造漆厂实行资产重组，建立苏州嘉乐威企业发展有限公司。

馆藏苏州乳胶厂档案5 630卷，排架长度135.12米，起止年为1958—2000年。其中：文书档案1 069卷，会计档案4 288卷，科技档案251卷，实物档案22卷。

本全宗档案可提供的检索工具为案卷目录，共15册。

其中：文书档案 2 册，会计档案 10 册，科技档案 2 册，实物档案 1 册。

主要内容：

大事记，机构设置材料，会议记录，年度各类总结，工业统计报表，上级来文、通知，各类交流材料及规定。

干部任免材料，职工生育、社会医疗保险等材料，职工住房公积金发放花名册、基数核定花名册、工资调整花名册等材料，基本养老金审批表，内退人员情况调查表，人口指标责任书，医务所总结。

党团工作计划，党员目标管理意见及支部总结，党员统计表、名册，政治思想工作总结，职代会报告表及会议材料。

乳胶厂有关产品试验报告、操作流程、配方、销售合同等材料，厂房平面图、立面图、剖面图等。

各级证书、奖状及相册。

会计凭证、工资单、各类账册、财务报表等。

苏州造漆厂

全宗号　E007

苏州造漆厂创办于 1966 年 4 月，原名为"苏州沧浪造漆厂"，位于苏州市葑门外觅渡桥堍。1985 年至 1990 年，该厂与中国新型建筑材料公司合资建立苏州新型建筑材料厂。1995年,苏州新型建筑材料厂与日本漆(香港)有限公司合资成立苏州市立邦涂料有限公司。2000年1月,苏州造漆厂、苏州乳胶厂实行资产重组,组建苏州嘉乐威企业发展有限公司。

馆藏苏州造漆厂档案9 972卷,排架长度239.33米,起止年为1958—2000年。其中:文书档案1 560卷,会计档案7 764卷,科技档案414卷,实物档案234卷。

本全宗档案可提供的检索工具为案卷目录,共15册。其中:文书档案3册,会计档案10册,科技档案1册,实物档案1册。

主要内容:

大事记,工作报告,工作计划、总结,厂工作会议记录,上级文件、意见、通知,各级批复,各类统计年报表,各类合同,民事调解报告,资产评估报告书,各级各类奖状等。

干部任免决定、通知,职工花名册。

党总支和团总支会议记录,党员名册,工会工作总结。

会计凭证、工资单、财务报表、各类账册等。

苏州染料厂

全宗号 E008

苏州染料厂前身为平江化工厂，1958年成立，位于苏州南门外苏嘉路，1966年改名为"苏州染料厂"。1992年9月，苏州染料厂与香港合元化学有限公司合资组建苏州苏源染料有限公司，主要生产、销售染料中间体。1993年7月，苏州染料厂与苏州金达经济贸易公司合资成立苏州冠达新型染料公司，主要经营新型染料，兼营化工原料。1996年6月，苏州冠达新型染料公司与苏州工业园区外商投资企业服务中心合资建立苏州冠星化工有限公司。2003年11月，苏州染料厂实行整体改制，整体资产实施公开拍卖转让，由苏州合成化工厂有限公司竞得。2004年4月，完成改制，更名为"苏州三冠染料有限公司"。

馆藏苏州染料厂档案10 190卷，排架长度244.56米，起止年为1958—2004年。其中：文书档案2 358卷，会计档案7 434卷，科技档案214卷，实物档案128卷，音像档案7卷，照片档案47卷，底片档案2卷。

本全宗档案可提供的检索工具为案卷目录，共26册。其中：文书档案3册，会计档案15册，科技档案3册，实物档案2册，音像档案1册，照片档案1册，底片档案1册。

主要内容：

厂会议记录，企业法人代码证书，上级批复、通知、通报、指示等材料，各类合同，升省级先进企业材料，创清洁文明工厂汇报、申报材料，生产、销售、基建、劳资、安全、能源、设备等各类年报表，工业企业报表，产品报告。

党总支和团委会议记录、工作计划、工作总结，预备党员的批复，党员名册、调进调出登记表、年报表。

干部任免材料，先进集体、个人名单及优秀企业家徐录同志事迹材料，职工花名册、全民合同制工人名册。

基建材料，职工住宅房屋所有权证、国有土地使用证。

各类奖状、证书，照片、底片、录像带等。

会计凭证、工资单、各类账册、财务报表等。

苏州第四橡胶厂

全宗号　E009

苏州第四橡胶厂前身为平江橡胶什件厂，建于1966年，位于娄门外糖坊湾51号，1980年改名为"苏州第四橡胶厂"，主要从事橡胶制品加工，主营产品有燃气管道橡胶密封圈、地下管道新型防腐胶带（国家专利产品）、地下管道警示带（国家专利产品）、给排水管道柔性接口橡胶密封圈、电工绝缘黑胶布及煤气调压皮膜等。1998年12月，苏州第四橡胶厂改制成为股份合作制企业。2002年，在吴中区胥口镇香山工业园区筹建新厂——苏州辛帝斯燃气密封材料有限公司，国有资本退出。同年11月，该厂受让辛帝斯燃气密封材料公司所有资产、土地、建筑。2003年完成搬迁。2004年11月，更名为"苏州第四橡胶有限公司"，隶属苏州市纺织工业公司，属全民所有制企业。

馆藏苏州第四橡胶厂档案2 661卷，排架长度63.86米，起止年为1967—2003年。其中：文书档案1 011卷，会计档案1 650卷。

本全宗档案可提供的检索工具为案卷目录，共3册。其中：文书档案2册，会计档案1册。

主要内容：

厂史，大事记，工厂年报，年度总结，厂务会议记录，厂级各种专题总结，各类请示、报告、批复及协议书，生产计划、技经指标通知书、技术革新等材料，企业整顿材料，工厂基建、设备统计报表，物资、劳资年报表，财务决算及成本统计年报，评奖评优材料，企业关闭、歇业有关材料。

职代会、革委会会议材料，党团年报、会议材料，党员、团员统计材料。

人事任免材料，调进调出材料，转档介绍信，职工转正定级花名册，工资单及工资调整材料，离退休职工花名册，退休金审批表，职工失业证明存根，养老保险、医保待遇材料，协保人员缴费花名册等材料，独生子女登记表，职工技术操作运动会材料。

会计凭证、工资单、各类账册、财务报表等。

苏州炭黑厂

全宗号　E011

苏州炭黑厂建于1958年，位于平门外苏虞公路1号。1982年，苏州飞轮橡胶厂并入该厂，实行一套班子、两块牌子的管理体制，产品商标为"金鸡"。1996年，该厂迁至苏州市郊浒墅关镇金鸡村。1999年全面停产后，生产装置移至无锡锡山市新安镇，2005年5月正式投产，更名为"无锡市新苏精细炭黑厂"。2003年9月，苏州工业投资发展有限公司对苏州炭黑厂采用公开转让办法改制，拍卖合资外的资产。2004年3月，拍卖后的企业更名为"苏州炭黑厂有限公司"，企业性质为有限责任公司。

馆藏苏州炭黑厂档案7 742卷，排架长度185.81米，起止年为1958—2004年。其中：文书档案2 025卷，会计档案5 344卷，科技档案229卷，实物档案138卷，照片档案6卷。

本全宗档案可提供的检索工具为案卷目录，共20册。其中：文书档案3册，会计档案12册，科技档案3册，实物档案1册，照片档案1册。

主要内容：

大事记，厂管委会、厂务会等各种会议记录，年度工作计划、总结，各类年报，上级来文、意见、通知、批复，企业制度管理汇编，企业整顿工作制度、规定、细则、汇报、小结，改革计划，经济责任考核细则、汇总，月生产情况分析与报告，投入产出调查表、工业普查草表，各类申报、登记报表等。

党员年报、总结、会议记录，整党计划、总结、工作汇报，关于团总支增补委员的批复，团总支年度工作总结，工会委员会决定和章程，女职工委员分工计划，职代会材料。

干部名册，任职批复，职工缴存住房公积金、发放补贴基数核定表，退休人员基本养老金审批表，调入本厂的职工调单，计划生育管理制度、总结。

高耐磨炭黑产品质量汇总材料，环保监测资料、报告，产品说明书、建议书、图纸，职工住宅竣工资料。

会计凭证、工资单、各类账册、财务报表等。

苏州橡胶厂

全宗号　E021

苏州橡胶厂前身为同昌橡胶制品厂，1952年6月由上海业主杨镜清在苏州创办。1956年公私合营时改名为"公私合营同昌橡胶厂"。1958年改名为"苏州橡胶厂"，厂址为大马路618号（后编为阊胥路64号），主要生产工农雨鞋、球鞋、力士鞋等橡胶产品，其中著名产品有"友谊牌"绅士靴。1992年8月,全厂迁至市郊横塘乡双桥村新厂区。1992年,苏州橡胶厂和香港恒忆拓展有限公司合资成立苏州恒祥鞋业有限公司,生产、销售中高档旅游鞋,经营期限为15年。1995年,宣告破产。

馆藏苏州橡胶厂档案5 706卷,排架长度136.94米,起止年为1954—1998年。其中:文书档案1 232卷,会计档案3 793卷,科技档案635卷,实物档案20卷,照片档案24卷,底片档案2卷。

本全宗档案可提供的检索工具为案卷目录,共15册。其中:文书档案2册,会计档案6册,科技档案4册,实物档案1册,照片档案1册,底片档案1册。

主要内容:

厂志,厂务会议记录,工作计划,上级来文,财务工作总结,产品质量汇总资料,胶鞋技术讨论会资料,生产、物资、销售等年报表,各类简报,各类产品基准书、样本、图纸,各类产品合格证及使用说明书,各类证书、照片。

党总支会议记录、工作总结,职代会材料。

职工健康检查监护报告,赴日本考察资料。

建筑项目批文与执照汇总,厂大楼土建图、设备资料等。

会计凭证、工资单等。

苏州市建筑材料工业公司

全宗号　F00F

1959年7月，苏州市建筑材料工业公司成立，对全市建材企业实行统一管理。1961年8月，苏州市建筑材料工业公司撤销，其业务职能并入苏州市建筑工程局。1979年10月，重新筹建苏州市建筑材料工业公司。1980年5月，苏州市建筑材料工业公司正式对外办公，位于阊胥路谈家巷，隶属苏州市建筑工程局。1981年10月，苏州市建筑材料工业公司从苏州市建筑工程局划出，为局级公司，管辖13家企业和1个供销经理部。

1994年6月，苏州市建筑材料工业公司增挂苏州市建材工业局牌子。1998年7月，组建苏州建筑材料工业有限责任公司，由国资委授权，对苏州市建筑工业局管辖范围内的全部国有、集体资产进行经营管理，并承担保值增值责任，同时撤销苏州市建材工业局，建立苏州市建筑材料工业办公室，对全市建筑材料工业系统行使行政管理和行业管理职能。2001年6月，苏州市建筑材料工业办公室的牌子不再保留，其原承担的行政职能划交苏州市经济贸易委员会。

2002年2月，苏州建筑材料工业有限责任公司撤销，与苏州化工控股（集团）有限公司合并，改制为苏州化工建材控股（集团）有限公司，隶属苏州市工业投资发展有限公司。

馆藏苏州市建筑材料工业公司档案1 927卷，排架长度46.25米，起止年为1961—2002年。其中：文书档案568卷，会计档案1 309卷，科技档案45卷，照片档案5卷。

本全宗档案可提供的检索工具为案卷目录，共18册。其中：文书档案5册，会计档案9册，科技档案3册，照片档案1册。

主要内容：

公司组建情况材料，年度生产计划、工作总结，公司收文、发文、清退材料，公司各科、部门工作情况材料，各类会议材料，各类年报表，建材工业系统表彰先进材料，清产核资材料，企业会计审计报告，公司办公大楼、教育中心、职工住宅等基建档案，各类产品相关材料、设备档案材料，公司相册，上级单位文件，下属企业工作计划、总结、报告等，群众来信，伊拉克阿塔明水泥厂技术承包项目情况。

公司党组年报、党员调进调出年报，党员名册，党组工作相关材料，团委各类活动材料，工会工作情况，工会人员统计年报。

干部任免材料，干部花名册，机关工作人员家庭经济情况登记表，劳动工资月报表，职工调动、劳动力调配相关材料，职工工资转移证明，职工退休、退职工资处理等管理通知，学校毕业生定级审批表，精简老职工生活补助登记表，下属企业职工花名册、审批表，职工培训教育材料。

会计凭证、工资单、各类账册、会计报表等。

苏州光华水泥厂

全宗号　F001

1947年6月，王卓然等人在上海创办光华水泥厂。1950年10月，光华水泥厂迁至齐门外下塘30号（后编为光华路61号）。1954年光华水泥厂被列入苏州市首批公私合营企业，更名为"公私合营苏州光华水泥厂"。1956年1月，归属国家建筑材料工业部，为全民所有制企业。2003年10月，苏州光华水泥厂转制，建立苏州光华水泥厂有限公司，迁至北园路46号，隶属平江区工业局，主要生产白色硅酸盐水泥（简称"白水泥"）及水泥制品。

馆藏苏州光华水泥厂档案9 683卷，排架长度232.39米，起止年为1947—2003年。其中：文书档案1 796卷，会计档案7 806卷，科技档案71卷，实物档案10卷。

本全宗档案可提供的检索工具为案卷目录，共17册。其中：文书档案4册，会计档案10册，科技档案2册，实物档案1册。

主要内容：

厂史，大事记，企业公私合营前经营信稿、收发文簿，企业整顿、机构变动材料，各级机关发文，领导讲话材料，各类规章制度，各类通知、规定，各部门生产计划、工作总结，工改、财务、基建等材料，企业创国家二级企业、学大庆等材料，白水泥调价材料，部分供销订货合同，各类统计报表。

党务工作总结，党员名册、年报、优秀党员表彰材料，工会工作总结，职代会材料。

人事保卫材料，干部任免材料，先进事迹记载，先进集体、先进个人表彰材料，企业干部年报、名册，职工调资升级花名册，工资统计报表、劳动报酬情况表，职工辞退、辞职材料。

会计凭证、工资单、各类账册、财务报表等。

苏州水泥厂

全宗号　F003

1965年3月，地方国营苏州水泥厂建立。工厂位于苏州城西南大运河横塘段双桥村胥江河北侧（后编为枫桥乡马浜村），为全民所有制企业，隶属苏州市重工业局，主要生产矿渣、硅酸盐水泥，商标为"灵岩牌"。1992年9月，苏州水泥厂与苏州市建材工业供销公司合并，建立苏州市建材实业公司，性质为全民所有制，经济上自主经营、独立核算，行政上隶属苏州市建筑材料工业公司。2002年3月，苏州市建筑材料工业公司撤并，划归苏州化工建材控股（集团）公司领导。2002年8月，企业关闭歇业。

馆藏苏州水泥厂档案7 860卷,排架长度188.64米,起止年为1965—2003年。其中:文书档案785卷,会计档案6 860卷,科技档案208卷,照片档案7卷。

本全宗档案可提供的检索工具为案卷目录,共17册。其中:文书档案3册,会计档案11册,科技档案2册,照片档案1册。

主要内容:

部分年份的大事记、年鉴等,机构设置材料,生产计划、工作总结,企业审批报告,企业管理章程、合同,上级单位文件,工厂方针目标材料,厂领导会议、中层干部会议、生产工作会议、安全工作会议、质量分析会议、专业会议等各类会议材料。

党员名册、年报,优秀党员表彰材料及先进事迹,职代会材料。

各级干部任免报告、批复,工厂先进名单、先进集体表彰材料,关于职工福利的报告、通知,职称评定材料,员工考绩档案,企业职工报到通知书,职工调资升级花名册,职工工资月报、工资年报、劳动报酬情况表,企业职工辞退、辞职材料。

质量、环保、劳工、设备、供销、基建、生产年报表,生产、能源消费、质量、销售等材料及原燃材料过渡表,主要工业生产设备技术状况材料,动力机械总能力表,工业净产值、产值、质量、技经指标月报表及交流表,各类工艺、设备、产值、产量报告,设备资产台账、设备检验报告、设备买卖合同、设备管理材料等，企业房屋、建筑基本情况及综合登记表等材料，厂图书馆藏书登记表。

会计凭证、工资单、各类账册、财务报表等。

苏州水泥制品厂

全宗号　F006

1956年，苏州市建筑公司将陈风记、高福记、联工瓦筒作三户作坊合并为公私合营企业，定名为"苏州水泥瓦筒厂"，工厂设在娄门内张香桥石板街，隶属苏州市建筑公司。1958年，更名为"苏建水泥厂"。1959年11月，改名为"苏州水泥制品厂"，迁至劳动路。1962年，由劳动路迁至阊胥路谈家巷兴农桥，归属苏州市城建局。同年10月，改归苏州市重工业局领导。1963年起，苏州水泥制品厂划归省建设厅直管，成为江苏省六大水泥制品专业工厂之一，主要承担水泥船和水泥电杆、混凝土管桩的生产。1982年1月，苏州水泥制品厂划归苏州市建筑材料工业公司领导，属全民所有制企业。1986年11月，苏州水泥制品厂被评为一级水泥制品厂。1994年12月，与苏州建筑装饰材料厂合并建立苏州水泥制品总厂。

馆藏苏州水泥制品厂档案5 433卷，排架长度130.39米，起止年为1963—1996年。其中：文书档案884卷，会计档案 4 549 卷。

本全宗档案可提供的检索工具为案卷目录，共 5 册。其中：文书档案 2 册，会计档案 3 册。

主要内容：

大事记，各类会议材料，企业审批报告，工厂工作规划、规划展开图、总结、汇报，上级机关的各类处理意见、通知等，与外单位签订的各种合同、协议书，全国工业企业普查表，工业企业统计年报、供销工作年报等，设备维修材料，基建执照，检验报告，资产台账。

各级干部任免报告、批复，职工花名册、报到通知书、职工调资升级花名册，劳动工资年报，职工辞退、辞职材料，民兵整组材料。

会计凭证、工资单、各类账册、财务报表等。

苏州玻璃纤维玻璃钢船厂

全宗号　F009

1958 年，苏州灯塔化工厂、综合化工厂、手工联社所属第一猪鬃社合并组建全民所有制苏州玻璃钢厂，厂址为阊门外半塘油车弄 24 号。1960 年 11 月，企业改名为"苏州玻璃纤维厂"，隶属苏州市重工业局。1962 年 5 月，企业性质改为集体所有制，1963 年 11 月，又恢复全民所有制。1966 年

4月,玻璃纤维厂归属苏州市建设局领导。1978年,苏州玻璃纤维厂归属苏州市建工局领导。1981年,划归苏州市建筑材料工业公司领导。1980年,苏州水泥制品厂玻璃钢车间试制成功并批量生产玻璃钢船、玻璃钢瓦。1985年6月,苏州水泥制品厂将玻璃钢船业务划出,建立苏州玻璃钢船厂,该厂独立经营、自负盈亏,企业性质为全民所有制,隶属苏州市建筑材料工业公司。1994年12月,苏州玻璃纤维厂和苏州玻璃钢船厂合并,建立苏州玻璃纤维玻璃钢船厂,位于玻纤路5号,下设苏州玻璃纤维厂、苏州玻璃钢船厂和苏州塑钢门窗厂三个经营性分支机构,并对苏州玻璃钢制品厂实施托管,隶属苏州市建材工业局,系全民所有制企业,主要承担玻璃纤维、玻纤纱、玻纤布、玻钢制品、塑钢门窗的生产。2003年6月,苏州玻璃纤维玻璃钢船厂关闭。

馆藏苏州玻璃纤维玻璃钢船厂档案4 954卷,排架长度118.9米,起止年为1958—2004年。其中:文书档案609卷,会计档案4 345卷。

本全宗档案可提供的检索工具为案卷目录,共11册。其中:文书档案4册,会计档案7册。

主要内容:

各部门工作年报,发展规划,年终工作总结,各类请示报告、发文、会议材料,上级通知、批复等发文,经济体制改革的资料,技术改进、设备安装材料,生产年报表、产品质量月报表,全面质量管理(TQC)组织活动计划、总结等材料,企业标准,中碱玻纤纱、布备案表。

党员、干部、专教、组织工作年报。

人事任免的批复，关于招工、转正、定级、退休、留用、调动的报告等材料，下乡知青插队期间工龄计算汇总花名册、审批表，年度先进集体和先进个人名单，表彰人员材料。

厂区平面图，总厂土地房屋面积计算表、分幢普查表。

会计报表、工资单、各类账册、财务报表等。

苏州玻璃钢厂

全宗号　F010

1958年，苏州灯塔化工厂、综合化工厂、手工业联社所属第一猪鬃社合并，组建苏州玻璃钢厂，性质为全民所有制，厂址为阊门外半塘油车弄24号，主产机电、仪表工业配套用玻璃钢层压板、玻璃纤维蓄电池电屏隔板和保温板等。

1960年11月，改名为"苏州玻璃纤维厂"，隶属苏州市重工业局。1962年5月，企业性质改为集体所有制。1963年11月，恢复全民所有制性质。1966年4月，企业划归苏州市建设局管理。

1971年，企业调整产品结构，建造年产250吨连续纺织玻璃纤维生产车间，始产玻璃纤维中碱合股纱。1973年，开始织造玻璃纤维中碱布。

1978年，企业归属苏州市建筑工程局管理。1979年，企业划归苏州市建筑材料工业公司管理。

2005年，企业关闭。

馆藏苏州玻璃钢厂档案3 373卷，排架长度80.95米，起止年为1964—2004年。其中：文书档案468卷，会计档案2 862卷，科技档案43卷。

本全宗档案可提供的检索工具为案卷目录，共11册。其中：文书档案3册，会计档案4册，科技档案4册。

主要内容：

工厂规划、总结，厂务记录，上级来文，技术协作、技术转让、经济承包等协议书，财务决算报告，住房协议、登记表格。

党员年报、党员干部花名册，工会分工名单，职代会材料。

人员任免通知，人员调动介绍信，职工考核晋级材料，劳动工资月报、年报，职工退休花名册、调查表，先进表彰材料，工厂落实政策、工作检查情况表。

关于鉴定玻璃钢整体模压工艺性试验项目的报告、技术鉴定证书等，300 m^3/h逆流方塔、LT14型逆流式玻璃钢冷却塔相关材料，贮罐、槽车、管道、管件系列图。

会计凭证、银行存款日记账、现金日记账、分类明细账、工资单、会计报表等。

苏州砖瓦厂

全宗号　F012

1951年10月,地方国营苏州机制砖瓦窑厂建于盘门外觅渡桥西青阳地,主要生产砖瓦。1958年,转产耐火材料,更名为"苏州耐火材料厂"。1961年,恢复生产砖瓦,更名为"苏州砖瓦厂"。1967年,开始生产水泥瓦,结束了传统黏土瓦生产的历史。1971年10月,在苏州市郊上方山分期建设集体所有制性质的苏州第二砖瓦厂,归属苏州砖瓦厂领导。1978年1月,苏州第二砖瓦厂改名为"苏州上方山砖瓦厂",改由苏州市建筑工程局领导。1979年4月,苏州砖瓦厂更名为"苏州墙板厂"。1980年1月,苏州上方山砖瓦厂沿用"苏州砖瓦厂"厂名,性质为全民所有制。1997年苏州砖瓦厂停产,2003年关闭。

馆藏苏州砖瓦厂档案3 111卷,排架长度74.66米,起止年为1976—2004年。其中:文书档案662卷,会计档案2 331卷,科技档案117卷,实物档案1卷。

本全宗档案可提供的检索工具为案卷目录,共7册。其中:文书档案2册,会计档案2册,科技档案2册,实物档案1册。

主要内容:

企业年鉴,工厂大事记,上级来文,各类年报、会议材料、工作总结、工作报告，各类经济承包合同，机构调整材料，审计验证报告，有关"七五"发展规划草案的通知，年度工业普查、月度小结及保密工作材料，苏州砖瓦厂租赁经营苏州玻璃钢厂的有关资料，关于在海口设定双联公司的材料。

劳动人事管理制度，干部名册、干部任免材料，年度先进工作者名单，职工离职材料，计划生育年报表。

工厂利用粉煤灰生产空心砖项目的报告、批复、论证等材料，砖瓦产品工艺技术规定、产品检验报表、报告材料，环境监测工作报表。

基建工程支出凭证，会计凭证、工资单、会计报表等。

苏州第二水泥厂

全宗号　F021

1973年3月，因人防工程需要，苏州市人防办从人防经费中拨款95.8万元，在枫桥北大运河西侧枫桥乡马浜村筹建苏州战备水泥厂。1978年12月，苏州战备水泥厂划归苏州市建筑工程局领导，更名为"苏州第二水泥厂"，属集体所有制性质，注册水泥商标"枫江牌"。1992年8月，苏州第二水泥厂与新加坡新中投资私人有限公司合资建立苏州南新水泥有限公司，主要承担矿渣水泥、普通水泥的生产。

馆藏苏州第二水泥厂档案 7 568 卷,排架长度 181.63 米,起止年为 1972—2013 年。其中:文书档案 1 691 卷,会计档案 5 608 卷,科技档案 115 卷,实物档案 139 卷,音像档案 5 卷,照片档案 10 卷。

本全宗档案可提供的检索工具为案卷目录,共 22 册。其中:文书档案 7 册,会计档案 8 册,科技档案 1 册,实物档案 4 册,音像档案 1 册,照片档案 1 册。

主要内容:

大事记,企业概况,工厂方针、目标展开图,年度工作规划、总结,上级来文,机构设置、干部任免的报告及批复,有关机构变动的决定、批复,各类会议记录,各类协议书,各项技经指标、产值、劳动工资、劳动保护、劳动安全年报表。

党员名册、年报,人事、纪检工作材料,工会工作材料。

干部统计名册,劳动合同、关系转移证明等材料,企业工资改革各类报表、名册,企业职工离退休材料,劳动鉴定材料,企业援非名单,表彰决定,先进集体和先进个人的批准书、登记表、事迹介绍。

"枫江牌"425#矿渣硅酸盐水泥创优申报材料,700%余热发电窑工程项目的文件,425#、525#普通硅酸盐水泥申请质量认证材料,耗能设备、能源、原材料消耗等资料,道路硅酸盐水泥检验报告、控制日报,原材料分析台账,机窑线 425#矿渣水泥出厂通知单,产品质量工作动态材料。

会计凭证、工资单、会计账册等。

苏州第一制药厂

全宗号　G002

苏州第一制药厂前身系创办于 1958 年 8 月的地方国营苏州化学制药厂，厂部地址为景德路 297 号，三个车间分别位于景德路 298 号、马医科 18 号、宋仙洲巷 21 号。

1959 年 3 月，公私合营福康制药厂将片剂、胶丸、宝塔糖等制药部分划出，与苏州化学制药厂合并。1960 年 1 月，苏州化学制药厂更名为"苏州第一制药厂"，隶属苏州市化学工业局，属全民所有制性质的小型企业。是年 11 月，更名为"苏州制药厂"。1965 年 1 月，改名为"中国医药工业公司江苏省分公司苏州制药厂"。1970 年，逐步将厂部、车间迁至西园路 3 号。1973 年，恢复"苏州第一制药厂"厂名。

1979 年 11 月，苏州市医药公司成立，对全市医药工业实行统一归口管理，苏州第一制药厂隶属苏州市医药公司。

1982 年，苏州第一制药厂经江苏省卫生厅批准生产的药品达 72 只，其中原料药 6 只、粉针剂 3 只、胶囊剂 1 只、片剂 62 只。

2000 年 8 月，苏州第一制药厂整体并入苏州医药集团有限公司。

2005年12月，苏州医药集团有限公司和香港健富投资有限公司合作，在苏州第一制药厂的基础上增资扩股，共同组建苏州第一制药有限公司。

馆藏苏州第一制药厂档案669卷，排架长度16.06米，起止年为1958—2003年。其中：文书档案661卷，实物档案8卷。

本全宗档案可提供的检索工具为案卷目录，共3册。其中：文书档案2册，实物档案1册。

主要内容：

大事记，工作计划，厂发文件、会议记录，规章制度，厂内外合同、协议书、意向书、担保书、项目委托书、责任状，机构变更方面的通知，公证书，转制材料，与日本鹤原制药社来往情况的材料，与美国欣欣公司关于引进技术生产酶诊断试剂的有关报告。

党总支年报、干部名册、干部报表，工会计划和总结、表彰材料、报表，团总支总结及共青团名册等。

职工工资、退休、养老保险等材料，职工辞职、离职方面的报告等。

关于职工住房方面的报告，厂部与职工房屋买卖契约，房产所有权登记材料。

氨苄青霉素技术资料、尿激酶技术资料等。

各类药品包装盒、药品使用介绍书籍，《"凯甫喜"注射用头孢哌酮钠舒巴坦钠》宣传彩页，《泰凌医药（集团）有限公司苏州第一制药有限公司产品目录》、苏州医药集团有限公司苏州第一制药厂宣传彩页等。

苏州第二制药厂

全宗号 G003

1956年，苏州榨油行业的江南、祥生、建新、民生、义隆和5家油厂合并，取名"公私合营苏州植物油厂"。1958年9月，改名"地方国营苏州油脂化学厂"，隶属沧浪区工业局。1959年，划归苏州市轻工业局领导。1960年7月，裕华肥皂厂并入，成为苏州油脂化学厂第一分厂。1963年7月，苏州油脂化学厂划归江苏省轻化工业厅直属领导。1966年6月，该厂肥皂车间划出，成立苏州肥皂厂。1969年5月，苏州油脂化学厂划归苏州市轻工业局领导。

1973年，苏州油脂化学厂更名为"苏州第二制药厂"，位于盘门路43号。在苏州植物油厂和苏州油脂化学厂时期，主要产品是各种植物油。改称"苏州第二制药厂"后，主要生产青霉素，成为抗生素原料药和制剂的专业生产企业。1979年3月，隶属苏州市医药工业公司。2000年年初，成为以生产抗生素原料药、半合成原料药、粉针剂和胶囊剂为主的综合类制药企业。

2003年6月，企业改制，更名为"苏州二叶制药有限公司"，地址为盘胥路859号。

馆藏苏州第二制药厂档案6 814卷，排架长度163.54米，起止年为1963—2006年。其中：文书档案252卷，会计档案6 557卷，实物档案5卷。

本全宗档案可提供的检索工具为案卷目录，共11册。其中：文书档案2册，会计档案7册，实物档案2册。

主要内容：

厂史，大事记，厂发文件，厂务会议记录，各项制度，工作计划与总结，企业整顿工作专题总结材料，成立经营服务公司的报告和决定等。

党员、干部年报，组建党委的材料，党委会议记录，各党支部改选情况汇报与工作总结，整党材料，共青团建设材料，工会会议材料，职代会材料。

职称聘任、人事任免等决定，企业工调方案、总结及花名册，劳动工资年报表等。

"二叶牌"青霉素钾盐粉针被评为1981年度江苏省优质产品的有关材料，2006年苏州市质量管理奖证书，药品包装盒，注射用头孢西丁钠、二甲双胍格列本脲胶囊、注射用左卡尼汀产品宣传彩页等。

决算报告、会计报表、住房公积金记缴清册、银行日记账、会计凭证、银行对账单等。

苏州第三制药厂

全宗号　G004

1973年1月，苏州第三制药厂建立，该厂是由苏州东风制药厂、苏州延安制药厂、苏州红旗制药厂3家区属集体厂合并而成，厂址为北园农场。建厂初期，隶属苏州市革委会化工局。1979年3月，隶属苏州市燃化局。是年11月，工商合一的苏州市医药公司成立，对全市医药工业实行统一归口管理，第三制药厂隶属苏州市医药公司。

苏州第三制药厂主要生产片剂、液剂、宝塔糖、胶囊剂、眼药水等5大类剂型、40余个品种，后片剂划归苏州第一制药厂生产，眼药水划归吴江制药厂生产，苏州第三制药厂以生产胶囊制剂为主。

2003年2月，改制为股份制企业，作为苏州礼安医药有限公司的生产基地，改称为"苏州第三制药厂有限责任公司"。

馆藏苏州第三制药厂档案5 135卷，排架长度123.24米，起止年为1968—2001年。其中：文书档案629卷，会计档案4 502卷，实物档案4卷。

本全宗档案可提供的检索工具为案卷目录，共6册。其中：文书档案2册，会计档案2册，实物档案2册。

主要内容：

大事记，法人单位登记表，厂务会议记录，厂长方针目标展开图，计划与总结，技术改造项目批复，工业企业普查表，关于东风区东风制药厂的批复，东风制药厂物资清理汇总表，国家外汇局、苏州第三制药厂关于合同章程的批复，委派董事通知、验资报告及外汇登记证，礼来苏州制药有限公司、苏州第三制药厂注册资本转让合同等，外商投资企业名称登记核准材料，经济合同、合同商标制度，税务登记证，营业执照，经济承包责任制批复、承包合同书，药品生产合格证书、许可证、商标注册证、营业执照及开业登记申请书，注册商标验证登记表，注册商标年检书，企业申请注销登记注册书、注销税务登记申请审批表及年度审计报告。

党支部会议记录、工作计划与总结，党员年报表、花名册，党员干部名册、党支部生活材料，党员、干部介绍信，东风制药厂党支部改选资料，工会年报，工会主席批复，团支部改选批复等。

干部任免材料、干部名册，调进调出介绍信存根，离休干部待遇、技术职称评审批复，关于岗位技能工资的批复，增资方案与名册，调资升级花名册，浮动升级批复、花名册，退休、调动、转正审批表，干部离休通知及职工工资转移证，养老金发放协议，职工下放补助批复及延安厂、红旗厂划归决定，大专、中专毕业生待遇等，苏州市优秀厂长名单。

苏州市医药集团公司、礼来苏州制药有限公司、苏州工业园区开发公司合资三方关于购买土地的谅解备忘录，关于征用土地、建筑执照、房租金标准的批复，危房统计表及房地产估价报告，定购商品房协议书，房屋产权协议，住房转让协议书等。

"苏乐康"胶囊被评为1990年度国家级新产品证书，药品包装盒，产品宣传广告、证书等。

会计报表、银行现金日记账、记账凭证等。

苏州第四制药厂

全宗号　G005

苏州第四制药厂的前身是大昌化学工业厂。1952年11月，由方景依等40人筹资创办。

1956年10月，实行公私合营，改名为"大昌化学工厂"。1958年8月，与苏州酒厂、东吴酒厂合并，改名为"地方国营苏州化工食品第七工厂"。1959年9月，苏州酒厂、东吴酒厂划出，地方国营苏州化工食品第七工厂改名为"地方国营大昌化工厂"。1960年9月，并入福康化工厂第三车间，转产化工产品。1961年，划出福康化工厂第三车间。1966年10月，改名为"苏州化工八厂"。1967年1月，厂名又恢复为"地方国营大昌化工厂"。1967年12月，改名为"苏州生物化工厂（革命委员会）"，隶属苏州市化工局。1973年1月，改名为"苏州生物制药厂"。

1979年，苏州市医药工业公司成立。同年11月，苏州生物制药厂划归苏州市医药工业公司（医药局）领导，改称"苏州第四制药厂"，厂址为齐门外西汇路20号。1986年，厂部及主要车间迁至白洋湾大街171号。

1995年8月，苏州第四制药厂隶属苏州医药集团有限公司。2003年12月底，随苏州医药集团有限公司整体改制。

苏州第四制药厂初建时期，仅能生产乳酸等小品种。1970年向以微生物发酵为主的抗菌素原料药生产发展，逐步生产乳酸、四环素碱、盐酸四环素、盐酸洁霉素等产品。

馆藏苏州第四制药厂档案9 534卷，排架长度228.82米，起止年为1953—2001年。其中：文书档案2 804卷，会计档案6 730卷。

本全宗档案可提供的检索工具为案卷目录，共18册。其中：文书档案3册，会计档案15册。

主要内容：

厂史，大事记，厂务会议记录，工作总结，厂长方针目标材料，更改厂名、启用新章、机构设置批复等材料，企业注册登记书、法人年检表，企业年检重新注册材料，企业情况调查表，组织机构编排报告、年度报表，企业管理制度正本，合伙契约、名册，精简机构方案，企业全面整顿四项细则（基层组织工作条例、厂长工作条例、经济责任制方案、职工奖惩条例），企业管理整顿工作汇报，《金帆》厂报，聘用法律顾问合同等。

申报国家二级档案企业申报表、考核表、升级方案，国家二级企业命名书，苏州第四制药厂享受自营出口权批复、报告，企业承包书、法人变更登记注册书、苏宁公司注销书，荣获江苏省委员会"大庆式企业批准书"，创大庆式企业总结、汇报、规划，厂标图案设计说明，国有资产登记表，资产验证审计结果征求意见书，清产核资报表、实施方案，荣誉汇编。

划出福康化工厂的通知，苏州第四制药厂与美国普强公司成立动物保健品公司的合资经营合同（中英文），与美国普强公司合资建动物保健品公司的项目建议书、可行性报告与批复、股权转让批复，乳酸联营分厂苏兴生物化工厂联营合同公证书、管理制度。

商标注册申请书（赤霉素），乳酸类"金帆"注册商标变更、验证登记表及使用规定等材料，"达林"凝胶、"金帆牌"乳酸等商标注册证。

党支部工作总结，党支部组建批复，优秀党员表彰决定，出席苏州市党代会候选人名单，组建党委批复、职务任免报告，工会、共青团组织机构批复，建设"职工之家"验收结果报告。

机构设置表，干部情况表、干部年报表、干部介绍信，干部任免、奖惩决定，专业人员职称任职资格通知，招收合同工、培训工、征土工材料，技校生花名册，调配介绍信，回乡人员名册、工资转移证，职工工资转正定级批复，职工浮动工资转为标准工资审批表、花名册，提高地区差额工资审批表，省级先进企业提高起点工资审批表、花名册，下乡知青家庭情况表，精简回家人员调查表，职工退休审批表、花名册。

养老保险清单，基本养老保险费、社会保险费结算情况表，参加养老保险人员增减表，补缴养老金花名册，职工生育保险待遇、医保登记表、社保变更表、补缴医保费结算表、外地就医审批表等材料，职工计划生育情况统计表、独生子女登记表。

房产买卖契约等，租房、调房、分房协议书等材料，西汇路厂区土地转给苏州汽车客运公司的转让协议、申请、报告等材料，会计档案销毁清册。

赴美访问考察汇报、报告及往来信函，赴泰国、瑞典、韩国进行考察的报告、批复、出国审查批件等。

会计凭证、各类账册、财务报表等。

苏州医疗器械厂

全宗号 G008

1956年1月，医疗器械行业实行公私合营，有63家私营作坊、工场和铁铺（其中劳动者37户）合并，成立公私合营苏州医疗器械厂，厂址为大儒巷34号。同年11月，分建华、华丰两家医疗器械厂。1957年1月，分华丰、建华、新苏、新丰4家医疗器械厂。1958年11月，4家厂先后合并，恢复公私合营苏州医疗器械厂。1960年4月，分新丰医疗器械厂（专业生产眼科手术器械）和华丰医疗器械厂（专业生产内窥镜器械）。10月，两厂合并。11月，集体所有制的大华医疗器械厂并入。

1961年1月，第三人民医院附属机器厂并入。同年，苏州医疗器械厂被列为卫生部全国独家生产眼科手术器械的专业工厂。1963年5月，苏州医学院校办厂X线机车间并入。1982年4月，苏州第六光学仪器厂（集体所有制）并入，苏州医疗器械厂成为全民与集体合营企业。

1996年，苏州医疗器械厂更名为"苏州医疗器械总厂"，取得自营出口权。

2001年6月，改制为苏州六六视觉科技股份有限公司，地址为大儒巷34号，为国家二类大型企业。主要生产裂隙灯显微镜系列、手术显微镜系列、人工晶体系列、电子诊疗仪器系列、激光治疗仪器系列等6大类600多个品种。

馆藏苏州医疗器械厂档案4 733卷，排架长度113.59米，起止年为1955—2019年。其中：文书档案882卷，会计档案3 714卷，科技档案23卷，实物档案114卷。

本全宗档案可提供的检索工具为案卷目录，共13册。其中：文书档案5册，会计档案4册，科技档案3册，实物档案1册。

主要内容：

厂史简介，大事记，苏州医疗器械总厂简况，苏州医疗器械厂基本情况调查表，建厂原始资料，1956年医疗器械制造业概况，对私改造、清产核资总结汇总表，厂务会议记录，厂务会议简报、宣传简介及战略增产落实情况，承包经营招投标材料、承包经营合同书，工商企业登记书、工商企业变更登记表，管理制度，法人注册书，商标注销申请书，成立红十字会批复。

十年发展规划（1963—1972年），十五年发展规划（1986—2000年），变更为苏州医疗器械总厂的报告，迁厂（并厂）规划方案，国有资产产权变动材料，中美合资苏州伊诺特克医疗器械有限公司项目建议书的批复，中美合资苏州赛诺秀医疗器械有限公司材料。

升省级企业的申报材料，申报国家二级企业咨询评估报告书，批准为国家二级企业的通知及上报材料，创国家医药管理局质量管理奖的材料，被评为质量管理奖企业申报表等材料，争创1981年国家质量奖、部省优质产品实施计划，荣获质量奖名册。

党委会记录，党员干部、归侨、知识分子年报，党员、干部花名册和介绍信，党委改选结果，工会改选方案、批复，工会年报、工作打算，职代会方案决议，先进生产（工作）者、工会积极分子等表彰决定，集体合同审核意见书。

干部任免批复，评定职称材料，调配介绍信、调动申请表，1962年以来精简人员情况，学徒转正定级审批表，职工工改、调整工资材料，职工辞职材料，劳动合同制工人解除合同证明，退休工人审批表，退休养老金保险单，退休（职）人员调整退休（职）费审批花名册，养老金调整通知，退休留用规定，职务津贴、房贴办法等材料。

外宾接待登记表，建立苏州日本托波肯医疗设备维修站资料，赴日洽谈考察汇报，赴巴基斯坦专家组名单的函，赴泰展览会通知、进口协议，参加菲律宾展览会材料，赴美展览材料。

《人民日报》《医药报》《苏州报》登载报道苏州医疗器械厂的文章、登载单位事迹的材料，《苏州医疗器械厂的启示》等材料，《医疗器械简报》，赴宁夏回族自治区实施白内障复明手术方案。

荣誉奖牌、证书、宣传彩页等。

财务报表、各类账册、工资单等。

苏州医疗用品厂

全宗号　G009

苏州医疗用品厂的前身是苏州土针生产合作社，地址为西麒麟巷12号。

1956年2月，生产针灸针的"华二房""华潆兴""任家记"等小作坊合并，走集体化道路，改名为"苏州土针生产合作社"，属集体所有制性质，隶属北塔区，主要产品是单一针灸针。同年8月，改名为"苏州针灸针生产合作社"。1961年，改名为"苏州华二房针灸针生产合作社"。1964

年，苏州华二房针灸针生产合作社与中国针灸用品社合并，定名为"苏州华二房针灸用品生产合作社"。1966年10月，更名为"苏州医疗用品厂"，主要生产"华佗牌"针灸针和针灸用品。

1969年1月，苏州医疗用品厂和苏州医疗五金生产合作社合并。

1987年10月，苏州医疗用品厂与中国中医研究院针灸研究所等联合组建了生产科研型的经营联合体——苏州华佗针灸器械总厂。

1991年5月，苏州医疗用品厂划出，成立苏州医疗用品二厂，性质为全民所有制，主要经营针灸针、针灸器械及医疗保健用品，隶属苏州市医药管理局，工厂设在苏州医疗用品厂内（西麒麟巷12号）。

1992年，苏州医疗用品厂与香港针灸气功研究所等合资成立苏州华佗医疗器械有限公司。

1996年1月，苏州医疗用品厂和丸菱（香港）有限公司合资成立苏州华菱合金制品有限公司。1999年，合资公司变更为苏州医疗用品厂的全资公司。

2000年7月，苏州医疗用品厂（第二名称：苏州华佗针灸器械总厂）改制，组建苏州医疗用品厂有限公司。

馆藏苏州医疗用品厂档案4 164卷，排架长度100.06米，起止年为1961—2016年。其中：文书档案501卷，会计档案3 658卷，实物档案5卷。

本全宗档案可提供的检索工具为案卷目录，共7册。其

中:文书档案2册,会计档案4册,实物档案1册。

主要内容:

大事记,厂的历史演变、领导变更概况,机构设置批复,厂长指令,厂务会议记录,营业执照,企业经营承包书,产品商标注册证,产品商标注册验证登记表,国税、地税登记表,工业企业登记申请书与工业企业年报,无菌采血针、针灸针卫生许可证,整顿实施方案细则,外汇换券收讫章使用的决定,入股登记表。

建立苏州华佗针灸器械总厂的批复,建立苏州华夏工贸公司、苏州市华夏实业公司的批复等材料,中美合资苏州B-D医疗器械有限公司立项报告、审查意见、章程、考察材料等,华佗(香港)发展有限公司的资料,参加马来西亚药展的批复,在荷兰等三国销售委托书及其他产品的协议书,与深圳美容中心、日本阳一有限公司联销协议,与华菱公司签订的商标使用权方面的协议、合同。

"华佗牌"针灸针荣获国家金质奖会议摘要,"华佗牌"商标在美国注册申请材料,有关"华佗"商标争议事件的材料,澳大利亚TGA、美国FDA510K质量认证证书,医疗用品厂CE证书颁发大会专题材料及背景材料(1997年7月—1998年5月),荣获质量管理奖、名牌产品证书的资料,获1996—1997年度文明单位荣誉称号材料,报刊报道文章。

党员、干部年报,建立党支部委员会的批复,党支部及团组织建设材料,工会年报、计划和总结,首届工会成立大会纪要,职代会材料。

干部职务任免材料，干部名册，劳动合同书，职工调配介绍信，工资转移证，职工花名册，职工增资审批表、花名册，复员军人来厂人员报到单，临时工转正批复，归侨职工离职补助申请，下放人员情况登记表，实行浮动工资转固定工资的批复，离退休人员待遇审批表，离退休人员增加退养金审批表，职工养老保险等材料，大中专生就业介绍信及辞职解除合同协议书，发放《劳动手册》花名册，调整住房公积金、房贴、福利待遇的材料等。

职工住宅计划、换房计划、换房协议，翻建浴室和住宅、增添生产设备报告的批复，苏州市汽车出租公司拆除苏州医疗用品厂退休职工房子的协议书、公证书，房屋产权登记表，企业土地使用、房屋转让协议书等。

"华佗牌"一次性使用无菌针灸针等。

会计凭证、各类账册、财务报表、工资单等。

苏州雷允上制药厂

全宗号　G010

苏州雷允上制药厂的前身是雷允上诵芬堂药铺。1734年，由吴门名医雷允上（名大升，号南山）创建于阊门内天库前周王庙弄口。

1860年，苏州天库前雷允上老店毁于战火。1864年，雷允上暂在都亭桥堍租屋复业。1867年正月,店铺(营业部及细料生产部)移至西中市134号。

苏州解放后实行对私改造,苏州雷允上在改造合并后保留"雷允上"牌子。

1955年,苏州雷允上改组为雷允上诵芬堂国药股份有限公司。1956年1月,实行公私合营。1958年8月,在原有制药工场的基础上扩建,成为炮制中药和生产中药制剂的雷允上制药厂,地址为西中市127号。

雷允上制药厂起初隶属苏州市卫生局。1963年8月,划归江苏省卫生厅药政管理局苏州医药二级站领导。"文革"期间,改名为"苏州中药厂",仍以生产雷允上传统产品为主。1978年12月,苏州中药厂恢复"苏州雷允上制药厂"厂名。

1979年,纳入苏州医药公司管辖。1980年,苏州雷允上制药厂与苏州中药二厂(含苏州中药饮片厂)合并,苏州中药二厂的国营部分并入苏州雷允上制药厂,集体所有制部分仍挂牌苏州中药饮片厂,实行两块牌子、一套班子的管理体制,各自独立核算。

1995年6月,苏州雷允上制药厂与苏州中药饮片厂联营,企业名称为"苏州雷允上制药厂",经济性质变更为全民与集体联营,原核算形式、经营范围、隶属关系等均不变。同年,苏州雷允上制药厂和苏州药材采购供应站合并成立苏州雷允上药业集团公司,隶属苏州医药集团有限公司。

1997年10月,苏州医药集团有限公司与中国远大发展总公司共同发起设立雷允上（苏州）药业有限公司。

馆藏苏州雷允上制药厂档案8 659卷，排架长度207.82米，起止年为1949—1996年。其中：文书档案1 494卷，会计档案6 926卷，科技档案232卷，实物档案7卷。

本全宗档案可提供的检索工具为案卷目录，共12册。其中：文书档案3册，会计档案7册，科技档案1册，实物档案1册。

主要内容：

厂史概况，大事记，厂务会议记录，行政工作计划与总结，企业规章制度，内部发文，企业全面整顿汇报与总结，厂长承包合同责任书，商标异议答辩材料，药品生产企业合格证、许可证、申请表等材料，创名牌汇报材料，苏州雷允上制药厂、苏州中药饮片厂国集联营的批复等文件，关于中成药基建项目、建立中药二厂的批复，关于变更企业法人代表的报告及注册申请书，关于申请领取《药品生产企业合格证》《药品经营企业合格证》的报告、批复，苏州雷允上制药厂（苏州中药饮片厂）退保公证书，《雷药集团》报。

药材采购供应站（简称"供应站"）大事记，供应站年度总结、经营管理总结及"六五"规划，供应站药品生产企业合格证、许可证、申请证、报告，供应站药品批准文号、使用注册商标批复，供应站药品生产企业许可证更名申报材料、经营企业许可证合订本，供应站升省级企业申报材料，供应站晋升国家二级企业申报材料，供应站关于成立苏州新加坡工业园区药材公司的报告批复，供应站及百合保健品经营部退休（职）人员基本养老金正常调整审批表，供应站无房产申请住房报告及调查材料，供应站拥挤房申请住房报告及调查证明材料，供应站苏北下放回城户申请住房报告及调查证明材料，供应站《中药简讯》，供应站《苏州市中药资源资料汇编》，供应站1960年度定息发放表。

党员名册、年报，党总支会议记录、工作总结，工会统计年报、会议记录，公司首届一次职代会材料，团员名册等。

干部花名册、统计表、总结，职工调动材料，职工花名册，职工增资审批表等，精简定员有关材料、减退职工名册，停薪留职、辞职的报告等材料，退休人员社会保险卡，职工养老保险缴费记录、花名册等。

关于参加出国考察促销团的预报、出国考察材料（意大利、德国）。

麝酮测定资料，2P-33型（6033）旋转式压片机随机图纸，六神丸启事，膏滋、糖浆、药酒、片剂等设备使用说明。

会计凭证、工资单、各类账册、财务报表等。

苏州钢铁厂

全宗号　H001

1957年9月，苏州钢铁厂建立，属全民所有制企业，工厂设在浒墅关。

1986年3月,苏州轧钢厂与苏州钢铁厂正式合并,定名为"苏州钢铁厂",为市直属企业,是江苏省钢铁生产基地之一。

1991年2月,苏州市金属压延厂并入苏州钢铁厂。1992年8月,苏州钢铁厂与香港伟兴公司合作建设苏兴特殊钢有限公司,筹建年产50万吨钢新厂区,选址大运河苏钢厂段西岸的吴县通安乡新合村,与苏州钢铁厂隔河相望。

1994年3月,成立以苏州钢铁厂为核心,以苏州金属压延厂、苏州轻工金属材料厂、苏州民丰锅厂、苏兴特殊钢有限公司、苏钢劳动服务公司等为紧密层的苏州苏钢集团公司,性质为全民所有制,经济上独立核算、自主经营、自负盈亏。集团公司成立后,苏州钢铁厂厂名作为集团公司第二名称予以保留。是年5月,设立苏州钢铁股份有限公司。8月,苏州苏钢集团被列为省级企业集团并更名为"江苏苏钢集团公司"。

1995年8月,江苏苏钢集团公司更名为"江苏苏钢集团有限公司",并经营管理苏州冶金局所属企业的全部资产。

2003年7月,江苏苏钢集团有限公司改制,由国有资产控股,隶属北大方正集团公司。

馆藏苏州钢铁厂档案11 144卷,排架长度267.46米,起止年为1957—2002年。其中:文书档案1 656卷,会计档案9 482卷,实物档案5卷,照片档案1卷。

本全宗档案可提供的检索工具为案卷目录,共24册。其中:文书档案11册,会计档案11册,实物档案1册,照片档案1册。

主要内容：

机构设置材料，厂长任期目标、企业管理、机构体制改革、企业内部分配、现代化管理及表彰先进的报告等材料，企业整顿材料，苏州地区钢铁发展规划，苏钢专业管理制度，苏州钢铁厂、苏州轧钢厂二厂合并的有关材料，关于申请装卸站由集体所有制转为全民所有制的报告，财务成本执行情况等报告，"八五"改造发展规划及技术进步工作总结等。

关于生产、基建、征用土地等事宜的报告等材料，关于修建铁路专用线、征用土地等材料及工程合同，高炉竣工验收报告，扩建高炉、卫星厂、炼钢车间等设计任务书，苏州钢铁厂关于技术设计的批复，苏州钢铁厂安全、技术、设备三大操作规程。

苏州钢铁厂录音报道、工作情况汇报，"走改革之路，攀效益高峰"专题总结，1958—1976年统计资料汇编，1976年《苏钢情况》（第1—42期），《苏钢报》（1982—1990年）等。

党员名册，干部、党团年报，党委会会议记录，党代会材料，关于建立新党委的批复，党委关于落实政策、复查、平反的结论等，共青团苏州钢铁厂首届代表大会材料，出席苏州市"五好"职工会议登记表，出席全国、省、市、厂劳动模范大会材料，先进生产（工作）者名单、先进事迹，20名红旗手、173名突击手登记表及先进事迹材料等。

干部任免批复，职称评定材料，关于纠正错假案件、平反的报告，关于精简下放、发放退职补助费的批复，招工、顶替、学徒、转正、定级、退休、退职等名册，工资调整、新工人工资待遇、临时工复查、补发工资等材料，职工离职的批复和决定。

苏州钢铁厂生产的第一炉钢锭（方钢坯）、第一炉钢锭（扁钢坯），苏钢焦化厂生产的第一炉焦炭（样品）等。

会计凭证、工资单、各类账册、财务报表等。

苏州轧钢厂

全宗号　H002

苏州轧钢厂的前身为苏州市手工业联社钢铁加工厂。1955年12月，苏州市手工业联社建立集体所有制的苏州市手工业联社钢铁加工厂，地址为南浩街188号和81号。

1957年10月，苏州市手工业联社钢铁加工厂迁至四摆渡，改名为"苏州市手工业联社轧铁厂"。1958年8月，更名为"地方国营苏州轧钢厂"。是年9月，改名为"红旗钢铁厂"。

1959年3月，正式定名为"地方国营苏州轧钢厂"，隶属苏州市重工业局，经济性质上升为全民所有制。

1962年，由全民所有制下放为集体所有制。

1971年2月，由集体所有制上升为全民所有制。是年10月，上升为市直属单位。

1982年1月,与苏州钢铁厂合并,暂挂"苏州钢铁厂轧钢分厂"牌子。1983年10月,分设苏州轧钢厂和苏州钢铁厂。1986年3月,两厂正式合并,定名为"苏州钢铁厂"。

馆藏苏州轧钢厂档案2 728卷,排架长度65.47米,起止年为1956—1986年。其中:文书档案702卷,会计档案2 026卷。

本全宗档案可提供的检索工具为案卷目录,共4册。其中:文书档案2册,会计档案2册。

主要内容:

厂史,历年大事记摘录,厂部文件,厂务会议记录,各种规章制度,企业登记证,商标注册材料,商标核准书,企业基本情况年报,扩权试点总结,三年规划及各类统计年报,轧钢厂复函、协议书、合同、启事、捐款证等材料,更改厂名报告,轧钢厂有关调整并厂步骤、启用印章、成立机构的批复等材料。

干部、党员、团员统计年报和花名册等,党委会会议记录,党支部改选材料,建立二届党委及成立大会的总结。

干部任免批复、决定,职工花名册,职工办理退休材料,历年审批干部情况表,退休、顶替、学徒定级名册及20世纪60年代精简老职工补助名单,1963年精简工作方案,编制定员表。

征用土地报告、协议,基建项目批复,住宅申请报告、上级批复,住房分配规定、通知、名单,住宅管理、危房拆迁的规定和通知,苏州轧钢厂徽章。

燃料核销表、热平衡表报告书及登记表。

会计凭证、工资单、各类账册、财务报表等。

苏州民丰锅厂

全宗号 H006

苏州民丰锅厂的起源可追溯到清朝乾隆年间的冶坊。苏州解放前夕，以铸造铁锅为主的冶坊有7家，后由大信、江七房、新源3户冶坊合并组成"联一"冶铸公司。1951年12月，"联一"冶铸公司与另外3家冶坊及7家木行合并，组成民丰苏锅农具制造厂股份有限公司筹备委员会，厂址为枣市街110号。1952年，江念房永记冶坊并入民丰苏锅农具制造厂股份有限公司筹备委员会。

1956年，实行公私合营，有3家生产白口铸件的冶坊并入民丰苏锅农具制造厂股份有限公司。1958年9月，民丰苏锅农具制造厂股份有限公司以民丰式鼓形汉泥炉土法炼铁名显一时，生产转向，更名为"民丰钢铁厂"，并开办子厂万年化工厂，生产土化肥。

1959年，民丰钢铁厂恢复"公私合营民丰苏锅农具制造厂"原名，万年化工厂亏损严重，停产转业。1960年，由华盛造纸厂、鸿生火柴厂调入部分金工设备，企业更名为"苏州轻工冶铸机械联合厂"，铸造"土龙门刨床"等机械设备配件，以及电动机外壳、坑管、水管等产品。

1963年，划出金工设备，另行成立轻工机械厂，锅厂名称改为"公私合营苏州民丰锅厂"。1966年11月，改名为"地方国营苏州锅厂"。1978年12月，更名为"国营苏州民丰锅厂"，性质为全民所有制。

1994年4月，苏州民丰锅厂划给冶金系统，并入苏州钢铁厂，更名为"苏州钢铁厂铸件分厂"，保留"苏州民丰锅厂"牌子。

2004年4月，苏州民丰锅厂生产车间从城区搬迁至浒关苏州钢铁厂厂区，原城区土地整体出让给苏州市吴中集团。

馆藏苏州民丰锅厂档案2 955卷，排架长度70.92米，起止年为1952—2003年。其中：文书档案322卷，会计档案2 630卷，实物档案3卷。

本全宗档案可提供的检索工具为案卷目录，共4册。其中：文书档案2册，会计档案1册，实物档案1册。

主要内容：

厂志，大事记，锅厂简况，厂长办公会议与党政工联席会议记录，企业登记、工业历史调查、历史汇编和历史沿革等材料，苏州民丰锅厂创立会议记录、章程、决议，并厂行动规划，资方代表名单及印鉴留底，股东花名册，民丰苏锅农具制造厂股份有限公司股票与收据存根，铸锅设计方案，增产节约方案，改革工作计划、会议记录与登记表，厂庆250周年纪念材料。

党总支会议记录、总结，党员和党支部工作日记，党员年报，成立工会的报告、批复，首届职代会材料。

干部任免材料，干部年报，职工花名册，职工报到通知，职工调离介绍信，劳资合同，职工工资调整审批表，离职回乡批复、下放证明书及上山下乡安家落户花名册，精简人员情况登记表，职称改革工作验收报告，劳资协商会总结、决议及会议记录等。

征用房基审批报告，申请无证房屋的产权认定材料，住房公积金汇缴清册。

中国建筑装饰五金协会团体会员证，中国金属学会铸铁管委员会团体会员证，江苏苏钢集团公司民丰锅厂铸铁管宣传彩页，苏州民丰锅厂铸铁管宣传彩页，苏州民丰锅厂厂徽，古建筑艺术铸件广告，《苏州五金》。

会计凭证、工资单、各类账册、财务报表等。

苏州溶剂厂

全宗号 I003

苏州溶剂厂的前身是三吴化工厂，1956年由3家私营企业合并而成，地址为南门路2号。1966年改名为"苏州溶剂厂"。1990年12月，该厂与苏州化工厂合并组建苏州化工农药集团公司。1991年5月，并入苏州化工农药集团公司。

馆藏苏州溶剂厂档案3 547卷，排架长度85.15米，起止年为1956—1991年。其中：文书档案1 087卷，会计档案2 064卷，实物档案353卷，音像档案2卷，照片档案40卷，底片档案1卷。

本全宗档案可提供的检索工具为案卷目录，共9册。其中：文书档案2册，会计档案3册，实物档案1册，音像档案1册，照片档案1册，底片档案1册。

主要内容：

会议记录，苏州市化工局批复，上级来文及厂会议交流材料，领导讲话材料，企业整顿验收资料汇编，行业经济、技术、财务指标的汇总表和调查表，生产计划安排，生产报告，工业企业统计报表，共保合同协议书，创苏州市质量管理奖的附件材料，各类证书、光荣册。

党内统计年报表，党员花名册，团总支年报表，职代会工作报告、议程、决议等文件。

关于实施劳动合同制办法的专题会议材料，劳动工资统计年报表。

厂基建材料，征地批复报告，设备管理年报表，产品示意图、设计计算书、测定数据、鉴定报告。

会计报表，工资单，记账凭证，销售、生产费用、其他往来明细账，银行存款日记账，增值税专用发票抵扣联审核表，关闭歇业拖欠款发放汇总凭证等。

苏州前进化工厂

全宗号　I004

苏州前进化工厂于1956年成立，位于相门大桥西塊，性质为全民所有制，1990年5月，苏州前进化工厂并入苏州化工厂。

馆藏苏州前进化工厂档案1 235卷，排架长度29.64米，起止年为1962—1990年。其中：文书档案340卷，会计档案895卷。

本全宗档案可提供的检索工具为案卷目录，共2册。其中：文书档案1册，会计档案1册。

主要内容：

大事记，各部门工作计划，季度工作总结，厂长办公会议记录，苏州市化工局及厂内有关部门各类文件，苏州市燃化局普发文件，生产规章制度，各类合同。

党员、干部年报及名册，支委会记录、工作小结，关于党支部和团支部改选、干部任免的批复，民兵整组文件、清退文件。

厂先进集体和先进个人工作总结、工作打算，表彰先进、立功名单等材料。

房屋普查材料。

财务凭证，财务月报表，应付款、银行借款、转账日记账，固定资产明细账，生产费用（产品成本）明细账，转账传票等。

苏州益民化工厂

全宗号　I008

苏州益民化工厂于1960年成立，地址为胥江路13号，1985年迁至胥江路60号，性质为全民所有制。1991年11月，苏州益民化工厂、苏华实业股份有限公司与台商合资开办苏州依俐法化工有限公司。1996年11月，苏州益民化工厂划归江苏化工农药集团公司管理。1997年，益民化工厂破产，1998年停产。

馆藏苏州益民化工厂档案8 678卷，排架长度208.27米，起止年为1956—2005年。其中：文书档案1 913卷，会计档案4 841卷，科技档案338卷，实物档案1 583卷，照片档案3卷。

本全宗档案可提供的检索工具为案卷目录，共15册。其中：文书档案6册，会计档案5册，科技档案1册，实物档案2册，照片档案1册。

主要内容：

厂志、大事记、行政发文、机构设置材料、厂务会议记录、上级下达的通知、意见、报告等文件，工厂计划、年报、工作目标、责任指标等材料，各部门工作总结、打算及规划，生产情况简报，生产统计月报表，引进项目可行性报告、请示，工厂销售合同，产品试验报告、中试投产计划、工段流程等材料，与上海感光厂协作关系的调查报告。

党总支会议记录及党务工作大事记，党工团发文，恢复党员权利的批复，职代会民主评议干部汇总表和评议表，工会执委会会议记录。

干部任免材料，干部年报，《岗位工作职责汇编》，职工花名册，职工调配介绍信，职工履历登记表、劳动合同，调资材料，职工退休审批表、花名册，养老保险材料，解除合同证明，借调协议，职工出境定居等通知，《益化通讯》。

房屋所有权证，车间技术改造项目的各类施工图纸。

会计凭证、工资单、财务报表等。

苏州精细化工集团有限公司

全宗号　J001

苏州精细化工集团有限公司前身为苏州精细化工集团公司，1995年，由苏州助剂厂和苏州硫酸厂为核心组建而成。主要产品包括基本原料、农用化肥、粗细化工三个系列。1997年2月，由苏州市国资委授权经营，改名为"苏州精细化工集团有限公司"。2003年5月，改制成民营企业苏州精细化工有限公司，将张家港保税区扬子江国际化工园作为发展新基地，实施扩张性搬迁。

馆藏苏州精细化工集团有限公司档案 11 726 卷，排架长度 281.42 米，起止年为 1961—2004 年。其中：文书档案 1 988 卷，会计档案 9 280 卷，科技档案 396 卷，实物档案 56 卷，照片档案 6 卷。

本全宗档案可提供的检索工具为案卷目录，共 18 册。其中：文书档案 3 册，会计档案 8 册，科技档案 4 册，实物档案 2 册，照片档案 1 册。

主要内容：

苏州市化工局、人事局通知，上级批复，规章制度，公司资产评估报告书，各类合同，经营目标、环保目标、人口指标管理等责任书，生产工艺和操作规程，产品、设备图纸等材料，公司 ISO 9002 质量手册及修改记录等材料。

党务干部任职的决定及党员年报表、名册，党委会议记录、学习计划，职代会材料。

劳动工资年报表，职工购房契约。

会计凭证、各类账册、财务报表等。

苏州硫酸厂

全宗号　J002

苏州硫酸厂筹建于 1958 年，地址为娄门外苏昆公路边，隶属苏州市轻化工业局。

1959年10月，苏州硫酸厂竣工投产，为江苏省第一家市属硫酸厂。1960—1962年，苏州化工机械修配厂、苏州电化厂等企业先后并入。1995年2月，同苏州助剂厂等企业组成苏州精细化工集团公司核心企业。

馆藏苏州硫酸厂档案7 772卷，排架长度186.53米，起止年为1956—1995年。其中：文书档案1 694卷，会计档案5 692卷，实物档案325卷，照片档案55卷，底片档案6卷。

本全宗档案可提供的检索工具为案卷目录，共10册。其中：文书档案3册，会计档案3册，实物档案2册，照片档案1册，底片档案1张。

主要内容：

厂史底稿，大事记，年度工作总结，厂务会议、重要会议材料，厂内的各种决定、通知、上级来文、通知、批复、指示，厂向上级的报告，硫酸订货、加工、销售合同，各类年报表，厂与各车间、科室签订的安全生产、环境保护承包责任书，工业企业统计月报，厂区房屋普查材料。

党团总支会议记录，党委、纪委换届改选材料，党员整党学习阶段小组会议记录，职代会材料。

干部任免、徒工转正等材料，职工花名册，职工立功登记表，先进集体、个人材料，光荣册，男职工独生子女申请登记。

会计凭证、会计报表、专用基金明细账、工资单、奖金单等。

苏州助剂厂

全宗号　J003

苏州助剂厂的前身是福康西药店，1923年创建于上海，1933年将制药部门迁至苏州，建立福康制药所。后几经更名，于1966年改名为"苏州助剂厂"。

1995年2月，苏州助剂厂和苏州硫酸厂作为核心企业，会同其他企业组成苏州精细化工集团公司。

馆藏苏州助剂厂档案6 706卷，排架长度160.94米，起止年为1970—1995年。其中：文书档案1 598卷，会计档案4 788卷，实物档案264卷，音像档案5卷，照片档案51卷。

本全宗档案可提供的检索工具为案卷目录，共10册。其中：文书档案3册，会计档案3册，实物档案2册，音像档案1册，照片档案1册。

主要内容：

厂志（定稿），大事记，厂务会议记录，年度工作总结，领导讲话材料，上级下达的关于苏州助剂厂生产、财务、计划、电燃料、科研、环保建房、产品调价、创优等文件，企业能量平衡报告，创建清洁文明工厂等材料，生产月报，产品升级规划，引进项目方案可行性报告、试验记录等材料，新产品和科研项目总结，《福康科技》简报。

各类党团会议记录。

厂级领导调资批复,先进集体、先进个人评比材料,职工住宅房屋普查表。

会计凭证、各类账册、财务报表等。

苏州潭山硫铁矿

全宗号 J004

苏州潭山硫铁矿始建于1958年5月,位于吴县光福镇。1997年,苏州潭山硫铁矿资产经苏州市政府授权,由苏州精细化工集团有限公司托管经营,保留独立法人地位。2003年2月,苏州精细化工集团有限公司改制,该矿进入关闭歇业程序。2004年,苏州潭山硫铁矿关闭歇业,该矿下属的集体所有制企业苏州潭山硫铁矿用塑料厂同时关闭歇业。

馆藏苏州潭山硫铁矿档案9 222卷,排架长度221.33米,起止年为1958—2004年。其中:文书档案1 721卷,会计档案6 148卷,科技档案1 045卷,实物档案304卷,音像档案1卷,照片档案3卷。

本全宗档案可提供的检索工具为案卷目录,共28册。其中:文书档案4册,会计档案10册,科技档案11册,实物档案1册,音像档案1册,照片档案1册。

主要内容：

矿志，大事记，年度工作总结，矿长办公会议、矿务会议记录，各项管理制度汇编，在省、市会议上的发言稿和情况汇报，开工申请书，关于"无泄漏矿山"的批复，上级对苏州潭山硫铁矿征用土地的批复及协议书，化工部地质矿山局抽查报表情况，生产、劳工、基建、物资、设备、环保等各类报表，精神文明规划，创建文明单位材料。

党组织年报、党员名册，党员代表大会材料，纪检工作报告，整党会议记录，整风会议记录，共青团名册，工会组织年报、工作总结、共保合同书，职代会情况、代表名册、工作计划提纲、大会决议等有关材料及主席团会议记录。

上级授予苏州潭山硫铁矿先进集体、先进个人的通知，先进名单，全矿职工花名册，职工教育统计年报，外单位调入人员介绍信及工资情况，职工劳动保险登记卡，职工提高起点工资名册，职工离退休材料，职工养老、医疗协议书，购商品房、公有住房出售审批表等资料。

设备检修、维护保养规程，提高铅锌精矿质量等各种试验报告，西迹山矿区年产6万吨基建工程竣工验收鉴定书，各类图纸、产品档案，各类产品说明书，各类测绘总结，地形图、地质图，各类学术会议论文，全国大型共生矿床综合利用学术讨论会材料，冶金部黑色金属矿山情报网成果报告会资料。

会计凭证、工资单、各类账册、财务报表等。

苏州电视机厂

全宗号 K001

苏州电视机厂的前身是苏州第三电子仪器厂。1966年7月,苏州第三电子仪器厂建立,性质为集体所有制,分设观前街和大成坊巷两地厂址,主要生产酚醛电阻和修理收音机、扩音机。1968年年末,陆续开始生产晶体管收音机和扩音机。

1970年1月,苏州第三电子仪器厂与苏州工艺玩具厂合并,改称"苏州八一电子仪器厂",开始试制35厘米电子管黑白电视机和晶体管特性测试仪。

1973年4月,更名为"苏州电视机厂",并移地扩建,隶属苏州市电子工业局,厂址为齐门路平家巷20号。

1978年,在苏州电视机厂内建立集体所有制电视机二厂,实行两个厂名、一套管理机构的管理体制。

1988年11月,与中电江苏分公司、泰国汇泰公司合资组建泰国博隆国际有限公司,主要生产电视机、收录机、电子玩具等。

1992年4月,与荷兰飞利浦公司合资建立苏州飞利浦消费电子有限公司,外方占51%,中方占49%。

1993年11月,与日本松下电工株式会社合资组建苏州松下电工有限公司和苏州松下电工线路板有限公司,主要生产铜箔和线路板。

1994年8月，苏州飞利浦消费电子有限公司开业，苏州电视机厂大部分员工分批转入苏州飞利浦消费电子有限公司，苏州电视机厂至此不再生产视听类产品。是年12月，苏州电视机厂与日本大和模具公司合资组建苏州大和精密模具有限公司，主要生产模具。

苏州飞利浦消费电子有限公司成立后，苏州电视机厂主要从事资本投资的产品开发、企业管理、物业管理等工作。

1996年6月，苏州电视机厂改制成立苏州孔雀电器集团有限责任公司，为市属国有资产授权经营企业。划归苏州孔雀电器有限责任公司的有苏州胜利无线电厂、苏州电声厂、苏州无线电四厂等。主要生产经营家用电器、通信设备、电子基础材料、元器件和配套件等。

2005年，苏州电视机厂仅保留厂名。

馆藏苏州电视机厂档案19 829卷，排架长度475.92米，起止年为1956—2004年。其中：文书档案5 218卷，会计档案13 548卷，科技档案808卷，实物档案197卷，音像档案1卷，照片档案53卷，底片档案4卷。

本全宗档案可提供的检索工具为案卷目录，共41册。其中：文书档案7册，会计档案22册，科技档案3册，实物档案4册，音像档案1册，照片档案2册，底片档案2册。

主要内容：

企业简介，大事记，公司章程，厂务会记录，工厂扩建方案，启用新印章通知，企业管理制度，商标注册申请书，商标使用许可合同、备案表、委托书，机构设置报告，资产评估材料，厂长负责制实施细则及厂长就职大会材料，关于建立苏州孔雀电子联合公司的批复，关于批准苏州电视机厂（苏州孔雀电子联合公司）为二级企业的审批意见及申报资料，苏州电视机厂资产清单，苏州飞利浦消费电子产品技术开发及制造有限公司可行性研究报告，苏州大和精密模具有限公司合资章程（中文）、第一次董事会材料，胜利科技首届科技大会的资料，苏州孔雀电器集团公司体制改革的实施意见、方案，苏州孔雀电器集团公司整体改制的请示、批复，苏州孔雀电器集团公司从苏州工业联合发展（集团）有限公司退股的请示和转让协议，苏州孔雀电器集团公司企业发展规划、国内域名注册申请表、法律顾问协议等。

厂党委会会议记录，党员和干部名册、统计年报表，首届党代会文件，中共苏州电视机厂委员会组织史，首届工会委员会章程，首届职代会文件。

干部任命文件，干部调进调出介绍信，技术管理人员名册，专业技术职务任职资格通知，专业职称送审人员汇总表（花名册），劳动力调配介绍信，工资关系转移单，企业工资改革职工花名册，统一工资标准审批表，退休工人审批表，企业退休人员发放住房补贴花名册，企业离退休人员养老金及社会保障的有关通知，职工下岗和再就业情况的通知、通报，从业人员和劳动报酬情况表、综合表，关于医疗保险、养老保险、房屋公积金、粮食风险基金的报告，职工基本养老保险基金缴费工资个人台账。

新品试制、产品鉴定、定型报告及批复等材料,省质量管理奖申报材料,基建平面图、征用土地资料。

优秀企业牌匾、铜奖奖杯、获奖荣誉证书、奖牌、锦旗等,介绍孔雀电器集团公司的光盘。

会计凭证、工资单、各类账册、财务报表等。

苏州电阻厂

全宗号　K003

苏州电阻厂原名为"苏州电器厂"。1963年,从苏州仪器厂划出第五车间组建苏州电器厂,厂址为西百花巷40号,隶属苏州市手工业局,性质为集体所有制。

1964年,苏州市仪器仪表工业公司建立,苏州电器厂划归苏州市仪器仪表工业公司,先后生产碳膜电阻、金属膜电阻、碳膜电位器等系列产品。1966年,苏州电器厂改名为"苏州无线电电阻元件厂",性质为全民所有制。是年12月,改名为"苏州电阻厂",是机电部定点生产电阻器的专业工厂。

1990年,隶属苏州市电子工业局。1998年,企业停产。2003年12月,苏州电阻厂依法破产。

馆藏苏州电阻厂档案5 171卷,排架长度124.1米,起止年为1963—2007年。其中:文书档案522卷,会计档案

3 354卷，科技档案1 202卷，实物档案36卷，音像档案4卷，照片档案51卷，底片档案2卷。

本全宗档案可提供的检索工具为案卷目录，共13册。其中：文书档案2册，会计档案4册，科技档案2册，实物档案1册，音像档案1册，照片档案1册，底片档案2册。

主要内容：

厂史纲目，历史沿革等汇编，大事记，企业方针目标，厂务会议记录，企业法人委托书，厂与各分厂合资协议，企业承包经营合同书说明，年检报告，注册商标，电阻厂资产评估报告书，清产核资工作的实施意见及法人离任审计报告，东京熔接有限公司开张资料，征用土地材料，国有土地估价报告，国有土地出让转增国家资本金通知书，国有土地使用权出让合同、产权转让合同书等材料，苏州市经委关于同意苏州电阻厂依法破产的批复等。

各类简报，各类发表的论文，国家质量奖申请材料，荣获部质量管理奖、部优产品称号光荣册，国庆36周年征文稿集，《我心中的工厂》征文稿等汇总表。

党总支会议记录，党员花名册、登记表，首届二次职代会决议等。

干部名册，干部任免材料及赴港批件，专业技术职务评聘花名册及情况汇总表，全厂人员花名册，企业工资标准，工改花名册，3%晋级花名册，临时工改为固定工和调整工资测算表等材料，职工调动介绍信、工资转移单，1963年下放人员应补工资名单，下乡人员登记表，历年退休职工审批表及调资审批表，协保协议书及个人选择表，养老金关系转移单，养老保险人员减少表，停薪留职材料，职工解除劳动合同一次性安置费协议书，失业保险待遇审核表及档案转移保管表等。

土地房屋建筑面积台账，生产综合用房（招待所、汽车库）图纸，电阻厂厂房租赁合约，申请房源报告及部分职工房屋安全鉴定材料等，公房回收移交表，苏州市职工租住公房证明申报表、提租通知单等。

电阻厂RJ小型碳膜电阻器技术资料，RJ15创国优申报资料，RT15创国优获奖证书，工艺成果获奖材料，引进圆柱形和矩形片状电阻器生产技术和设备过程中形成的相关材料，历年科研新产品相关材料，创优获奖汇编等。

会计凭证、工资单、各类账册、财务报表等。

苏州电声厂

全宗号　K004

苏州电声厂的前身是建于1965年的苏州市金阊区桃坞扬声器工场。1974年，金阊区桃坞扬声器工场与金阊丝线社合并，改名为"苏州市延安扬声器厂"，专业生产动圈式扬声器和SQ3-4型扬声器。1978年，改名为"苏州扬声器厂"，划归苏州市电子工业局管理。

1982年2月，正式定名为"苏州电声厂"，定点生产彩色电视机扬声器，属集体所有制企业，厂址为西中市95号。

1995年6月，划归苏州无线电一厂，法人地位不变。1996年1月，划归苏州孔雀电器集团公司。

馆藏苏州电声厂档案4 699卷，排架长度112.78米，起止年为1961—2008年。其中：文书档案241卷，会计档案4 014卷，科技档案444卷。

本全宗档案可提供的检索工具为案卷目录，共10册。其中：文书档案2册，会计档案4册，科技档案4册。

主要内容：

厂部办公会议纪要，厂务会议记录，工作总结，企业基本情况表，法人年检报告书，企业承包合同书，关于管理体制调整的材料，苏州电声厂向诸银行借贷款的合同及抵押凭证，关于更改厂名、企业代码的批复，关于知青扬声器二厂隶属关系变更的批复，苏州电声厂中外合资企业筹建、成立、审计等相关材料，苏州电声厂、苏州无线电四厂依法破产的文件资料等。

党支部工作册、党员年报表，厂级干部民主生活会材料，党员名册、党员调进调出登记表，推优统计表，党员干部解除合同、自动离职的函，工会委员会的报告、批复、组织机构图。

厂级干部职务任免材料，干部统计年报表、名册，调动介绍信，下乡人员登记表，职工工资定级表，劳动报酬报表，单位残疾从业人员花名册，职工浮动升级纳入档案管理花名册,《劳动手册》发放花名册,解除合同、自动离职等材料,解除劳动合同给予安置费的协议等,一次性补偿人员保险待遇材料,职工社会养老保险花名册,企业退休人员养老金审批表、养老保险关系转移单,退休职工花名册、审批表,退休人员基本养老、医疗待遇审批表,退休人员增加基本养老金调整额审批表,劳动保险年检报告书,独生子女申请登记表,户籍转移证明。

征用土地协议书等,有关房屋问题的协议,房改房买卖契约,优惠出售公房的材料,关于解决职工困难住房问题的安排意见、调配单、情况汇总表、申请表格、证明材料等。

扬声器车间照明材料,动力建筑安装工程材料,新建车间、给排水工程、水处理工程、综合楼工程资料,总装配大楼基建资料等。

YD025-571模具图,YD78-4型扬声器电子工业部部优产品申报文件资料,YD120-1、YD102-3、YD102-11、YD102-13型扬声器企业标准评审资料等,1988年收录机用扬声器全国行业评比资料汇编,扬声器生产技术材料,关键设备保养细则、操作规程、装箱明细等,苏州市优良产品证书,获评国家和部、省优质产品名单。

会计凭证、工资单、各类账册、财务报表等。

苏州电讯电机厂

全宗号　K007

1966年4月，根据国防建设需要，苏州电机厂分出一个微电机车间，建立地方国营苏州电讯电机厂，主要承担无线电整机的电机配套生产，性质为全民所有制，隶属苏州市电子工业局，是电子工业部微特电机定点生产专业企业，厂址为胥江路54号。

1979年6月，分建苏州电子设备厂，性质为全民所有制。

2000年，苏州电讯电机厂整体改制，企业从原国有工业企业改制为原苏州电讯电机厂职工整体持股的持股会与另8个法人股东共同组成的有限责任公司，地址为苏州市胥江路482号。

馆藏苏州电讯电机厂档案5 008卷，排架长度120.19米，起止年为1966—2000年。其中：文书档案2 228卷，会计档案2 777卷，实物档案3卷。

本全宗档案可提供的检索工具为案卷目录，共8册。其中：文书档案4册，会计档案3册，实物档案1册。

主要内容：

厂史（底稿），大事记，企业概况材料，关于电机生产、企业概况等材料汇集，微电机产品的发展史料和有关编史资料，厂务会议记录，厂长工作条例，各级岗位责任制汇编，商标验证登记表，企业法人年检材料，企业基本情况年报，启用新印章通知，法人变更材料、企业执照、注销注册书，"七五"规划和后十年设想，"九五"发展规划，建厂20周年大会材料等。

关于成立电机公司的批复及聘请顾问的材料，关于成立两个联营分厂的批复及协议书，关于成立江南孔雀电子有限公司的批复、报告、协议及资产评估材料，苏州神华电池科技事业有限公司的项目可行性报告、合同章程及营业执照，神华公司换股协议书、利润分配方案，合资企业概况，关于转让美国华夏兴业公司的报告、转让协议等。

实行签订经济合同的通知，《工商企业委托书》领证申请书，股份制改革、企业调研、先进企业呈报材料，推行ISO 9000标准通知等，批准苏州电讯电机厂为1988年度国家二级企业的通知及申报材料，国家二级企业验收会情况照片，国家二级重点企业复查资料，创优评选文件汇编，在中国电子技术学会发表的论文汇集，《讯机通讯》《满意在讯机》《主旋律》及有关苏州电讯电机厂情况的剪报材料，《讯机通讯》（底稿）。

党总支会议记录，党员调出组织关系介绍信存根，党员名册，第一届党总支总结，首届一次、二次职代会材料，首届团代会材料等。

干部任免决定，职称任职资格的通知及专业职务评聘材料，职工花名册，调进职工介绍信、报到通知及工资转移证明，调出人员材料，职工晋级情况表，调整工资审批表及补差审批表，劳动工资年报，增资花名册、离退休花名册，离退休人员增加离退休金审批材料，内退协议，江南厂分流人员花名册及审批表，专门人才需求调查表，工龄计算、工资改革、劳动合同制材料等。

赴日本商务考察的材料，与香港超霸电机公司签订合同的材料，与香港公司的往来信件、电报，赴港考察小结。

历年统建、联建住宅通知，职工住房分配情况，优惠售房及职工住房协议，特困户购房协议书、租房协议书、住房分配审批表，住房登记材料、房改方案、购房补贴通知、换房协议书等。

75FZY2-D轴流风机。

会计凭证、各类账册、财务报表等。

苏州电视机组件厂

全宗号　K008

苏州电视机组件厂前身是苏州无线电陶瓷元件厂。1966年6月，苏州无线电陶瓷元件厂成立，为集体所有制性质，利用高频瓷厂提供的电子陶瓷为基体，生产小型圆片瓷介电容。1973年，开发生产电视机组件。1974年，研制成彩色偏转线圈。

1978年7月，苏州电视机组件厂成立，性质为国营集体联营，为国家电子工业部定点生产电视机组件的企业，注册"金塔"商标，厂址为人民南路55号，隶属苏州市电子工业局，主要生产彩色电视机和黑白电视机的回扫变压器、电源变压器、电视机偏转线圈等。

1979年，苏州电视机组件厂组建苏州电视机三厂，生产印刷线路板。1983年，苏州电视机组件厂组建苏州电视机组件二厂。1985年末，苏州电视机组件厂按照专业化生产协作的原则，与13家企业组建苏州金塔电子集团公司。

1993年12月，成立苏州金字企业集团公司。2000年11月，企业整体改制为民营企业苏州电视机组件厂有限公司。

馆藏苏州电视机组件厂档案12 860卷，排架长度308.64米，起止年为1968—2010年。其中：文书档案2 649卷，会计档案9 656卷，科技档案365卷，实物档案151卷，照片档案39卷。

本全宗档案可提供的检索工具为案卷目录，共24册。其中：文书档案7册，会计档案13册，科技档案2册，实物档案1册，照片档案1册。

主要内容：

企业简介、大事记、机构设置材料、工作总结、会议记录、企业改革决定、公司管理制度、办公室及各部门方针展开图、企业升级工作汇报材料、企业法人年检报告书、商标验证登记表、关于商标变更的申请、技术成果、现代企业制度试点、申报方案批复等材料、企业更改厂名材料、董事会会议纪要，关于反馈百家企业资料汇编的通知，关于组建律师事务所的决定等。

关于建立电视机厂的批复，关于成立综合公司的批复，关于成立合资公司的批复，合资企业的营业执照，中外合资企业的报告和批复，电视机组件厂（三洋公司）企业代号证书，电视机组件厂（金威企业）公司成立的批复报告、附件，金威企业有限公司（金塔电子）营业执照、资金划拨证明、彩电生产许可证、变压器材料、职工登记表、社会保险和养老保险关系转移单，赴日本考察的批件报告和公证书、首批推荐先进代表赴香港考察学习的通知和公证书，企业退休养老金审批表。

生产线验收的批复与谈判纪要，彩偏线圈生产线项目建设书的批复，质量控制（QC）成果资料，科技大会材料，荣誉汇编，《情况简报》《金塔通讯》。

组织介绍信，职工持股会首届一次会员代表大会的资料，一届二次工代会材料等。

厂级领导干部的任免决定，干部、工人调配介绍信及存根，职工工资转移证明等材料，转干批复，技术岗位责任制材料，各类职称材料，工资标准，劳工年报，职工登记表，工调花名册，职改汇总表，职工复职批复，关于全民企业实行工资总额同经济效益挂钩浮动的批复，职工浮动工资转为标准工资审批名单，养老保险缴费花名册，养老关系转入花名册，关于离休的批复，企业退休人员花名册，职工住房公积金、住房补贴核定表，职工缴费年限核准表。

关于领取护照的报告，边境通行证的申请材料，关于赴新加坡参加专业培训的报告，关于组团出访比利时的申请和批件，来厂指导的日本专家的工作日志等。

房屋普查材料，征地协议，私房基建文件，关于建房出资费用的补充规定。

1985年国家奖申请表，科技成果奖励申请表汇总材料，产品的定型文件，彩电生产线落成典礼照片，优秀新产品成果奖证书。

会计凭证、工资单、各类账册、财务报表等。

苏州高频瓷厂

全宗号　K009

苏州高频瓷厂的前身是苏州平江耐火材料厂。1958年，苏州平江耐火材料厂成立，主要生产耐火砖，位于娄门外苏昆公路。

1959年，更名为"苏州平江瓷厂"，改产低压电瓷。1960年6月，改名为"地方国营苏州高频瓷厂"，隶属苏州市电子工业局，主要生产滑石瓷、75%和95%氧化铝瓷、电阻瓷、氧化铍瓷等电子陶瓷产品。

1991年，与日本中京陶瓷株式会社合资成立苏州中京陶瓷有限公司，位于苏州高新技术开发区，是苏州高新技术开发区首家开业的合资企业。

2000年12月，企业改制。

馆藏苏州高频瓷厂档案10 008卷，排架长度240.19米，起止年为1958—1999年。其中：文书档案1 228卷，会计档案8 780卷。

本全宗档案可提供的检索工具为案卷目录，共11册。其中：文书档案3册，会计档案8册。

主要内容：

企业基本情况，大事记，企业营业执照，厂务会议记录，工业企业登记申请书，总结与规划，企业统计年报，管理制度汇编，大庆式企业批准书，迁厂工作批复及报告，资产产权年检表，清产核资报表，传真资料等。

关于引进碳膜电阻磁棒生产线的合同、信件、报告、协议书，关于片状电阻和碳膜电阻磁体引进工作的调研材料、报告、意向书等，FU-60Z有关资料。

党支部会议记录，组织人事工作的年报、名册、介绍信，第一届党总支委员会选举材料，党员年报，"金点子大赛"材料，"三八"节促销材料，双十佳"基金活动"通知及表彰，第二届职代会材料及照片等。

关于干部任免、复查的批复和决定，职称评聘材料，劳动工资年报和职工调动名单、介绍信、审批表，全员劳动合同制实施细则，劳动鉴定结论通知书，职工工资改革审批表，浮动工资花名册，职工退休、退职花名册，职工奖惩材料等。

基建方面的上级批复、规定、通知，基建设备方面的报告、规划、设计方案，建造综合用房的报告、许可证协议书、申请表，原职工住房情况相关材料。

厂长赴日考察的有关资料，与美国 SED 公司合作意向书，中日合资成立苏州中京陶瓷有限公司的意向书、可行性研究报告、合同章程，关于在马来西亚开办马来西亚特丽有限公司的文件。

会计凭证、工资单、财务报表等。

苏州半导体总厂

全宗号　K011

苏州半导体总厂由苏州晶体管厂和苏州半导体材料厂合并而成。

1966年，苏州晶体管厂和苏州半导体材料厂建立。1970年2月，两厂合并，改名为"苏州半导体器件一厂"，工厂由苏州朱家庄原中共苏州市委党校和西北街平家巷等处，一并迁至新市路3号（原苏州建筑工程学校校址）。1976年7月，厂内建立集体所有制的苏州半导体器件二厂。

1980年10月，苏州半导体器件二厂、三厂、四厂及苏州电讯仪器厂合并，建立苏州半导体总厂，属全民、集体合营的企业，隶属苏州市电子工业局，总厂下设光电分厂、光电二分厂、光电三分厂、电路分厂、装配分厂、锗管分厂、显示设备分厂，主要生产发光器件、集成电路、锗管、硅管4个大类的产品。1982年，苏州半导体器件三厂和苏州电讯仪器厂相继退出。

1995年，企业停产。

2000年10月，企业整体改制为民营企业苏州半导体总厂有限责任公司。

馆藏苏州半导体总厂档案13 052卷，排架长度313.25米，起止年为1969—1999年。其中：文书档案1 484卷，会计档案11 567卷，实物档案1卷。

本全宗档案可提供的检索工具为案卷目录，共15册。其中：文书档案3册，会计档案11册，实物档案1册。

主要内容：

厂史（第1—9章草稿），大事记，体制设置通知，企业概况汇报，厂务会议记录，注册商标验证材料，企业法人年检报告书，企业管理制度，企管情况简述，企业承包合同书，企业承包责任书，厂长负责制实施条例，厂长岗位责任制材料，厂长就职大会发言材料，质量控制（QC）小组成果申请表及成果材料，首届工业学大庆经验交流会文件，全国电子工业学大庆会议材料，建厂20周年活动计划等。

建立半导体光电公司的协议及批复，关于晶体管厂、材料厂建制的决定，半导体总厂（晶体管厂、材料厂）简史，半导体总厂（晶体管厂、材料厂）工作标准，苏州市审计事务所关于苏州半导体总厂的审计报告书，加入黄河熊猫集团的申请表及集团成立大会文件，康苏电器公司成立批复，安达电子公司董事会纪要、注册证及委托书等。

"七专"产品定型鉴定材料，援建西藏"苏州小学"的实施意见，《战报》《迁厂简报》《苏半旬报·职工之友》《瑞光电子快讯·职工之友》等。

党委会会议记录，党委工作要点，工会首届代表大会决议材料，首届职代会主席团扩大会议材料，团委《青年之友》，举办首届艺术节的通知和获奖名单等。

干部任免材料，干部介绍信，干部调配工资介绍信，干部年报、花名册，干部退休审批表，岗位设置汇总表，专门人才及干部调查表，专业技术岗位职责汇编，职称改革定员编制材料，职工调动审批表，职工调配工资介绍信，增资审批表，职工浮动升级纳入档案管理花名册，职工退休审批表，离休人员待遇审批表、花名册，调整企业离退休人员养老金材料，职工子女顶替报告，劳动合同制工人合同书，停薪留职协议书，职工计算缴存住房公积金、发放住房补贴工资基数核定表等。

职工住宅建造报告，职工住房分配办法情况汇报，基建项目的报告、批复等。

接待外商方案登记表，赴美国考察总结等。

苏州半导体总厂厂徽。

会计凭证、各类账册、财务报表等。

苏州晶体元件厂

全宗号　K016

苏州晶体元件厂的前身是苏州人造宝石厂。

1958年，苏州钟表厂在国内率先生产人造宝石及轴承。同年3月，苏州钟表厂内设人造宝石车间，小量生产，供加工制作钟表、仪表轴承用。

1960年6月，苏州钟表厂的人造宝石车间和苏州宝素珠厂宝石加工部成立苏州人造宝石厂，厂址为西中市129号。1961年，产出国内第一批用作固定激光器材料的红宝石晶体。

1961年4月，苏州玛瑙轴承厂、热工仪表厂玛瑙轴承车间、苏州仪表厂玛瑙轴承部分并入苏州人造宝石厂，归口第一机械工业部仪表局。

1962年，苏州玛瑙轴承厂人员与资产划出。

1963年2月，苏州人造宝石厂更名为"苏州晶体元件厂"，划归第一机械工业部，为部属厂，性质为全民所有制，厂址为南门外苏嘉公路3号。

1970年，企业下放苏州地方管辖。

1988年，与日本横河株式会社、西安仪表厂共同投资建立苏州横河电表有限公司，苏州晶体元件厂投资比例占30%。1999年，企业法人和职工共同出资50万元，组建苏州工业园区晶瓷超硬材料有限公司，苏州晶体元件厂投资比例占60%。

2000年6月，苏州晶体元件厂改制为苏州晶体元件有限公司。

馆藏苏州晶体元件厂档案8 357卷，排架长度200.57米，起止年为1959—2000年。其中：文书档案1 565卷，会计档案6 636卷，实物档案156卷。

本全宗档案可提供的检索工具为案卷目录，共13册。其中：文书档案4册，会计档案6册，实物档案3册。

主要内容：

厂史，大事记，企业发展简史，厂基本情况，发展规划，厂务会议记录、企业法人营业执照、年检报告书，工商登记年检报告，税务登记表，厂章程，企业管理制度，企业普查资料，企业计划调查表，厂长任期目标责任书，方针目标、经济责任制细则，承包合同及经济考核材料，企业升级申报材料，企业标准批转授权委托书，企业整顿验收报告及合格审批表、情况报告，建设文明工厂汇报材料，一机部等下达的文件，援外资料，关于30周年厂庆的纪实、总结、记录。

沪、川、苏三方厂长会议纪要，知青晶体元件厂移交苏州晶体元件厂的材料，苏州晶体元件二厂并入苏州晶体元件厂的批复、报告，生产计划、产值指标、产品价格、生产发展资金的报告等材料，企业档案分类编号规定，档案利用效果汇编，宝石轴承行业活动文件，《苏晶报》等。

横河电表有限公司董事会会议纪要，横河电表有限公司的报告、请示、协议，横河电表有限公司改变投资总额批复，关于苏州横河电表有限公司投资分利等财务问题的批复，出访日本的请示、批件、邀请信，参加哈萨克斯坦经济洽谈会的批件等。

技改项目汇编，技术获奖项目报告，ISO 9002质量认证材料、合同及证书，球形刚玉轴申报国家质量奖资料，锥形玛瑙轴承申报省优、部优产品资料等。

党总支会议记录，党员干部介绍信，党员、干部、工会、团组织年报，党组织史资料，社教运动材料等。

关于人才预测、组织机构、干部任免、机构设置等材料，关于职称评定的批复，录用职工名册，深化企业工资改革及实施方案材料，全员劳动合同制实施办法，实行岗位技能工资制试点的批复，岗位技能工资增资花名册，浮转标及自费增资花名册，减员增效工作的实施方案及留职定补、离岗挂编等材料，离退休人员住房补贴及提高待遇花名册，下岗职工协议书等。

厂级领导购房意见及职工住房制度，职工住房面积汇总表及出售住房明细表，房屋拆迁协议书，房屋租赁的责任状说明及协议等。

会计凭证、工资单、各类账册、财务报表等。

苏州江南无线电厂

全宗号　K017

苏州江南无线电厂系苏州市最早的电子企业，前身是无线电修理生产合作社。1956年2月，建立无线电修理生产合作社。1958年，定名为"苏州电讯器材厂"，性质为全民所有制。1961年，改名为"苏州无线电厂"。

1970年，试制并生产国内第一台微波接力通讯机。1971年，改名为"苏州航海仪器二厂"。1972年，更名为"苏州江南无线电厂"（简称"江南厂"），厂址为胥江路52号。

1986年，接受军工任务，生产雷达、通信部件，生产"江南牌"收录机、天线放大器等。1987年，成立苏州江海通讯发展公司。

1996年，苏州江海通讯发展公司划给苏州孔雀电器集团公司。1998年3月，江南厂划归苏州半导体总厂管理，法人地位不变。

2000年12月，江南厂整体改制为民营企业，改名为"苏州江南无线电厂有限公司"。

馆藏苏州江南无线电厂档案9 724卷，排架长度233.38米，起止年为1955—1999年。其中：文书档案1 455卷，会计档案8 268卷，实物档案1卷。

本全宗档案可提供的检索工具为案卷目录，共14册。

其中：文书档案 3 册，会计档案 10 册，实物档案 1 册。

主要内容：

企业基本情况表，军工产品简史，档案室概况，厂务工作会议记录，厂长工作暂行条例及经济责任制材料，机构调整、印章启用材料，企业法人注册登记表，商品注册申请报告及检验规范，审计报告、法人年检报告书，国有资产产权登记表，资产产权登记年度检查表，变更法定代表人的申请，企业管理调查表，企业整顿规划，整顿工作汇报，苏州市整企小组关于颁发企业合格证的决定，申领彩色电视机生产许可证的报告与批复，《江南简报》。

手工业合作社社员入社资金材料，观前编结社人员并入无线电厂时各项移交清单，原地方国营无线电厂并厂清册，开办苏州市江南电子电器厂的请示与批复，关于苏州江南无线电厂机构变革的决定，关于五厂恢复独立核算企业的批复，与香港捷嘉电子有限公司合资经营苏州捷嘉电子有限公司的合同、章程和第四届董事会会议备忘录等。

党委会会议记录，党员、干部年报，党员、干部调进调出介绍信存根，首届职代会材料，首届二次职代会照片，《职工代表大会条例实施细则》，人民来信等。

干部任免批复及中层干部的任免决定，落实知识分子政策汇报，职工花名册及情况表，职工调动介绍信、工资转移单，职工调资报告，调整工资人员名单与初步方案，部分职工调资工作资料汇编，职工晋级、职务津贴材料，离退休、退职花名册，退休人员养老金审批表，合同制工人及退休工人离厂手续表,长期支农下乡工人补贴工资的材料等。

与港商生产方面的信件往来材料,赴日情况汇报,赴法考察工作总结。

关于房屋方面的请示协议,租用私房补贴的通知、规定和报告,房屋租赁协议书,关于胥江路安全村及其西侧内河土地使用权问题的调查报告等材料。

XZ-8B救生艇鉴定会文件,CQ牌J-868型高级组合音响系统说明书。

会计凭证、工资单、各类账册、财务报表等。

苏州胜利无线电厂

全宗号　K018

1979年12月,苏州胜利机械厂与苏州市电子工业局所属的苏州电子元件二厂合资经营,改名为"苏州胜利无线电厂",专业生产电视机频道调谐器,性质为全民集体合营,厂址为尚义桥29号,由苏州市电子工业局管理。

1996年,以模拟股份制形式,组建苏州胜利冲压模具厂。产品门类从原来单一的视听类产品,逐步扩展到扫描仪、显示器、汽车电子产品、汽车音响、机械电控柜等。是年,转入苏州孔雀电器集团公司。1999年3月,成立苏州协新电子有限公司。2000年4月,苏州胜利无线电厂整体改制,更名为"苏州胜利科技有限公司",地址为尚义桥30号。

馆藏苏州胜利无线电厂档案5 169卷,排架长度124.06米,起止年为1985—1998年。其中:文书档案605卷,会计档案4 564卷。

本全宗档案可提供的检索工具为案卷目录,共8册。其中:文书档案3册,会计档案5册。

主要内容:

大事记,厂部会议记录,法人年检书,税务登记材料、工商年检审计报告书,承包经营责任制材料,审计工作材料,"八五"计划,工业普查调查表,资产验证与资产评估报告,中型企业证书,企业定价资格认可证,出口经营权相关材料,合资经营及企管工作情况,担保合同、股票认购协议书等材料,发行融资债券的申请批复与会议纪要,PCBA加工中心可行性报告,更改厂名的批复。

胜利遥控器厂建苏州工业园区新厂申请批复,苏惠东吴公司章程、协议、会议纪要、意向书,佐竹机械(苏州)有限公司交易原则、合同书。

对外经贸合资协议,外商来访函件,接待外宾材料,赴日进修与出国考察材料,赴日洽谈材料,赴加拿大考察材料。

党员年报等材料,成立党总支的批复,职代会材料,团刊等。

干部任免材料,机构调整材料,职称评定材料,职称任职资格材料，招聘录用材料，劳动工资材料，职工辞职等材料，离退休人员房租补贴材料，劳动年报等。

职工住房协议，职工住房分配条例，房改调整方案实施细则，房屋转让协议，房屋租赁协议，清塘新村联建房文件，东山度假村房屋协议公证材料，征用土地批复，净化房施工合同书等。

会计凭证、各类账册、财务报表等。

苏州第一电子仪器厂

全宗号　K020

1968年12月，第三机械工业部发文同意苏州第一电子仪器厂作为三机部归口的地方厂。

1978年4月，由苏州电讯电机厂划出新品车间，在此基础上建立苏州电子设备厂，性质为全民所有制。

1981年10月，苏州电子设备厂与苏州市第十八中学校办磁性材料厂合并，改名为"苏州磁头厂"。1983年12月，重新建立苏州电子设备厂，并迁入苏州第一电子仪器厂，实行两块牌子、一套班子的管理体制，为全民所有制企业，专门从事研制、生产计算机应用产品和机电一体化产品，隶属苏州市电子工业局，地址为娄门路246号。

1985年，苏州电子设备厂、中国电子进出口公司江苏分公司、香港精电科技公司三方合资建立三电有限公司,生产经营计算机外部设备与电脑。

2000年4月,企业部分改制,成立民营苏州一达电子有限公司。是年,划归苏州创元(集团)公司。2003年,关闭歇业。

馆藏苏州第一电子仪器厂档案4 990卷,排架长度119.76米,起止年为1965—2006年。其中:文书档案1 785卷,会计档案3 037卷,科技档案7卷,实物档案161卷。

本全宗档案可提供的检索工具为案卷目录,共13册。其中:文书档案3册,会计档案7册,科技档案1册,实物档案2册。

主要内容:

大事记,企业军工史,工作总结,厂务工作会议记录,组织机构设置材料,企业管理规章制度,商标注册登记表,"神达"商标使用规定,法人年检报告,税务登记表,企业主要经济指标及基本情况,企业标准考核意见书,企业国有资产产权登记年度检查表,企业整顿材料,三年流动承包方案,企业承包合同书、资产公证审计书,扭亏增盈材料。

省级先进企业申报材料,江苏省电子工业质量管理奖申报资料,批准为国家二级企业的相关材料,"三位一体"规划与战略产品材料,最佳技术革新合理化建设项目材料,技术文件审批授权证书,质量控制(QC)小组注册登记及活动记录,苏州电子工业质量简报。

干部、党员名册,干部统计年报,职代会材料,工会简报。

大中专毕业生情况登记表，1961—1965年下放人员材料，职工调进介绍信，企业工资制度改革材料，全厂职工工资名册，混岗集体人员花名册，职工养老金缴费年限公示表、核准表及补缴凭证，养老保险人员增减情况表，退休审批表，退休职工调资材料，职工退工（失业）后档案转移保管登记表、失业保险待遇审核表、职工登记表等，退养人员资料及干部职工离厂协议公证书，企业关闭歇业提前解除劳动合同人员资料，恢复技术职称材料，《劳动手册》发放花名册，职工计划生育登记表等。

国有土地使用权登记表，房屋所有权证，企业用地效益调查表，职工住房分配办法，1997年房改调整实施细则及本厂职工优购住房协议，联建住房协议书、租房协议及住房分配审批表，市区标准价购房补差汇总审批表，市区优惠售房审批材料及退房申请报告，房屋建筑项目竣工决算报告，统建民房分配通知单，电脑车间工程竣工验收材料，软磁盘车间工程水电施工及工程竣工验收材料等。

与中国华能集团、美国Xpantek公司、中国香港华联公司的合作开发建议，与中国台湾新高实业有限公司、深圳神思电子有限公司的协议，与美国华夏兴业股份有限公司的认股协议、合股经营合同书，派员赴俄罗斯的情况说明，派员赴德商务谈判、技术培训的批复和报告等，赴新加坡参展的材料，赴智利博览会参展的报告、通知书及总结材料，赴中国香港进行技术培训的报告、批件及总结材料，赴德国进行技术培训的报告批件及总结材料。

会计凭证、各类账册、财务报表等。

苏州有线电一厂

全宗号　K021

苏州有线电一厂的前身是苏州无线电四厂。1970年2月，苏州无线电四厂成立，由苏州饰品工艺社和苏州市金粉厂的一个车间合并而成，性质为集体所有制，主要生产扬声器等电声器件，隶属苏州市电子工业局，厂址为凤凰街101号。1971年，转产纵横制自动电话交换机。1976年，改名为"苏州有线电厂"，工厂迁至胥江路51号。1978年7月，在苏州有线电厂的基础上，建立全民所有制苏州有线电一厂（两块牌子、一套班子），为全民与集体所有制合营企业，属电子工业部定点生产电话交换机及其专用测试仪器的专业工厂。

1981年，并入苏州广播通讯联合厂。1982年5月，退出苏州广播通讯联合厂，独立生产经营。1984年，以苏州有线电一厂为主体，建立苏州有线通讯设备公司，参加电子工业部有线通信产品成套供应联销网。

1995年8月，以苏州有线通讯设备公司为主体，组建江苏通林集团公司。

2000年11月,江苏通林集团公司划归苏州创元(集团)公司。

馆藏苏州有线电一厂档案7 598卷,排架长度182.35米,起止年为1962—2009年。其中:文书档案1 933卷,会计档案5 507卷,科技档案107卷,实物档案51卷。

本全宗档案可提供的检索工具为案卷目录,共17册。其中:文书档案3册,会计档案10册,科技档案1册,实物档案3册。

主要内容:

厂史,大事记,企业概况,厂部会议记录,工作总结,机构调整、厂级领导分工等材料,企业法人变更注册书、审计报告书,企业承包合同书,企业法人年检材料,资产评估报告书,企业验资报告和发行融资报告,企业决算报告,关于建立苏州有线电一厂的通知、企业登记书,苏州有线电一厂的改制立项报告、国有资产产权登记表。

关于合资企业的项目建议书、可行性报告、意向书、备忘录,合资企业合同、章程、批复,合资企业资产评估、股份转让等材料,合资企业人员任职材料,合资企业工会成立材料,外资企业登记、批准证书,苏州有线电一厂、外方关于营业执照、资产证明等方面的材料,江苏富士通公司资料汇编。

苏州饰品工艺社概况,苏州饰品工艺社总结、入社申请书及批复,苏州饰品工艺社的协议、合同、上级批复,苏州饰品工艺社干部任免材料。

党团员、民兵花名册，党员年报、干部年报，党员组织关系介绍信，支部支委会会议记录，党训班小结，职代会材料等。

干部任免材料，离职申请材料、落实政策处理决定等，干部调进调出介绍信、通知书、辞职报告，干部档案转移通知单及存根，职工调进调出介绍信、通知单，苏州无线电四厂（苏州有线电厂）学徒报到通知书，毕业分配协议书，企业职工正常考核晋级（提高起点工资标准）审批表，企业职工增资花名册，企业浮动升级纳入档案管理审批表及花名册，养老保险实施方案，养老保险金审批表、花名册，职工养老保险缴费记录花名册，企业离退休情况调查表，退休职工增资花名册，企业退休人员基本养老金调整补发审批表、花名册等，保留社保关系人员花名册，社保关系转移单，职工退工（失业）后档案转移保管登记表，解除劳动合同证明，下岗职工协议，20世纪60年代精简退职老职工登记表及相关材料。

土地估价委托合同、委托书及租房协议书，部分土地和厂房转让的合同、报告、通知与许可证，工厂基建方面的报告，房屋普查工作材料，分房工作讨论稿。

苏州有线电厂营业执照、证书，苏州有线电厂革命委员会合同印章，苏州有线电一厂"中国通信工业协会第五届理事会理事单位"牌匾等。

会计凭证、工资单、各类账册、财务报表等。

苏州电子计算机厂

全宗号　K027

苏州电子计算机厂是国家定点小型、微型计算机制造厂，前身是苏州华通胶木电器厂。1963年，苏州热工仪表厂的一个车间下放，建立苏州华通胶木电器厂，性质为集体所有制，生产转换开关。1966年，转产电子测量仪器，改名为"苏州第二电子仪器厂"。

1971年，开始生产通讯机和扩音机等整机，改名为"地方国营苏州无线电厂"。1975年，被第四机械工业部定为电子计算机专业生产厂。1979年1月，改名为"苏州电子计算机厂"，厂址为西园路14号，性质为全民所有制。

1992年12月，由深圳华阳电子有限公司承包。1994年12月，终止承包。1996年12月，划归苏州净化集团公司管理，法人地位不变。2000年11月，并入苏州机械控股集团公司。

馆藏苏州电子计算机厂档案5 002卷，排架长度120.05米，起止年为1961—1996年。其中：文书档案1 786卷，会计档案3 171卷，实物档案45卷。

本全宗档案可提供的检索工具为案卷目录，共10册。其中：文书档案3册，会计档案5册，实物档案2册。

主要内容：

厂史，大事记，企业沿革，工作总结，企业情况简介与内部改革调查表，企业制度，厂部会议记录，营业执照及副本，企业法人代码，法人年检报告书，审计报告，产权登记年检审核表，工商企业登记表，中型企业申请表及附件材料，企业现状及发展规划，厂行政体制改制方案和主要岗位任职文件，注销经营部报告及批复，注销税务登记材料，歇业注销注册书，关闭歇业后设备处理材料，国有土地资产评估审批表，资产设备出让请示报告及批复，关于成立扬子实业公司的报告、批复、章程等材料，扬子装饰公司章程、合同、协议，"扬子牌""苏州牌"商标验证登记表及商标注册证，进口物资情况调查材料等。

干部、党员年报，党支部改选报告，新党章学习班相关材料，工会学习记录，队委会会议记录，首届职代会材料，上山下乡材料汇编，"五好"职工、"五好"民兵登记表，"四好"总结、光荣榜。

干部任命批复，干部报表与落实政策的材料，专技人员登记表，技术职务评审意见表，职工调进调出介绍信，调入人员工资转移单，职工花名册，大专毕业生转正定级材料，企业正常晋级考核意见，整顿后企业管理人员名册，企业协保人员花名册，增资汇总表、花名册，在职职工《劳动手册》发放花名册，养老保险缴费记录花名册与劳动合同书，企业退休人员基本养老、医疗待遇审批表，离退休人员基本情况变更表，劳动合同制工人解除合同证明材料，保留社保关系协议书，苏州市失业保险待遇审核表，市区企业职工养老保险关系转移单，苏州市职工退工（失业）后档案转移保管登记表，关于退休、顶替的报告与干部（工人）档案转递通知单，职工医药费报销材料，供养直系亲属抚恤救济登记表。

房屋所有权证相关材料，厂区国有土地使用权申报登记材料，厂区房屋普查表及土地房屋面积计算表，申请土地转让报告、合同和租房协议书，征用土地扩建厂房与建造职工宿舍的报告，基建用房批复，分房细则，职工住房状况登记表等。

与外商（宾）来往的书信等材料，招待外宾（商）计划安排表，接待美国、新西兰及港商的报告，赴我国香港地区及美国考察总结报告，赴香港培训总结，出国文件汇编等。

1992年参加北京、南京计算机展示会材料，1994年举办微机展示会材料及《苏州日报》刊登的广告，举办苏州中小学生"扬子杯"电视大奖赛材料，《苏州日报》《姑苏晚报》刊载的"'扬子江'微机通过国家生产许可证换证复查"的消息。

各类证书及印章等。

会计凭证、工资单、各类账册、财务报表等。

苏州合成晶体材料厂

全宗号　K030

苏州合成晶体材料厂的前身是苏州电容器厂，始建于1962年12月。1977年5月，苏州电容器厂与苏州机械研究所的人造水晶小组合并，成立苏州合成晶体材料厂，为全民集体合营性质，隶属苏州市电子工业局，实行两块牌子、一套班子的管理体制，厂址为凤凰街150号。

1998年10月，划归苏州半导体总厂管理，法人地位不变。2000年11月，并入苏州机械控股（集团）公司。

馆藏苏州合成晶体材料厂档案3 722卷，排架长度89.33米，起止年为1960—2004年。其中：文书档案1 056卷，会计档案2 540卷，实物档案126卷。

本全宗档案可提供的检索工具为案卷目录，共11册。其中：文书档案6册，会计档案3册，实物档案2册。

主要内容：

厂务会议记录，商标使用备案表，企业代号证书，资产评估报告、审计报告，企业国有资产产权登记年度检查表，企业管理规章制度，整顿企业材料，列入重点企业等资料，企业改制立项报告、批复及市府有关文件，改制工作征询职工意向的公告，资产评估明细表及资产评估说明，企业关闭批复，土地划拨抄告单等。

苏州合成晶体材料厂建立电子手表总装厂的批复，电子手表转产专卷（1984年），组建六菱电子陶瓷厂的申报材料，六菱电子有限公司意见书、集体合同、协议书、备忘录、大事记等，六菱电子有限公司第一届董事会第一次会议记录，六菱电子有限公司公证书，六菱商业经营部法人代表委托书、年检报告书与经营协议书等，六菱电子有限公司2001年注销材料，合资四方营业执照、证明及董事会委派授权书，苏州凤凰商行基本情况，万达等"三产"公司的法人委托书等。

整党材料，总支委员会会议记录，职代会材料，工业学大庆交流会材料与总结，先进集体、先进个人名册等。

干部介绍信，工作调令，干部任免、职称评定等材料，专业技术职务任职资格的通知及花名册，职改工作总结，企业人员情况统计表，企业员工名册索引，《劳动手册》发放花名册，人事档案调档介绍信、通知单，职工工资审批表，职工调资审批汇总表，浮转标、浮转固名册，养老保险金的缴纳材料，职工社会保险缴费工资花名册，企业社会保险费结算情况表，企业离退休人员花名册，提高离退休人员待遇审批表、名册，职工与离退休人员缴存住房公积金核定表，养老金、职务津贴、退休费审批汇总表，职工失业证明书、档案转移保管登记表，职工办理协保的方案，协保人员劳动保障事务代理协议书、花名册，保留社保关系花名册，集体户口登记表等。

房屋普查表、公房普查表，关于土地使用的批复，企业

150号地块委托施工合同及补充协议,厂房屋租赁合同等。

赴日考察的邀请信。

会计凭证、工资单、各类账册、财务报表等。

苏州电表厂

全宗号　L001

1962年,地方国营苏州仪表厂第六车间的设备、产品划出,组建集体所有制的苏州继宇电工器材厂,定向生产开关板电流表,厂址为大儒巷6号。

1964年7月,苏州继宇电工器材厂更名为苏州电表厂,性质为集体所有制。1966年2月,电表厂上升为全民所有制企业,隶属苏州市机械工业局。

1978年,电表厂迁至虎丘路1号。1987年2月,苏州电表厂更名为"苏州空调设备厂"。

1996年8月,苏州空调设备厂被列为破产试点企业。

馆藏苏州电表厂档案6 001卷,排架长度144.02米,起止年为1963—1996年。其中:文书档案1 301卷,会计档案4 699卷,照片档案1卷。

本全宗档案可提供的检索工具为案卷目录,共7册。其中:文书档案2册,会计档案4册,照片档案1册。

主要内容：

厂志，大事记，企业概况，军工史，厂长办公会议记录，企业年检材料，工业普查表，关于实行联营体的批复（报告），关于苏州电表厂更名为苏州空调设备厂的请示、通知、报告，苏州空调设备厂破产工作裁定书、通知及破产后签名移交清单等。

党总支会议记录，党务工作会议记录，党员、干部年报和名册，职代会相关材料，成立团支部的批复，落实政策复查材料。

关于干部任免、离休的通知和批复，企业统计、经济、工程、卫生等专业职称人员评聘工作的通知，关于吸收录用国家干部、职工任职资格等通知，全厂职工花名册，职工调进调出介绍信及工资转移单，毕业生定级审批表、名册，职工增资花名册，职工辞职、劳动合同提前解除的审批决定，招工录取、退休、顶替花名册，职工离退休登记表，提高离退休人员待遇的名册，劳动工资年报，独生子女登记表。

CM-50单相窗式冷热两用空气调节器产品鉴定材料，电表技术标准，产品送展文件，窗式空调器业务往来文件及向巴基斯坦、广交会供货函件，《珠联》厂刊，《晨光》周刊，《江苏机械信息》《双增双节成果》专刊。

关于狮山路90号和虎丘路1#土地厂房调拨、转让的批复，关于房改工作的相关文件。

会计凭证、工资单、各类账册、财务报表等。

苏州仪表总厂

全宗号　L002

苏州仪表总厂由原苏州第二电表厂和苏州红旗电表厂合并而成。

苏州第二电表厂的前身是苏州延安电表厂。1970年7月，苏州金阊电表厂和延安电器五金厂合并，成立苏州延安电表厂，生产安装式系列电表。1979年末，苏州延安电表厂将生产"苏州牌"台钟部分划出，建立苏州钟厂。1981年，苏州延安电表厂更名为"苏州第二电表厂"，为集体所有制小型企业，隶属苏州市机械工业局。1982年，苏州第二电表厂迁至平江区大儒巷6号。1994年，搬迁至横塘镇。

苏州红旗电表厂的前身是苏州湖笔厂家用电度表生产车间。1973年4月，苏州湖笔厂将家用电度表生产车间划出，建立苏州红旗电表厂，工厂位于望星桥北堍18号，为集体所有制小型企业。1978年9月，苏州红旗电表厂划归苏州市机械工业局管理。1979年8月，苏州红旗电表厂在市郊苏福公路李家桥建立苏州知青电表元件厂。是年，苏州红旗电表厂开始搬迁至苏州知青电表元件厂厂区。1982年，苏州红旗电表厂和苏州知青电表元件厂合并。

1991年11月，苏州第二电表厂和苏州红旗电表厂合并成立苏州仪表总厂。2002年4月，苏州仪表总厂改制，改称

"苏州仪表总厂有限公司"。

馆藏苏州仪表总厂档案3 799卷，排架长度91.18米，起止年为1963—2002年。其中：文书档案1 162卷，会计档案2 637卷。

本全宗档案可提供的检索工具为案卷目录，共8册。其中：文书档案4册，会计档案4册。

主要内容：

苏州仪表总厂情况简介，大事记，税务商业登记申请，厂务会议记录，工厂管理制度，企业基本情况统计年报，外贸工作概况，厂徽的设计构思，关于建立煤气表厂、自动化成控设备厂、寒山空调设备厂的申请批复及机构设置材料，关于托管企业改制的批复报告、章程和董事会协议。

党务会议记录，党员花名册，党员调进调出组织关系介绍信，基层工会组织抽样调查表，职代会材料。

关于干部任免、职称评定的通知和批复，关于国家干部身份、机构调整的通知决定等，职称审批表，技术职称批复，技术人员登记表，中级专业职务统计表，高中级自然减员人员名单，职称改革验收证书、工作总结，职工调进调出介绍信，农合工报到通知单，职工工资转移证，徒工转正定级审批表，职工浮转标工资花名册，退休工人名册和子女顶替文书，职工除名、辞职的文书。

本厂多次向尼泊尔国家电力局供货的验收报告，本厂和中技公司签订的菲律宾电表供货合同，关于赴菲律宾办厂考察的请示批件、劳务协议、洽谈内容及合资情况汇报，关于赴孟加拉国的请示、批复及出国汇报总结，关于赴尼泊尔的请示、批复、劳务协议等材料，关于与菲律宾、泰国、厄瓜多尔、孟加拉国等国及国内外贸公司的商务往来文件等。

本厂1993年优惠售房审批表及买卖契约，房改售房审批表、契约，有关公房用水、出租公房的申请报告，房屋租赁合同，房屋出资助建名单，关于搬迁方案及费用预算的报告，关于支付房屋拆迁奖励费、管道煤气费等材料，关于住房出售的通知，出售公房审批表，职工住房分配资料记录、住房交换协议等。

会计凭证、工资单、各类账册、财务报表等。

苏州轴承厂

全宗号　L003

1958年11月，苏州滚珠轴承厂、苏州滚动轴承厂、苏州沧浪针轴厂三厂合并，组建成立苏州轴承厂，性质为全民所有制，位于仓米巷24号半园内。

1962年，苏州轴承厂改名为"苏州滚针厂"。1966年7月，组建苏州滚针轴承厂，为集体所有制企业，主产滚针轴承和长圆柱滚子轴承。

1970年3月，苏州滚针厂和苏州滚针轴承厂合并，恢复原名苏州轴承厂，性质为全民所有制，工厂迁至西园路

16号。

2003年11月,改制为苏州轴承厂有限公司。

馆藏苏州轴承厂档案11 966卷,排架长度287.18米,起止年为1966—2000年。其中:文书档案3 609卷,会计档案8 353卷,科技档案3卷,实物档案1卷。

本全宗档案可提供的检索工具为案卷目录,共12册。其中:文书档案4册,会计档案6册,科技档案1册,实物档案1册。

主要内容:

厂史,大事记,企业管理制度,厂长负责制材料,企业注册登记、更名、年检、批复等材料,商标使用许可证有关材料,关于商标转让、续展的申请、注册证明等材料,公司改制方案、章程、征求意见稿、协议书,公司改制、变更的批复、请示,董事会及股东大会的协议书,公司股权转让事宜,整体资产评估报告书、审计报告,成立城中分厂的批复、合资经营迁厂报告、联合生产公证书等材料,苏州轴承厂改制更名后保留自营进出口经营权的批复,机械局对苏州轴承厂的调查报告等。

党委会议记录等材料,党员干部花名册,党员调进调出登记表,职代会文件等。

干部聘用、招聘决定,干部调进调出介绍信,干部职称任职资格的决定,职称批复,干部退休审批表,干部身份改为工人身份材料,招工录用审批表,职工报到调配介绍信,职工花名册,职工增资花名册,工资标准补差花名册,职工离职的决定，离退休、调动、辞职名册，减员增效、下岗分流、劳动管理的方案、协议，下放人员名册，精简人员材料与回乡人员名单等。

学大庆简报、技术革新简报、增产节约简报，苏州轴承厂大庆式企业检查评比情况，苏州轴承厂获省优质产品和国家质量奖申请表，《轴承工业大事记》和《当代中国轴承工业》书稿，《苏轴报》。

与美国托林顿公司合作的相关材料，与越南胡志明市合作、参展的来往材料，与德国依纳轴承公司合资项目可行性研究报告及合资经营企业合同等。

建筑执照，房屋产权证，国有土地使用权登记证明（职工住宅），职工优惠购房审批表、房屋买卖契约等材料，关于房屋租赁、房屋整改的请示和协议等。

会计凭证、各类账册、财务报表等。

苏州铸造机械厂

全宗号　L004

苏州铸造机械厂的前身是地方国营苏州铁工厂。1959年，苏州铁工厂分出苏州重型机床厂。

1960年3月，苏州重型机床厂改名为"苏州铸造机械厂"（简称"铸机厂"）。1962年6月，铸机厂迁至阊胥路

119号。1963年3月，铸机厂内拉丝车间划出，组建集体所有制苏州胥江拉丝厂。1966年7月，铸机厂划出阀门产品部分，组建苏州第二阀门厂，铸机厂成为生产铸造机械的专业厂。

1988年7月，铸机厂、苏州铸造机械公司、机械电子部第四设计研究院、苏州机床厂等11家单位联合组建苏州四达铸造工程集团。

1995年，铸机厂、苏州高中压阀门厂、苏州机床厂等组建成万里集团。

2003年6月，万里集团整体改制，更名为"苏州铸造机械厂有限公司"。

馆藏苏州铸造机械厂档案7 774卷，排架长度186.58米，起止年为1958—2003年。其中：文书档案1 821卷，会计档案5 953卷。

本全宗档案可提供的检索工具为案卷目录，共9册。其中：文书档案3册，会计档案6册。

主要内容：

大事记，工厂基本情况，厂务会议记录，机构更名、设置、职责、资产经营、管理办法等材料，工厂规章制度汇编，企业标准批准书、工商企业税务登记证，法人年检报告书，商标印制管理办法，关于经营承包、企业改制的方案，企业承包经营责任书，企业审计报告、土地评估报告、房产评估报告等，"六五"项目情况、技术进步产品表、发展规划，"七五"国标规划、国有资产产权登记表，工厂改组文件、章程及资产调整报告等，厂庆三十周年材料。

厂党委会记录，党员、党组织年报，党员调入调出组织关系介绍信、存根，职代会工作报告、发言稿等材料，团委成立材料，文化节、黑板报展评材料等。

干部任免材料，干部调进调出介绍信存根，关于专业技术人员任职资格的通知及技师聘任办法，全厂职工名册、职工增资花名册，职工调配介绍信、报到通知单、录用通知书、工资转移单，回城知青报到通知单，军转干部恢复工资级别通知单，职工调出审批表，职工劳动关系转移单，职工解除合同材料，职工养老保险关系转移单，关于职工工资和粮油差价问题的材料，关于下放人员安置的材料等。

建厂占用道路许可证、协议书及征用土地协议和批复，土地评估报告，土地使用产权转让合同，出卖地块情况报告，基建合同书，基建年报，住宅竣工报告、房屋产权所有权申请材料，房产评估报告，房屋租赁协议书，房屋转让协议、食堂租赁协议，房改小结、房改审批、售房前补证材料，关于向职工优惠出售公房的请示办法，职工买房契约等。

现代化管理获奖成果名单及论文，《铸机书讯》《铸机科技报》《铸机简报》《劳动安全报》。

会计凭证、各类账册等。

苏州轻工电机厂

全宗号　L007

1959年8月，苏州市平江电工机械厂与平江电工仪器厂合并，组成苏州电工器材厂，性质为集体所有制。

1971年10月，苏州电工器材厂更名为"苏州轻工电机厂"。1978年10月，更名为"苏州轻工机械修配厂"。1981年2月，更名为"中国轻工业机械总公司苏州轻工电机厂"，厂址为苏福路杨家桥西。

1987年3月，更名为"苏州轻工电机总厂"。1996年6月，苏州轻工电机总厂整体划入苏州电扇总厂，与苏州厨房设备厂等一起成立市属苏州长城电扇集团股份有限公司。

馆藏苏州轻工电机厂档案4 155卷，排架长度99.72米，起止年为1959—2003年。其中：文书档案1 608卷，会计档案2 547卷。

本全宗档案可提供的检索工具为案卷目录，共7册。其中：文书档案3册，会计档案4册。

主要内容：

厂史，大事记，工厂成立大会文件，厂务会议记录，机构设置材料，企业法人年检报告书等，工厂规划、工作总结，企业管理条例及制度汇编，厂长负责制材料，厂长换届材料，厂长离任经营责任的审计报告，更改厂名的通知，改变隶属关系和设立门市部的批文，工业普查的报表、简报、总结和光荣册，固定资产统计材料等。

党总支会议记录，党员名册，党支部、工会工作总结。

干部名册、任免材料，干部调进调出介绍信，各类专业人员任职资格通知书、花名册及登记表，职称改革工作的计划、汇报，专业技术人员考核材料，职工报到通知单，劳动力调配介绍信，工资转移证，学徒转正定级审批表，职工调资升级名册，浮动工资转固定工资花名册，浮动工资升级纳入档案管理花名册，职工辞职报告的批复，职工退休审批表，职工养老保险转移单、解除劳动合同等材料，社保转移单，缴费年限核准表，职工养老保险费结算表，失业保险待遇核算表，档案转移保管登记表，市内流动养老金转移单和名单等。

与意大利扎努西公司代表团洽谈业务的有关文件，赴意大利技术经济考察计划，参加印度尼西亚雅加达工业展览会的报告与汇报、出国批件、费用核算表，办理赴日进修出国手续的通知，成立美国康明斯柴油发动机组装维修中心及调整注册资金的决定。

征用土地协议书，购买商品房报告，优惠出售公有住房的决定等。

会计凭证、各类账册、财务报表等。

苏州变压器厂

全宗号 L010

1969年1月，苏州变压器厂成立，性质为全民所有制。

1971年6月，迁至娄门大街1号。1979年12月，开始定向生产磁性调压器。

1998年，企业改制，改名为"苏州工业园区星洲变压器有限公司"。

馆藏苏州变压器厂档案6 035，排架长度144.84米，起止年为1969—2005年。其中：文书档案888卷，会计档案4 978卷，科技档案55卷，实物档案113卷，照片档案1卷。

本全宗档案可提供的检索工具为案卷目录，共11册，其中：文书档案3册，会计档案4册，科技档案1册，实物档案2册，照片档案1册。

主要内容：

厂史续编（1983—1985年），厂志，大事记，厂务会议记录，企业调查表，商标注册材料，法人年检报告书，岗位责任制材料，规章制度汇编，企业升级申报资料，生产厂房建设的报告和批复，企业内部承包合同书，关于变压器厂与电子设备厂合并的批复，市经贸委、机械控股公司关于苏州变压器厂局部改制、关闭歇业的批复等。

党支部批复等材料，支部会议记录，党员年报。

厂级和中层干部任免呈批报告，干部职称职务聘任决定，干部年报，全厂花名册，全员劳动合同制企业劳动合同书，《劳动手册》发放花名册，职工调进调出相关材料，企业职工工资转移证，职工浮动工资转标准工资花名册，职工自费增资花名册，职工调整结构工资花名册，职工岗位技能工资增资花名册，企业参保人员社会保险卡基本信息花名册，职工养老保险缴费花名册，职工医疗保险缴费工资总额名册，参保人员基本情况变更表，职工社保关系转移材料，职工参加社会保险人员增减表及养老结算单，苏州市企业社会保险费结算情况表，职工办理协保的相关材料，职工协保视同缴费年限核准表，职工医保异地就医审批表，企业下岗职工基本生活保障和再就业情况（基层表）等材料，终止、解除劳动合同补偿金发放清单，职工供养直系亲属花名册。

职工住房分配情况，住房补贴办法，出售公有住房审批表、明细表、买卖契约，单位房产证、土地证复印件等相关材料。

会计凭证、工资单、各类账册、财务报表等。

苏州砂轮厂

全宗号　L012

1955年5月，苏州克来砂轮厂和苏州克来电化厂合并。

同年6月，私营中汇茶厂并入。3家厂合并后，于7月迁至相门花园弄17号。

1955年10月，实行公私合营，更名为"公私合营克来砂轮厂"，注册商标"三圈牌"。1958年8月，工厂迁至胥门外枣市街153号。1966年，更名为"地方国营苏州砂轮厂"。

1978年6月，苏州第二砂轮厂建立，性质为集体所有制，隶属苏州砂轮厂，生产人造金刚石及其制品，以及为苏州砂轮厂生产碳化硅磨料，经济独立核算。1982年，苏州第二砂轮厂并入苏州砂轮厂。

1992年3月，苏州砂轮厂与香港麒麟湾有限公司合资成立苏州远东砂轮有限公司。2000年6月，苏州远东砂轮有限公司出资方将其全部股份共75%转让给苏州创元科技股份有限公司。2003年，企业转制。

2005年12月，苏州远东砂轮有限公司原投资方香港麒麟湾有限公司将其全部股份共25%转让给苏州电梯厂有限公司。苏州远东砂轮有限公司性质由苏港合资转为内资企业并增资，苏州创元科技股份有限公司占股89.43%，苏州电梯厂有限公司占股10.57%。企业新址为高新区浒墅关工业园31号和36号。

馆藏苏州砂轮厂档案3 458卷，排架长度82.99米，起止年为1956—2009年。其中：文书档案607卷，会计档案2 598卷，科技档案38卷，实物档案207卷，照片档案8卷。

本全宗档案可提供的检索工具为案卷目录，共12册。其中：文书档案3册，会计档案3册，科技档案1册，实物档案4册，照片档案1册。

主要内容：

厂史，大事记，厂级会议纪要，对外发文，企业机构演变情况汇编，企业历史沿革汇编，砂轮厂与合金材料厂的情况介绍，现代化管理工作调查表。

工艺操作规程，参展、订货会邀请书，重点用户情况调查表，用户来信来访材料。

干部评议表，职工文化普测材料，历届职代会材料汇编。

职工住宅报告、批复，施工执照、招标文件，职工住宅竣工验收材料，职工住房分配暂行规定，职工住房存根、住房使用凭证，房屋合同调配单存根等。

企业相关的证书、奖状、印章、荣誉奖等。

会计凭证、工资单、各类账册、财务报表等。

苏州电缆厂

全宗号 L013

1960年5月，从平江电工机械厂划出31人建立平江电线厂，性质为集体所有制，厂址为平江区颜家巷，主要生产4个规格的单股6平方毫米以下铜芯橡胶线。

1961年4月，平江电线厂上升为大集体企业。1966年2

月,再升为全民所有制。1968年8月,定名为苏州电线厂。

1970年,苏州电线厂迁至玻纤路6号。1973年,企业开始生产电缆线产品。

1987年5月,苏州电线厂增挂苏州电缆厂厂名。

1994年,新加坡Draka远东私人有限公司整体收购苏州电缆厂,苏州电缆厂改组为外商独资企业——苏州特雷卡电缆有限公司。主要生产电力电缆、阻燃电缆、耐火电缆、低烟无卤电缆、仪表、计算机电缆、控制电缆、橡胶电缆、船用电缆、电梯电缆、汽车电线、PVC布电缆等产品。

馆藏苏州电缆厂档案8 119卷,排架长度194.86米,起止年为1961—2010年。其中:文书档案1 441卷,会计档案6 521卷,科技档案153卷,实物档案3卷,照片档案1卷。

本全宗档案可提供的检索工具为案卷目录,共13册。其中:文书档案3册,会计档案7册,科技档案1册,实物档案1册,照片档案1册。

主要内容:

厂史、大事记、厂务会议记录、厂部照片、工作总结、组织机构情况、单位基础情况登记表、商标注册证、企业代号注册登记表、企业年检材料、变更税务登记表材料、企业概况和规划、岗位责任制材料、企业普查表、企业整顿大会发言稿、苏州电缆厂(苏州电磁线厂)物资移交清单和人员划分名单、规则制度汇编等。

提取企业基金审批书,质量控制(QC)小组获奖注册登记、成果发表汇总表等材料,《调整档案管理网信息简报》

《苏缆简报》。

干部、党员统计材料，党政干部任职批复，党支部、团支部批复，党员组织关系介绍信、干部介绍信，党支部会议记录，人民来信，落实政策复查报告，职代会材料等。

专业技术人员岗位规范，职工花名册，职工调动、工资转移材料，职工转正定级材料，职工增资方案审批表，职工增资花名册，职工浮动升级纳入档案管理审批表、花名册，知青生活补贴材料，独生子女登记表等。

住房分配请示报告、分房细则，职工房改房买卖契约，职工住房材料等。

会计凭证、工资单、各类账册、财务报表等。

苏州开关厂

全宗号　L014

1959年4月，苏州电气公司发电厂机修车间划出，独立建制并改名为"苏州开关厂"，性质为全民所有制。1960年2月，苏州开关厂迁至留园马路58号。

1992年9月，苏州开关厂与法国GEC阿尔斯通开关有限公司合资，成立苏州通用电气阿尔斯通开关有限公司。1998年6月，苏州通用电气阿尔斯通开关有限公司更名为"苏州阿尔斯通（法国）股份有限公司"，合资公司更名为

"苏州阿尔斯通开关有限公司"。

2002年11月,与法国GEC阿尔斯通开关有限公司再次合资,建立苏州阿尔斯通高压电气开关有限公司。2003年11月,苏州阿尔斯通开关有限公司和苏州阿尔斯通高压电气开关有限公司迁至苏州高新区金枫路285号。

2004年3月,苏州阿尔斯通开关有限公司和苏州阿尔斯通高压电气开关有限公司分别更名为"苏州阿海珐开关有限公司"和"苏州阿海珐高压电气开关有限公司"。

馆藏苏州开关厂档案3 764卷,排架长度90.34米,起止年为1959—2009年。其中:文书档案1 505卷,会计档案2 259卷。

本全宗档案可提供的检索工具为案卷目录,共5册。其中:文书档案3册,会计档案2册。

主要内容:

厂史,厂志,大事记,厂务会议纪要,厂部工作总结,申请商标注册报告,工商企业登记事项年检书,启用新印章材料,使用产品商标、组织机构变更的批复,商标验证、法人变更的申请等材料,企业基本情况调查材料,工业普查材料,历年生产演变材料,企业整顿工作材料及验收情况登记表,清产核资报表和国有投资企业资产年报,股权转让工作的协议,董事会决议,企业管理制度、责任制度,企业情况、产品设计、技术开发等材料,建厂三十周年庆材料。

产品样品汇编,生产新品计划,技术设备项目的申请批文及确认材料,创省、市质量管理奖的决定等材料,1990年国际企业管理第一届研讨会交流论文等。

党委会、党总支会议记录，党员组织年报，党员干部调动介绍信，职代会的报告决议，群众来信来访的信件，《苏州通讯》，团刊、厂报、"双增双节"简报。

干部任免材料，干部履历表，"以工代干"人员转干证明材料抄件，全民所有制单位科学技术人员普查登记表，技术职称套改复查表及花名册，干部职称评审的决定，职工调进调出审批单，工人调配介绍信，毕业生分配录取通知，工作人员登记表，工资调整方案，增资花名册，浮动工资转固定工资花名册，复原退伍军人工资待遇审批表，插队知青工龄计算花名册，定员定编工作的情况调查汇总及定编花名册，职工养老保险缴费记录花名册，职工解除劳动合同的相关材料，苏州市创元集团公司关于集体合同、工资及人员任命的意见和批复。

关于土地使用权转让的申请决定，鸳鸯楼住宅产权转让工作的申请协议，住宅土地登记等材料，出售公有住房审批表、明细表、契约，调整房改政策、取消福利分房材料，职工住宅方面的材料。

关于出国考察投标的报告及批复，赴美参展报告等。

会计凭证、工资单、各类账册、财务报表等。

苏州庆丰仪表厂

全宗号　L016

1960年3月,苏州庆丰仪表厂成立,厂址为南门东二路5号,隶属苏州市机械局,为全民所有制小型企业。是年6月,光明电镀厂、交通仪表厂并入。

1961年初,时代仪表厂并入。同年5月,电镀车间划出,恢复光明电镀厂。

1962年,苏州庆丰仪表厂专业生产农机仪表。20世纪70年代后,开始生产工业压力表。

1999年7月,苏州庆丰仪表厂改制为独立法人的有限责任公司。

馆藏苏州庆丰仪表厂档案6 125卷,排架长度147米,起止年为1965—2004年。其中:文书档案2 007卷,会计档案3 767卷,科技档案93卷,实物档案241卷,照片档案17卷。

本全宗档案可提供的检索工具为案卷目录,共16册。其中:文书档案3册,会计档案3册,科技档案3册,实物档案6册,照片档案1册。

主要内容:

厂志、大事记、厂部会议记录、工作总结、企业登记材料、年检报告、开业申请材料、注册商标申请书、税务登记表，国有资产产权登记表，企业基本情况历年统计表，历年基础数据汇编，机构沿革汇编，规章制度汇编，产品简介汇编，"双革四新"科研成果汇编，设备材料汇编，企业资产评估委托书、立项审批、认定、报告书等材料，企业改制方案的决议及可行性分析报告，创元集团企业情况调查材料专项审查报告书、催缴税款通知书、企业财务损益预测表等材料，申请关闭歇业的报告，改制单位档案处置情况表等材料。

党员、党组织基本情况表，党支部会议记录，历届职代会情况汇编，党员组织关系介绍信存根，市学习毛主席著作积极分子代表大会文件，迎"三八"职工文化节材料，《光荣册》，团刊，厂刊《醒狮报》（1—12期）。

干部任免批复，干部档案调动文书，工程系列高、中级技术职务简介表，职称改革材料汇编，企业职工基本情况表，职工花名册，精简职工材料，下放职工情况表，拟招工人、干部子女花名册，调出职工档案存根、介绍信，工资转移证，职工调资花名册，浮动工资标准补差规定及名册，历年工资改革汇编，苏州市劳动合同制工人卡片，劳动合同书，解除劳动合同文件，职工养老保险缴费花名册，医疗保险参保职工缴费总额名册，企业社会保险结算情况表、花名册，下岗人员花名册，失业职工登记表、职工失业证明存根，退休人员名单，内退人员情况表，住房公积金汇缴清册等。

1965年新产品试制业务往来信，1970年机电工业局情况简报，质量控制（QC）成果汇编，产品在行业内获奖的奖状、照片、底片。

征地文件及厂区、厂房总平面图，厂区土地、建筑基本情况统计表和图纸等材料，基建工程材料汇编、生产科研材料联合汇编，土地房屋面积计算表、城镇住房情况分户普查表，房屋分配情况材料，职工售房材料，出售公有住房明细表、花名册、缴款和退款等材料，职工换房协议书、房屋有偿出让的报告，国有土地资产评估申请审批表，土地估价报告等。

会计凭证、工资单、各类账册、财务报表等。

苏州电机厂

全宗号　L018

1958年5月，苏州电机厂成立，是由苏州电气公司发电厂检修车间和电力供管所修试场合并建立的小型企业。是年6月，江南动力厂电修车间、红专工厂（部分）、金闾电器合作小组并入。

1959年，苏州水电安装生产合作社、公私合营宇宙电机厂（部分）并入。是年4月，苏州电机厂划为市属全民所有制企业。同年，迁至胥门枣市桥南堍。1960年8月，原宇宙电机厂人员与设备划出。

1962年7月，苏州电机厂更名为"苏州电机修配厂"。1965年1月，并入苏州无线电厂。1965年，恢复"苏州电机厂"原名和建制。

1966年4月，从苏州电机厂划出微电机车间，成立苏州电讯电机厂。是年年底，苏州电机厂由胥江路54号迁至盘门路235号新厂区。

20世纪90年代，生产变频电机控制器，并划出专门车间，独立核算，直属于厂部。

1994年后，市场竞争激烈，企业只能划小核算单位，维持生计。

1998年，部分小单位转制后迁出。1999年，厂房全部出租，以物业管理维持生计。

馆藏苏州电机厂档案6 104卷，排架长度146.50米，起止年为1958—2007年。其中：文书档案2 218卷，会计档案3 757卷，实物档案110卷，照片档案19卷。

本全宗档案可提供的检索工具为案卷目录，共17册。其中：文书档案6册，会计档案4册，实物档案5册，照片档案2册。

主要内容：

企业概况，厂志，大事记，工作总结，厂领导讲话材料，商标注册证，企业法人登记名称变更申请及企业法人年检报告书，规章制度汇编，工业学大庆简报，大庆式企业复查汇总表，整改工作报告，1991—1995年技改五年规划，机构演变简要索引，苏州市中院关于苏州电机厂破产的民事裁定书，破产清算组资产评估报告、清算审计报告，破产报告，债权会议资料、协议，会计档案销毁清册，档案移交清单，《电机简讯》。

总支组织批复，总支会议记录，党委会会议记录，党员干部任免材料，党员关系介绍信，党课教材，职代会材料，电台广播稿，全厂活动安排简报。

精简下放职工个人材料，下乡知青插队期间工龄计算审批表及花名册，城镇下放老居民户籍证明及相关材料，征用土地人员的相关材料及花名册，部队家属职工的材料，吸收录用国家干部及职称任职材料，特种营业行业职工花名册，职工的学历证明（毕业证原件），《劳动手册》，人事考绩档案材料，劳动合同，职工调资升级花名册，工资调查专卷（计划、总结、名单），企业工资制度改革材料，职工养老保险缴费记录花名册，企业退休人员基本养老金待遇审批情况表，养老保险转移单，下岗分流相关材料等。

电机工艺守则，新产品试制工作总结，质量控制（QC）成果材料，质量管理手册（班组建设）。

赴泰国考察的申请、批复、汇报，赴日研修的请示、批复及誓约书等。

房产证与平面图，基建、房屋普查材料，房屋所有权证和国有土地使用权登记证明，公司土地使用权出让申请、合同，职工购买公有住房的相关材料，出售公有住房的明细表、审批表、协议及报告，在新区购买土地、建立分公司的报告、批复。

产品类照片，党群、基建、行政（外事）、经营、生产、科研等各类照片，各类会议、签字仪式及操作大赛照片等。

会计凭证、工资单、各类账册、财务报表等。

苏州起重机械厂

全宗号　L019

1972年3月，苏州起重机械厂成立，是在苏州化工机械厂有关车间基础上建立起来的全民所有制小型企业，厂址为西园路6号，隶属苏州市机械工业局。1985年7月，以苏州起重机械厂为主体厂，由常熟工程机械厂等8家成员厂、常熟淼泉机械厂等3家协作厂联合组成苏州起重机械公司，属全民与集体、城市与农村相结合的生产联合体，各个成员厂原隶属关系、所有制性质不变。

2000年7月，苏州起重机械厂改制。

馆藏苏州起重机械厂档案13 517卷，排架长度324.41米，起止年为1956—2006年。其中：文书档案4 618卷，会计档案8 784卷，科技档案93卷，实物档案22卷。

本全宗档案可提供的检索工具为案卷目录，共16册。其中：文书档案4册，会计档案9册，科技档案1册，实物档案2册。

主要内容：

企业简介，大事记，工厂原始记录资料汇编，会议记录，工厂管理制度，企业营业执照、商标注册证，企业登记证，法人年检及印鉴留底材料，注册商标情况核实调查表，启用新印章的通知，领导机构精简的通知，机构编制精简情况统计表，体制改革、机构调整、企业升级申报等材料，厂部岗位责任制、经济责任制材料，民主管理情况汇报，企业全面整顿材料，企业合并材料，苏州通用机器厂年度工作总结，苏州起重机械厂（苏州化工机械厂）各项工作总结汇报与基本情况。

技术引进、技术改造规划报告等，工作标准资料汇编，支农总结，1975年工业学大庆会议文件和资料，厂际联赛工作情况介绍，出席苏州市机械工业局生产誓师会上的发言材料，报纸剪贴材料，《厂内简讯》《企管通讯》《求新与交流》《宝钢任务简报》《起重简报》《宝钢简讯》《明镜》《苏起信息》。

党员介绍信存根，党委会议记录，职代会材料，苏州起重机械厂（苏州化工机械厂）共产党员证明信，职工文化节40周年游艺活动材料，学雷锋小组材料，团刊《三原色》。

干部调动存根，干部情况审批表，先进集体、先进个人事迹，档案材料转递通知，职工花名册，职工介绍信和工资转移单，职工情况登记表、职工对调相关材料、下放农村人员档案转移清单、工资调整呈批表等材料，职工增资花名册，浮动工资升级纳入档案管理花名册，劳动合同书，社保、医保相关材料，企业职工计算缴存住房补贴工资基数核定表，住房公积金汇缴清册，转为国家干部与各类专业技术干部花名册，苏州锅炉厂职工介绍信和工资转移证，苏州第二机床厂干部任命材料。

翻移建职工住宅项目的批复，职工住房分配协议书。

出国人员的报告、批复、出国总结，经济技术合作项目洽谈简介，接待美国海斯物公司的文件，与日本北都铁工株式会社经济技术合作意向书，与日本北都铁工株式会社的往来传真等。

会计凭证、工资单、各类账册、财务报表等。

苏州净化设备厂

全宗号　L020

1970年4月，苏州金属轧制厂的新产品车间60名职工划出，在虎丘路1号筹建苏州无线电专用设备厂。1980年8月，苏州无线电专用设备厂改名为"苏州净化设备厂"。

1994年6月，以苏州净化设备厂为核心，组建苏州苏净集团公司，隶属苏州市电子工业局。1996年3月，苏州电子计算机厂和苏州电讯电机厂划入苏州苏净集团公司。

1997年8月，苏州苏净集团公司改组为苏州电子控股（集团）有限公司的全资子公司（国有独资公司），定名为"江苏苏净集团有限公司"，主要产品有空气净化产品、水处理设备、气体纯化产品、净化中央空调器等系列。

馆藏苏州净化设备厂档案 4 704 卷，排架长度 112.9 米，起止年为 1969—1999 年。其中：文书档案 830 卷，会计档案 3 874 卷。

本全宗档案可提供的检索工具为案卷目录，共 8 册。其中：文书档案 3 册，会计档案 5 册。

主要内容：

大事记，厂办公室会议记录，机构演变登记表，企业法人营业执照、固定资产产权登记、年检报告书、注册书、商标注册证等材料，医疗注册书，企业内部承包合同，更改厂名的通知，新建苏州无线电专用设备厂的批复，建立苏州无线电专用设备二厂的通知，成立苏州苏净集团公司的批复及附件，安达公司营业执照、章程、年检报告书等材料，苏州苏净集团公司更名为"江苏苏净集团有限公司"的请示、批复等，加入东风汽车涂装设备集团的申请，中外合资可行性报告、合同、章程，中日合资安泰公司合同、章程等。

申请省级先进企业及考评结论材料，升国家二级企业相关资料，1983 年国家质量奖申请表，荣获部级优质产品的通报，江苏省名牌产品的公布决定，引进技术资料汇编，档案工作基本情况登记表。

党员介绍信，苏州苏净集团公司首届职代会材料，模范职工之家登记表等。

人才预测材料，吸收录用国家干部、公布任职资格评审结果等材料，干部名册，职工调配介绍信、工资转移单、调整工资批复及名册，工资改革、增资方面的意见，职工增资花名册，职工奖励材料。

厂区房屋普查材料，优惠出售公房的批复、申请，新建电梯井道的报告等。

会计凭证、工资单、各类账册、财务报表等。

苏州第三光学仪器厂

全宗号　L021

1966年7月，苏州第三光学仪器厂成立，以研制测绘光学仪器为主，厂址为大石头巷24号，隶属苏州市机械工业局，为集体所有制小型企业。

1978年，成立厂属光电机械研究所。1983年，与苏州机床厂联营。1985年，与苏州试验仪器厂组成半紧密产销联营企业，统一生产经营，实行两块牌子，分别核算。1988年8月，与苏州机床厂解除联营。

1989年5月，苏州第三光学仪器厂与香港大同机械国际有限公司合资，成立苏州三光电加工有限公司。1994年5月，日本沙迪克株式会社参股，组成苏州、日本、中国香港合资经营的苏州沙迪克机电有限公司，地址为运河路47号。1995年11月，成立苏州三光集团。2003年8月，苏州三光集团改制为苏州三光集团有限公司。

馆藏苏州第三光学仪器厂档案6 051卷,排架长度145.22米,起止年为1966—2002年。其中:文书档案863卷,会计档案5 188卷。

本全宗档案可提供的检索工具为案卷目录,共11册。其中:文书档案5册,会计档案6册。

主要内容:

大事记,厂务会议记录,工作计划,工作总结,税务登记、商标注册登记材料,合同章程的批复及委派书,企业管理制度,审计报告,工业普查材料,企业代号更改申请表,调整机构职能及名称的决定,土地转让协议,股权转让的批复,下属企业董事会纪要及机构设置等情况的通知,苏州沙迪克特种设备有限公司成立材料(含借款协议与验资报告),红太阳广告商务印刷中心合同、章程、协议书,与中国康华电子公司合资的资料。

党员年报,党员花名册,党支部会议记录,党组织建制及职务任免通知,首届一次工会会员代表大会专卷,首届员工代表大会文件及汇编,外单位给本厂的表扬信。

人事任免的决定,干部名册,职工调进调出介绍信,职称人事聘任通知,职工花名册,职工增资花名册,浮动工资实施方案,临时工合同,养老保险检查报告,养老金审批表,从业人员基本情况、劳动报酬、劳动工资、专技人员情况年报。

国优产品质量抽查汇报,江苏省先进技术企业申请书,江苏省机械工业技术进步奖获奖材料,朱镕基副总理视察情况汇报。

赴外展览的来文，出国人员的报告及批复，与日本沙迪克株式会社关于商标的备忘录，马来西亚十台宝市成立宝立有限公司的董事会决议、可行性报告等材料，赴波兰、马来西亚、日本进行技术培训及售后服务考察的请示等材料，赴马来西亚和泰国参加董事会和售后服务的请示、报告、批复、总结，赴越南和马来西亚考察的请示、批复、证明，赴日本参加董事会的请示、批复，赴美国参加芝加哥机床博览会的请示等。

住房分配材料，房屋租赁协议，出售公有住房的报告批示。

会计凭证、工资单、各类账册、财务报表等。

苏州仪表元件厂

全宗号　L022

1958年4月，苏州平江电讯仪表厂成立。1959年，更名为"苏州热工仪表厂"。1963年4月，更名为"苏州仪表元件厂"，厂址为养育巷99号，为全民所有制性质小型企业，隶属第一机械工业部仪表局。

1970年，下放苏州地方管理，由苏州市机械工业局管辖。2003年10月，苏州仪表元件厂改制为民营企业。

馆藏苏州仪表元件厂档案 7 475 卷,排架长度 179.4 米,起止年为 1983—2002 年。其中:文书档案 1 552 卷,会计档案 5 923 卷。

本全宗档案可提供的检索工具为案卷目录,共 12 册。其中:文书档案 3 册,会计档案 9 册。

主要内容:

企业概况,大事记,法人年检报告书,专题会议记录、厂务会议记录,"六五"项目进展材料,"七五"规划,"七五"基建技改计划编制材料,企业工作情况汇报、章程,企业目标书,企业升级资料,企业改制、国有资产管理及企业名称变更材料,厂域名注册合同、合作协议书,苏州仪表元件厂成为中国中小企业国际合作协会会员批准书,苏州仪表电镀厂部分厂房划给苏州仪表元件厂的批复,《仪元报》《苏州仪表元件厂简报》等。

中外合资苏州 KHS(凯旋)机电元件有限公司合同、章程、项目建议书,中外合资苏州松下通信工业有限公司项目建议书的报告、协议书、情况表,中日合资苏州松下通信工业有限公司章程,与法国摩尔斯公司合资项目报告,申请加入中国西联自动化仪表工业公司的报告,关于北美微电子和软件有限公司的筹备和审批情况报告。

党员年报、花名册,党组织换届改选材料,职代会资料汇编。

人才预测调查材料,干部任免材料,科技职称批复,1962 年精简人员花名册,职工名册、职工调进调出介绍信、工资调配介绍信、工资转移证等材料，职工浮转固、工效挂钩、劳动制度改革的批复，职工养老保险缴费花名册，合同制工人《劳动手册》发放花名册、失业登记表、调配函，劳动合同鉴证花名册，解除劳动合同证明，职工转移单位联系表，个人应聘意向书，社保关系、失业保险待遇及移交手续材料，模范事迹名册。

赴联邦德国考察汇报材料，赴日本访问、考察工作的通知等文件，赴菲律宾参展的请示、批复等。

职工优惠购房证明、报告、登记表、审批表，市区优惠住房买卖契约等材料，职工购房房屋所有权证及房屋平面图，职工国有土地使用证登记证明，职工住房优惠、换购及房改售房买卖契约等材料，厂房改调整方案、住房分配的意见和通知等。

会计凭证、工资单、各类账册、财务报表等。

苏州机床电器厂

全宗号　L026

1966年7月，苏州市机械工业局将华通胶木电器厂的机床电器部分划出，由苏州市机械工业局拨款，在平门平四路组建苏州机床电器厂，隶属苏州市机械工业局，为集体所有制小型企业。

1967年4月，新厂房竣工，厂址为龙兴桥46号，生产接线端子等电器配套产品。是年8月，苏州电器三厂并入。

1994年6月，与德国公司合资建立苏州西门子电器有限公司。

2002年9月，苏州机床电器厂改制。

馆藏苏州机床电器厂档案11 482卷，排架长度275.57米，起止年为1972—2002年。其中：文书档案1 977卷，会计档案8 973卷，科技档案520卷，实物档案12卷。

本全宗档案可提供的检索工具为案卷目录，共20册。其中：文书档案6册，会计档案9册，科技档案4册，实物档案1册。

主要内容：

厂史，大事记，厂发展概况（1966—1981），企业基本情况表，厂报，厂部会议记录，企业代号注册登记表的报告及批复，商标、营业执照，法人登记注册书，企业管理制度，年度方针目标总结，远景发展规划及近三年发展规划，厂长承包合同书，先进企业优秀厂领导推荐材料，1986年厂庆讲话材料、来宾名单、展览会照片。

苏州电器厂、苏州第三铸造机械厂联合更改厂名的报告批复及机构设置的决定，苏州电器总厂资产评估报告，中佳电器公司批复、章程、协议、合同书，组建城南分厂的批复总结，成立"华茂电器有限公司"的可行性报告、章程、协议书、资产评估报告、改制鉴证报告书、资产评估明细表，苏州机床电器厂有限公司（筹）验资报告，关于企业更名后厂级领导职务相应更名的通知等。

TDGC工型小批试制鉴定书及工艺发展规划，引进生产技术关键设备项目建议书批复，晋升省级先进企业的批复和申报材料，二级企业批复证书，机床工具工业协会会员证书，中外合作指南征编材料，获"最佳科技档案"项目的通报、申报表，档案工作的总结考核材料，原机械部部长来厂视察材料，建立厂报编委会材料，《厂报》《厂刊》《团刊》《工厂管理制度》《企业管理制度》。

党员、党组织年报，党员干部调动审批表、介绍信，机床厂（电器厂）（延安电器厂）党员大会记录，首届职代会材料，部分职工演讲材料。

机构设置及干部任免材料，专业职务职称评定的通知，职工调进调出介绍信及工资转移单，工资改革方案、机构调查材料，调整工资花名册，企业工资浮转标审批表、实施意见、改革工资标准花名册汇总表，干部离休的申请、批复，退职休养安置规定方案，职工解除合同材料、养老保险材料，在职职工《劳动手册》发放花名册，1961—1965年城镇下放老居民"户粮"工作花名册、总结等材料，职工"农转非"材料，精简退职老职工登记表，独生子女证名单。

应邀赴香港、澳门考察的请示、批复等材料，赴德国考察的批复、请示、总结，赴美培训的批件、请示、总结，赴日本和我国香港进行工业技术考核、推销产品、洽谈业务的批件等材料。

出售公有住房审批表、契约书、房产土地表，房屋所有权证、国有土地使用权证，城南分厂平面图（复印件），房改情况年报表，落实私房政策情况报告等。

会计凭证、工资单、各类账册、财务报表等。

苏州电力电容器厂

全宗号　L027

苏州电力电容器厂的前身是平江区街道赛璐珞生产自救小组，成立于 1956 年 10 月。

1975 年 8 月，定名为"苏州电力电容器厂"，厂址为白塔东路 26 号，定点生产电力电容器。

2000 年 5 月，苏州电力电容器厂整体改制，组建苏州电力电容器厂有限责任公司。

馆藏苏州电力电容器厂档案 2 907 卷，排架长度 69.77 米，起止年为 1959—2002 年。其中：文书档案 838 卷，会计档案 2 069 卷。

本全宗档案可提供的检索工具为案卷目录，共 5 册。其中：文书档案 3 册，会计档案 2 册。

主要内容：

大事记，企业基本情况，厂办公会议记录，工作计划、工作总结，企业登记执照，企业法人年检、申报变更、登记注册书等材料，产品商标注册证及行业评比总结，社会福利企业换证及福利企业年检报告等材料，企业管理制度及单位责任制材料，审计报告，方针目标管理展开图，实行厂长负责制任期目标基本设定计划，企业内部承包合同书，联营协议书，"八五""九五"技术改造规划及涉外接待表，深入企业改革的方案，更改厂名的批复，庆祝建厂30周年活动材料，《苏容简报》。

标准化工作计划、总结，新品试制材料，全面质量管理计划及成果发表经验介绍，质量工作汇报材料，评奖材料，"工艺突破"材料，全国电力电容器行业第二届评比颁奖大会材料。

党总支会议记录，党员年报，整党工作会议记录及情况汇总，工会等任免批复，职代会材料。

党政干部职务任免通知，落实知识分子政策验收材料，干部调动介绍信，干部年报及毕业生分配报告，职工调动介绍信，1961—1965年精简退职工花名册和职工登记表，劳动管理制度，企业工资标准、调整工资类别的通知，劳资统计年报，企业工资制度改革材料、职工增资审批单，职工考核晋级（提高起点标准）花名册，职工浮转标工资报告方案、审批表及花名册，职工养老保险缴费记录花名册，企业参加基本养老保险人员基本情况，离岗休养内退补充规定，养老金审批表，社会保险关系转移名单，解除劳动合同证明材料。

征用土地情况，购房合同，公有土地面积分摊协议书等。

会计凭证、工资单、各类账册、财务报表等。

苏州电扇厂

全宗号 L030

1970年3月，宇宙电机厂和苏州灯泡厂、东风水泵社、延安排风社、东风动力机电社合并，在桃花坞大街89号成立苏州电扇厂。

1993年10月，苏州电扇厂改制为江苏省长城电器集团股份有限公司，产品以"长城牌"为注册商标。1996年6月，组建苏州长城集团有限公司。

1998年12月底，苏州长城集团有限公司及4家托管企业交由苏州市机械控股（集团）公司托管经营。1999年，注册建立苏州长城机电工业有限责任公司，继续产销"长城牌"电扇和小家电。

馆藏苏州电扇厂档案21 331，排架长度511.94米，起止年为1970—2011年。其中：文书档案3 369卷，会计档案15 089卷，科技档案1 721卷，实物档案1 092卷，照片档案57卷，底片档案3卷。

本全宗档案可提供的检索工具为案卷目录，共59册。其中：文书档案6册，会计档案37册，科技档案4册，实物档案9册，照片档案2册，底片档案1册。

主要内容：

厂史，历年组织机构、沿革情况汇编，内部机构成立和更名的批复、报告及章程，注册商标登记和上级批复材料，工作报告，会议发言材料，总结汇报材料，企业管理规章制度、产品质量管理制度、安全生产制度、会议记录，合同、协议书，经济责任制总体方案、考核办法、企业章程、方针目标、发展规划等材料，企业整顿材料，资产评估报告书，公司更名材料，长城电器集团公司董事会全体会议及基本情况汇报，申请列入国家重点企业的调查表及报告，创国家一级企业的报告、企业申报表及附件材料，发行融资债券的协议书、报告、章程。

低熔点合金模具试制材料，1992年新品评估展汇编，产品技术鉴定汇编，车窗设备汇编，质量认证有关资料，实施"长城"名牌战略的思想纲要，"长城牌"产品商标卡，"长城牌"电扇产品鉴定会材料，企业关于驰名商标的参选公告，对"长城牌"商标处理意见的报告、协议等，表彰"金牛奖""金马奖"的通知及名单。

公司党委组织史材料，党员组织关系和干部介绍信，党员干部年报、支部总结及会议记录，整党工作的计划汇报，工会工作计划及交流材料，工会年报、年刊，工会颁发的光荣册，团员组织关系介绍信，首届职代会材料，思想政治工作研究会及宣传工作材料，苏州市劳模事迹材料，厂级标兵事迹及登记表，表彰新长征突击手、十大杰出青年、先进职教工作者的决定，先进人物材料，《整党简报》刊物，团委《长城青年》刊物。

干部吸收录用及调进调出的批复、名册等材料，技术干部职称材料，职工花名册，调入职工花名册，调资工作专题材料，职工社保缴费基数花名册，最低生活保障、养老金缴费比例的通知，职工自动辞职的决定，职工入股发行股票的报告，超产奖励方案，奖金分配方案，档案移交花名册，知青户口迁回城市转为大集体户口材料，享受回国定居专家津贴的审批表，独生子女登记表。

创办《长城电器报》的请批报告，健全《长城电器报》组织机构及专职办报人员的决定，办好《长城电器报》和评选好新闻、好作品的决定，"奉献在长城"系列活动的通知稿件，电视专题片解说词，报告会、经验会交流材料，电台录音稿，各媒体报道材料，企业报宣传工作要点及获奖通知、贺信，《电扇工人》《电扇通讯》《长城电扇工人特刊》《长城电器报》《大战简讯》《年鉴》。

涉外接待材料，派员赴捷克、意大利等国推销、考察、参展的请示等。

征土报告、批复、协议书，总厂房屋情况分幢普查表，航西新村房屋普查表，彩香新村房屋分幢分户普查表，保健路车间配电间图纸，2#厂区平面图、3#厂区平面图，吊扇分厂厂区平面图，电扇总装车间竣工验收材料及证书，新胜街房屋修理材料，动力布线图。

苏州电扇厂建厂、搬迁等照片，各阶段获奖证书及牌匾、奖牌、锦旗等，"长城牌"取暖器，艺术名牌盒等。

会计凭证、工资单、各类账册、财务报表等。

苏州动力机器厂

全宗号　L031

1956年，公私合营苏州农业药械厂成立，主产喷雾器。

1959年11月，改为地方国营苏州动力机器厂，厂址为留园马路66号，系全民所有制企业。

1996年1月，苏州黑猫集团公司托管苏州动力机器厂。

馆藏苏州动力机器厂档案5 940卷，排架长度142.56米，起止年为1952—2013年。其中：文书档案3 646卷，会计档案2 266卷，实物档案28卷。

本全宗可提供的检索工具为案卷目录，共7册。其中：文书档案4册，会计档案2册，实物档案1册。

主要内容：

厂志，大事记，厂务会议记录，营业执照，商标注册证、注册商标验收登记表、商标使用备案表，产权登记年检审核表，国有资产产权登记表，企业管理制度、质量分析制度等各种制度汇编，省机械厅、市机械局确认苏州动力机器厂为中型企业的批复，厂长离任审计报告，资产评估明细表，困难企业减免、缓交各种税的申请，企业遗留问题的报告。

党员、干部统计表，党委会会议记录，整顿党的基层组织意见，工会、团委主办发行的简报，1970年度工会学习新党章记录和体会，团工作室宣传资料，政工简报，"上山下乡"简报。

干部任免及机构设置材料，干部工作日记（备忘录），20世纪60年代下放职工"农转非"户粮工作调查取证材料，劳动力调配介绍信和工资转移证、人事调动报告，子女顶替审批表、企业工资改革职工调资花名册，《劳动手册》发放花名册，临时工契约书，职工养老保险缴费花名册，企业退休人员基本养老金待遇审批情况表。

165F汽油机技术改造规划、技术鉴定证书，太湖-TH50型轻便摩托车、"飞人牌"SD-50型汽油发动机、16F-ⅡA型汽油机质量管理点及产品工作图样的基本要求补充规定，新产品试制报告，荣获国家和部、省质量奖名册，1971—1973年电台、报刊录用的新闻报道等，《动力报》《俱乐部》合订本等。

房屋所有权证、厂房土地证，厂房规划图，小木梳巷6号产权变更合约，市住房制度改革基本情况调查测算户表，职工住房买卖契约表，土地管辖权变更文件。

会计凭证、工资单、各类账册、财务报表等。

苏州照相机厂

全宗号　L036

苏州照相机厂的前身是苏州电信机械厂。

1970年，苏州建华木材包装厂、苏州电器四厂、苏州皮件一厂先后合并成立了苏州电信机械厂。1974年10月，苏州电信机械厂改名为"苏州照相机厂"，苏州第二光学仪器厂改名为"苏州照相机二厂"。

1975年9月，苏州照相机厂从下津桥搬迁到虎丘山麓。

1978年4月，苏州照相机厂与苏州照相机二厂合并，实行一套领导班子、两块牌子的管理体制。同年，苏州照相机二厂（除光学车间外）从中张家巷搬迁到虎丘山麓苏州照相机厂内。

1981年3月，苏州仪表元件厂快门车间并入苏州照相机厂。1982年4月，苏州照相机二厂光学车间从中张家巷搬迁到虎丘山麓苏州照相机厂的光学大楼。

1986年11月，苏州照相机厂改名为"苏州照相机总厂"，建立以苏州照相机总厂为主体的跨地区的经济联合体。该经济联合体由苏州机电元件厂等13个成员厂组成，性质为全民与集体联合企业，所属成员厂的原经济性质不变，隶属关系不变。

1992年下半年，苏州照相机总厂通过合作合资方式，组建苏州依俐法照相机有限公司。

馆藏苏州照相机厂档案3 181卷，排架长度76.34米，起止年为1960—2013年。其中：文书档案1 386卷，会计档案1 783卷，科技档案1卷，实物档案11卷。

本全宗可提供的检索工具为案卷目录，共7册。其中：文书档案3册，会计档案2册，科技档案1册，实物档案1册。

主要内容：

厂志，大事记，企业大事汇编（1986—1992年），厂部会议记录，行政工作总结，机构人员增设、印章变更、内部经济责任制等材料，开业注册书、开业申请登记表、工商年检报告书、注册商标变更申请书、企业组织机构沿革等材料，企业管理制度，产品标准注册登记表，厂长负责制实施细则决议，车间体制的报告、企业整顿复查验收情况，企业整顿的巩固提高工作情况，学大庆规划，迁厂批复。

党员和干部统计年报、名册、提干材料，党支部工作计划、会议记录，改选党支部的申请，仪表系统党委业余党校学习小组记录，职代会材料，"比学赶帮"总结。

干部审批报告，干部任免批复，高级职务资格证书，各类专业技术职称情况汇编，职改工作材料，1961—1965年精简回乡老职工基本情况表，职工调动介绍信，人事档案转调介绍信，征土工、学徒工报到介绍信，学徒转正定级材料，工资制度改革方案，职工增资花名册，职工正常考核晋级（提高起点工资标准）材料，退休审批表，劳动合同书，解除劳动合同的材料，上岗协议书、下岗协议书、内退申请报告等，企业协议缴纳基本养老、医疗保险费人员花名册，申请办理协保的报告和批复，协保人员的协议书，社会保险关系转移单，失业保险待遇审核表。

虎丘120-1型照相机技术鉴定的各种资料，新产品HQ35-2、凤凰304、跳灯式半自动照相机试制任务书和鉴定报告、报表等材料，虎丘35-2EE半自动照相机、虎丘35-2

平视取景照相机新产品样机鉴定申请报告等材料，虎丘35-5EE照相机试制说明、试制任务书、技术条件、设计说明、检测报告、说明书等材料，35 mm平视相机等新品计划设计书。

出席市科技大会的光荣册、名单及先进材料，市劳模、质量信得过班组、质量标兵等材料，产品技术发展简介，先进企业照片。

与日方合作的相关材料。

职工住宅分配方案，职工住宅量房登记表，新建住宅收费标准，房改出售公有住房的审批表、明细表、单位房产证、土地证等材料。

会计凭证、工资单、各类账册、财务报表等。

苏州燎原电器厂

全宗号　L039

1970年6月，红旗区（沧浪区）为安置社会闲散劳动力，建立燎原五金电器厂。1971年，易名为"红旗燎原电器厂"。1973年3月，上升为大集体性质。

1978年9月，更名为"苏州燎原电器厂"，厂址为柳巷18号，是隶属苏州市机械工业局的小型企业。

1998年9月，苏州燎原电器厂改制。

馆藏苏州燎原电器厂档案 4 300 卷，排架长度 103.2 米，起止年为 1971—2009 年。其中：文书档案 1 367 卷，会计档案 2 933 卷。

本全宗可提供的检索工具为案卷目录，共 7 册。其中：文书档案 3 册，会计档案 4 册。

主要内容：

厂志，大事记，企业概况，厂务会议记录，建厂财务资产情况，企业岗位责任制、管理制度，贵金属及带银件管理制度，经济责任制总体方案，厂长任期目标、责任书、内部承包合同书，模拟"三资企业"管理转换经营机制工作的实施计划、工作分解等材料，模拟"三资企业"改革工作交流材料，企业改制的决议，调整机构、成立改制小组的决定，《燎原信息》，建厂 20 周年计划、总结。

建立支部的批复及党员干部年报、名册，整党会议记录、整党工作支委会会议记录、整党小组长会议记录，建立工会有关情况，职代会材料，出席红旗区经验交流大会审批表、出席红旗区工业学大庆会议审批表，1991 年度抗洪救灾材料。

人才队伍建设、领导干部个人生活大事报告制度，调进调出人员介绍信，浮动工资转为标准工资花名册，从业人员劳动报酬材料，苏州电瓷线厂并入苏州燎原电器厂人员花名册及工资转移单，增减人员变动、提高下岗职工生活费的实施办法等。

翻建房屋、分配住房、改建用房的报告等材料，优惠出售公有住房的请示、批复、实施方案及协议书等。

会计凭证、工资单、各类账册、财务报表等。

苏州电瓷厂

全宗号　L041

苏州电瓷厂始创于1936年，由原江南陶瓷厂、红叶电瓷厂、上联电瓷厂合并而成。

1959年10月，确定"苏州电瓷厂"厂名，属全民所有制中型企业，归口原机械工业部电器工业局领导，厂址是南门路47号。

1984年9月，与铁道部电化局合资经营，隶属苏州市机械工业局。

2003年9月，苏州电瓷厂改制为苏州电瓷厂有限公司，迁至苏州工业园区唯亭镇春晖路20号。

馆藏苏州电瓷厂档案4 615卷，排架长度110.76米，起止年为1991—2004年。其中：文书档案745卷，会计档案3 870卷。

本全宗可提供的检索工具为案卷目录，共7册。其中：文书档案2册，会计档案5册。

主要内容：

编史修志、编写名录的材料，产品申请商检的报告、质监认证申请表，企业承包经营责任审计工作的通知、函，投标外贸业务的发文，名特优产品精选申请表，电工陶瓷协会工作计划、条例、会议纪要，兼并苏州日用瓷厂的可行性分析报告，各类报纸杂志刊登本厂情况的材料及本厂厂报。

电瓷和避雷器标准化工作的意见、纪要、报批稿，《高压电力设备外绝缘污秽等级》国家标准报批稿、修正稿等材料，质量分析会决议，ISO9001的内部审核报告表、检查表。

党员公示制材料，宣传工作方案、汇报、论文，劳动竞赛、评比先进、班组验收的方案细则，班组验收打分细则。

关于组织工作、老干部管理待遇的通知等材料，专技人员评聘工作的实施意见。

关于与欧洲CEKAM陶瓷公司合作的情况汇报、初步方案、简介等。

会计凭证、工资单、各类账册等。

苏州链条总厂

全宗号　L045

苏州链条总厂的前身是苏州宝素珠厂（集体所有制）。1969年，苏州宝素珠厂转产1/2英寸和3/4英寸农用手扶拖拉机双排滚子链条，苏州始产链条。1970年3月，生产柴油机汽缸垫的苏州汽缸垫厂与生产农用滚子链条的苏州宝素珠厂合并，组成苏州农业机械配件厂，属集体所有制性质，归口苏州市机械工业局管理，厂址是苏浒公路47号。

1982年12月，苏州汽车改装厂（全民所有制）转产工业用链条，改名为"苏州链条厂"，迁至苏浒公路47号苏州农业机械配件厂厂区内，苏州链条厂和苏州农业机械配件厂实行两块牌子、一套班子的管理体制，经济上独立核算，属全民所有制性质。1983年11月，苏州链条厂和苏州农业机械配件厂实行联营，改名"苏州链条总厂"。

1993年1月，苏州链条总厂与中国置业（控股）有限公司投资建立了具有独立法人地位的合资公司——苏州环球链传动有限公司，地址是苏浒公路47号。

2000年8月，中国置业（控股）有限公司将其在苏州环球链传动有限公司的股权全部转让给香港第一上海投资有限公司之全资拥有附属公司"BALANCE TARGET INVESTMENTS LIMTED"。

2004年9月，苏州环球链传动有限公司实施改制。

馆藏苏州链条总厂档案5 113卷，排架长度122.71米，起止年为1956年—2013年。其中：文书档案2 242卷，会计档案2 800卷，实物档案69卷，照片档案2卷。

本全宗可提供的检索工具为案卷目录，共11册。其中：文书档案3册，会计档案3册，实物档案4册，照片档案1册。

主要内容:

厂志,大事记,厂部工作计划及总结,厂长办公室会议记录,产品商标注册证,"环球""苏链""苏农"注册商标的有关管理办法、验证登记表、使用备案表、合同、委托书等材料,审计报告书,企业管理标准,企业管理制度,岗位责任制,扩大企业自主权、出口产品、技改项目建议书,关于公布本厂为重点企业、成立总厂的通知和批复,企业整顿十五项工作复查验收材料,企业划类定型、变更法人的报告及法人委托书申请表,合资谈判材料,历次董事会材料汇编,股东转股事宜材料,申请海关外汇等报告,外商投资企业利润分配转移单,建厂十周年、十五周年大会材料。

党委关于干部任免、工资奖惩、晋级、转干的通知和批复,党员组织关系介绍信,预备党员转正通知单,新党员通知书,建立团支部的批复,职代会材料,政治形势教育、时事宣传材料,市工业学大庆经验交流名单审批表。

干部任免决定,干部名册、干部年报等,精简下放材料,"农转非"有关材料,职工调进调出介绍信及其存根,工资转移单,调整工资方案批复,浮动工资转固定工资花名册,职工浮动工资纳入档案管理审批表,计件工资材料,奖金审批表,内退协议书,职工养老保险缴费记录花名册,职工养老保险关系转移单,就业规范和工资制度,劳动管理制度。

厂长赴荷兰、意大利出国考察的材料,派遣赴日研修生的批件,关于赴新加坡经贸考察的批件,出国培训计划。

房产证、土地证的复印件,征用土地报告,出售公有住房审批表、明细表、汇总表,住房分配、优惠售房、住房拆迁、住房补贴的规定等材料,住房产权证、协议书,职工购房审批表、明细表、契约等。

会计凭证、工资单、各类账册、财务报表等。

苏州电梯厂

全宗号 L046

苏州电梯厂的前身是苏州电器一厂,属全民、集体合营企业,厂址是阊门外下津桥白莲桥浜54号。

1959年,苏州电器一厂与金阊电器材料厂、墨汁厂合并组成苏州光明文化用品厂。1960年,苏州光明文化用品厂更名为"苏州建新仪表厂"。1961年,并入苏州热工仪表厂,改名"苏州热工仪表厂分厂"。1964年,接产苏州开关厂的空气开关,更名为"苏州建新电力配件厂"。1965年,划归苏州市机电局管理,定名为"苏州电器一厂"。1977年,增挂"苏州电梯厂"(集体所有制)牌子,实行一套领导班子、两块牌子的管理体制。

1978年4月,苏州市计委拨款30万元,筹建全民所有制的苏州电梯一厂,并撤销"苏州电器一厂"厂名。同年,苏州第二铸造机械厂并入苏州电梯厂。苏州电梯厂与苏州电梯一厂搬至苏州城北下津桥白莲桥浜。

1980年2月,苏州市革委会同意划出苏州电梯一厂电器车间,恢复苏州电器一厂,企业性质仍属集体所有制性质,隶属苏州市机械工业局。1982年10月,苏州电梯一厂被纳入城乡建设环境保护部机械管理局归口企业。

1983年3月,苏州电梯一厂与苏州电梯厂联营,撤销"苏州电梯一厂"厂名,最终定名为"苏州电梯厂",性质为国营、集体合营。

1988年11月,苏州迅达电梯有限公司成立,由苏州电梯厂、瑞士迅达控股公司和香港怡和迅达(远东)控股有限公司三方合资组成,地址是金门路358号。

馆藏苏州电梯厂档案4 029卷,排架长度96.7米,起止年为1960年—2003年。其中:文书档案896卷,会计档案3 065卷,科技档案64卷,实物档案2卷,照片档案2卷。

本全宗可提供的检索工具为案卷目录,共10册。其中:文书档案2册,会计档案3册,科技档案3册,实物档案1册,照片档案1册。

主要内容:

厂史,厂务会议记录,关于行政机构设置的通知,启用印章通知,企业登记年检报告,审计报告,企业情况调查表、管理制度,企业情况、工业普查表,经济改革、管理工作经验,经济责任制材料,企业整顿资料,恢复苏州电器一厂的批复,"姑城"商标注册证,产品合同、产品目录及合同履行情况,广告样本,产品审核会议及有关资料等,新品试制科研、技术引进材料，企业质量材料，《电梯工人》及简报等。

苏州迅达电梯有限公司董事会的纪要、报告，组建苏州柴油机厂的批复、申请及方案，董事会议程，人事变动、生产经营等材料，苏州迅达电梯有限公司红皮书，合资参股资产清单，合资经营情况表。

建立党支部、团支部的批复，党总支会议记录，党员统计年报表，优秀党员、优秀干部材料，职代会材料，"五好"工人、"五好"集体先进事迹，江苏省工业学大庆会议材料，苏州市机电工业局学大庆经验交流会先进个人、先进集体事迹材料，苏州电梯厂《光荣册》。

干部分配调动、干部管理决定、干部管理录用的通知，干部任免职务的批复，干部名册，职工调进调出介绍信，工调材料，走访苏州电梯厂精简下放人员的汇报，苏州电梯厂职工社会福利费用管理委员会的公证书。

苏州电梯厂平面布置图，征用土地报告，水塔、建筑执照，关于土地拨用、基建项目结转的批复，房屋情况统计、退休职工房屋拆迁各项资料，市区住房困难户调查的通知，优惠售房计价顺序表、审批表，优惠出售旧住房审批表，苏州电梯厂购房的收据，机械式自动化立体停车库简介等。

苏州电梯厂厂容厂貌、产品、领导视察照片，苏州电梯厂签名簿等。

会计凭证、各类账册、财务报表等。

苏州锅炉厂

全宗号　L049

1970年，苏州市平江区区属企业东风铆焊厂（集体所有制）开始改装、安装工业锅炉和配件。1975年10月，东风铆焊厂改名为"苏州市锅炉修造厂"。1979年，划归苏州市机械工业局管理。

1980年10月，定名为"苏州锅炉厂"，系集体所有制小型企业，属苏州市机械工业局管理，工厂设在苏虞公路。

1995年6月，苏州锅炉厂产权依法转让给上海航星赛达商用机器有限公司。

馆藏苏州锅炉厂档案3 251卷，排架长度78.02米，起止年为1973—2002年。其中：文书档案242卷，会计档案3 005卷，实物档案4卷。

本全宗可提供的检索工具为案卷目录，共8册。其中：文书档案3册，会计档案4册，实物档案1册。

主要内容：

大事记，企业情况卡片，厂部会议记录，厂部年度工作总结，厂部大会报告，企业管理基础工作汇报，1984年企业全面整顿例会纪要，更改厂名材料，报刊登载材料。

党支部会议记录，党支部整党工作计划和总结、整改措施对照检查汇报，团支部、工会批复。

干部任免材料，领导班子解体的通知，文书考勤制度，科技、医务人员职称的批复，劳动工资、工调、先进评比名单、福利享受等材料，上山下乡知青名册。

质量报告，焊接杆检验标准，产品试验报告。

会计凭证、工资单、各类账册、财务报表等。

苏州市生产资料服务公司

全宗号　M007

1963年6月，苏州市生产资料服务公司建立。主营三类物资采购供应，兼办代购代销信托服务，逐步拓展对外协作、采购计划外物资、加工金属材料、经营机电设备等多种业务，地址是景德路110号。

1994年2月，更名为"苏州市生产资料总公司"。

2004年1月，苏州市生产资料总公司关闭。

馆藏苏州市生产资料服务公司档案1 823卷，排架长度43.75米，起止年为1963—2003年。其中：文书档案265卷，会计档案1 558卷。

本全宗可提供的检索工具为案卷目录，共5册。其中：文书档案2册，会计档案3册。

主要内容：

公司简史（1963—1982年），大事记，公司章程，办公会议记录、会议纪要，公司总结材料，企业法人年检报告书，机构设置材料，印章启用、作废通知及决定，调整领导分工的通知，企业全面整顿材料汇编，成立公司革委会的报告，公司服务部成立以来的情况汇报，苏州市物资展销会的情况汇报，优质服务竞赛汇报材料，市级先进企业复查材料，《企业上等级材料汇编》《苏州市苏南物资联合有限公司材料汇编》。

党总支会议记录，党员、干部调出登记表，党员干部名册、年报表，首届职代会材料等。

干部任免材料，调入财会人员材料，落实知识分子政策和开展劳动竞赛的情况汇报，落实政策的批复，职称改革民意测验汇总表及评议座谈会记录，定编定岗材料，工调材料，1963年超计划奖金请示报告，国有企业关闭、职工分流安置材料。

会计凭证、工资单、各类账册、财务报表等。

苏州煤球厂

全宗号　M010

苏州煤球厂的前身是苏州市煤炭业第一联营处。1951年6月，苏州市区煤炭行业中的18家私营煤号自愿联合成立苏州市煤炭业第一联营处。1955年9月，苏州市煤炭业第一联营处公私合营，与苏州市供销合作总社所属的煤球厂合并，改名为"公私合营苏州煤球厂"，负责全市居民的煤球供应，地址为南新路禹川里3号。

1992年11月，苏州市煤炭实业公司和苏州市煤炭工贸公司建立，同时苏州煤球厂被撤销，其债权债务分别纳入苏州市煤炭实业公司和苏州市煤炭工贸公司。2003年12月，苏州市煤炭工贸公司撤销。2004年9月，苏州市煤炭实业公司关闭。

馆藏苏州煤球厂档案3 345卷，排架长度80.28米，起止年为1955—2000年。其中：文书档案902卷，会计档案2 443卷。

本全宗档案可提供的检索工具为案卷目录，共7册。其中：文书档案3册，会计档案4册。

主要内容：

厂务会议记录，工作打算和总结报告，职务任免、机构设置材料，关于分支机构更名、启用新印章的通知，企业规章制度，国有资产产权登记表，经济责任制总体方案（试行）和部门岗位经济责任制实施细则，工业企业统计年报，工业生产情况材料，厂部增产节约方案及有关定额奖励制度，企业整顿会议记录，清产核资报表，平江煤球厂1961年划厂清册。

建立党支部的通知，支部会议记录，党员介绍信，党员入党转正通知，团市委、厂团支部工作报告和工作总结等材料，团支部开展学习先进的材料等，好人好事事迹，开展

"五好"企业、"六好"职工竞赛的落实规划,"五好"集体职工事迹介绍材料。

各组织组成人员名单,关于修改、健全职工就诊和病休处理的暂行规定,关于请求解决拆迁安置费、下拨职工福利资金和更新改造基金的报告,专技人员任职资格及聘任职务的通知,劳动工资基层表,工资改革方案,工资测算清册,工调花名册,企业工资工作安排方案审批表、职工浮动工资转为标准工资花名册,商业人员普查登记表,临时工合同。

关于基建项目增加劳动力和电气设备提高产品质量的请示报告,二车间电气设备操作制度,机械产品价格表,苏州市经济信息协会会员证。

会计凭证、工资单、各类账册、财务报表等。

苏州木材厂

全宗号　M016

苏州木材厂的前身是苏建木材加工厂。

1957年6月,公私合营苏州锯木厂与建筑工程公司木材加工厂合并,成立苏建木材加工厂。

1981年,定名为"苏州木材加工一厂"。1982年3月,苏州市木材公司所属的苏州市第二木材加工厂并入苏州木材加工一厂,实行两块牌子、一套班子的管理体制,经济上独立核算，主产锯材、建筑木构件、木包装箱等。1985年6月，苏州木材加工一厂更名为"苏州木材厂"，厂址是金阊区长船湾68—70号。

1998年11月，苏州市物资局组建苏州市物资再生集团公司，苏州木材厂归属苏州市物资再生集团公司。

2003年7月，苏州木材厂关闭。

馆藏苏州木材厂档案1 257卷，排架长度30.17米，起止年为1970—2004年。其中：文书档案138卷，会计档案1 119卷。

本全宗可提供的检索工具为案卷目录，共6册。其中：文书档案3册，会计档案3册。

主要内容：

本厂情况简报，大事记，建厂决定，各种会议记录，工商企业登记事项年检报告书，行政类文件，企业管理若干规定，厂长就职仪式发言材料，厂长负责制实施方案和经济责任制总体方案，企业全面整顿材料，迁厂规划，学大庆工作打算。

党支部会议记录，整党材料，职代会资料汇编等。

组织人事任命文件、专门人才及干部情况调查表等材料，干部调动增减名单、人才预测表，工资升级批复，临时工转正、工调方案批复，工资改革花名册等。

会计凭证、工资单、各类账册、财务报表等。

苏州市木材公司

全宗号 M019

1953年,中国木材公司江苏省苏州支公司成立,是经营和管理木材业的专业公司。

1965年12月,更名为"中国木材公司江苏省苏州市木材经理部"。1973年1月,更名为"苏州市木材公司",地址是平门东四亩田34号。1993年8月,更名为"苏州市木材总公司"。

1997年3月,苏州市木材总公司被列入破产试点企业名单。

馆藏苏州市木材公司档案2 840卷,排架长度68.16米,起止年为1959—2004年。其中:文书档案536卷,会计档案2 304卷。

本全宗可提供的检索工具为案卷目录,共4册。其中:文书档案2册,会计档案2册。

主要内容:

历史沿革,大事记,经理会议记录材料,机构设置材料,企业法人年检报告书,企业全面整顿材料,承包经营责任审计材料,更名为苏州市木材总公司及所属单位一并更名的文件和印章,工商变更(名称)年检材料、登记表,经营范围变更与法人代表变更的材料,内部发行债券情况材料,公司报告、协议书等材料。

旺季木材供应、仓储工作专题材料，《公司物资简报》，全国木材经理会议、信息协会会议材料。

公司党委成立（选举大会）材料，公司党委会议记录，党、团组织改选材料，党总支、支部会议记录，党政工联席会议记录，党员、干部、团员年报和专题总结，历年征兵材料，职代会材料，批复优秀党员、优秀干部的决定，表彰积极分子的通知。

人事任免材料，地、市合并后干部统计材料，精简机构、改革用工和干部人事制度实施意见的补充规定，企业专业技术职务定编方案、登记表、申报职务说明的发文，专业技术评审工作验收材料，调入职工行政介绍信和工资转移证，调进调出名单，职工花名册，工资浮动升级、工资状况调查、工资改革花名册等材料，调整工资方案的批复，临时工改为固定工等通知，技能工资批复材料，劳动工资年报，成立"劳动合同制"班子材料。

平门拆迁材料，住房分配的规定、名册，建房补贴协议、领房凭证、统建住宅合同等材料，关于出售自住公房的实施方案、报告、审批、明细表等。

会计凭证、工资单、各类账册、财务报表等。

苏州市平江区平江粮食管理所

全宗号 N001

1955年5月，苏州市平江区平江粮食管理所建立，地址是白塔西路121号，性质为全民所有制国有企业，主营粮油及粮油制品，同时加工粮食制品。

1964年，苏州市平江区平江粮食管理所下属有13家粮店、2个面工场、1个驳运组。1984年6月，苏州市平江区平江粮食管理所机构设置有人秘股、计划股、业务股。

1992年，增设第二名称：苏州市平江粮油公司。1995年5月，苏州市平江区平江粮食管理所更名为"苏州市粮食局平江分局"。

1999年8月，国有性质的苏州市平江粮油公司实行产权制度改革，组建苏州市平江粮油有限公司。

2002年8月，撤销苏州市粮食局平江分局。

馆藏苏州市平江区平江粮食管理所档案967卷，排架长度23.21米，起止年为1954—1999年。其中：文书档案342卷，会计档案625卷。

本全宗档案可提供的检索工具为案卷目录，共3册。其中：文书档案2册，会计档案1册。

主要内容：

企业营业执照，企业代码登记表，企业商标注册、登记、验证制度等材料，有关营业执照的变更、注销的报告和批复。

冰晶速冻食品厂筹建报告、实施意见、投资效益报告等材料，产品条形码编号材料。

党支部民主评议党员汇报、支部总结、上交党费记录、特殊党费的收据等材料，党员名册及党员年报，团支部工作总结和年报、团费收据等材料。

关于聘任职务的通知，干部职工花名册，职工增资花名册，劳动工资年报，职工养老保险缴费花名册，苏州市粮食局、苏州市老干部局关于离休干部享受护理费的报告和批复，增加离退休费审批表，退休人员基本养老金调整补贴花名册，职工解除劳动合同的决定、失业登记表、养老保险金转移材料，关于职工下岗再就业工作的有关通知，企业暂停缴纳职工住房公积金的决定、申请表、人员明细表。

职工提租通知单，房改工作汇报和特困户登记情况，职工住房补贴核定表。

会计凭证、各类账册、财务报表等。

苏州市食用油脂公司

全宗号　N004

苏州市食用油脂公司由原苏州粮油厂、苏州市葑门粮库、苏州市葑门粮油库等单位整合而成,隶属苏州市粮食局,地址是南门路66号,生产经营范围包括粮油收储加工、食用油脂的生产加工。

1991年1月,苏州市葑门粮油库的油脂部分和胥门油库合并,建立苏州葑门油脂库。

1992年4月,苏州葑门油脂库改名为"苏州市食用油脂公司"。1995年1月,苏州市食用油脂公司与苏州粮油厂合并,成立新的苏州市食用油脂公司。1999年3月,企业改制成为苏州市食用油脂有限责任公司。

馆藏苏州市食用油脂公司档案3 230卷,排架长度77.52米,起止年为1955—1998年。其中:文书档案594卷,会计档案2 636卷。

本全宗档案可提供的检索工具为案卷目录,共6册。其中:文书档案4册,会计档案2册。

主要内容:

大事记,工作总结,各类会议记录,关于公司机构设置的决定和企业法人变更申请书,公司章程,公司资产评估材料,公司租赁协议,公司股东、董事、监事会议决议。

关于苏州粮油厂扩大生产能力的请示报告等材料,关于苏州粮油厂划归苏州市食用油脂公司的上级来文,苏州市食用油脂公司企业改制中职工持股会相关材料,关于迁移娄葑粮管所的报告,苏州粮油厂与日本东锦株式会社合资的有关材料。

粮油收发管理规定,苏州粮油厂安全生产、保险防灾承包责任书,苏州粮油厂卫生管理制度,关于苏州市质量信得过产品、全国放心粮油等方面的上级来文，苏州市粮食局关于加强"双拥"工作方面的通知。

党员名册、统计报表，党支部工作总结及支部会议记录，苏州粮油厂党支部换届选举的报告，苏州粮油厂工会改选情况的批复与报告，苏州市粮食局关于苏州粮油厂团支部改选的批复，团员花名册。

苏州市粮食局有关本系统人事变动方面的通知，关于中层干部任免的有关决定，机构人员统计表、增减变化明细表，干部名册统计表，职工花名册，职工增资方案及增资花名册，离退休人员增减花名册和审批表，养老保险缴纳记录，劳动合同制度，各类劳动工资年报。

会计凭证、工资单、各类账册、财务报表等。

苏州市粮油饲料公司

全宗号　N005

1978年4月，苏州市粮油饲料公司建立。1983年，实现市管县新体制后撤销。1983年6月，苏州市粮油议购议销公司建立，隶属苏州市粮食局，性质为国有企业，地址是人民路6号，主营粮、油及其制品，其他食品、副食品（除烟）。

1992年10月，苏州市粮油议购议销公司更名为"苏州市粮油贸易实业公司"。1999年9月，苏州市粮油贸易实业公司实施改制，更名为"苏州市粮油贸易有限公司"。

馆藏苏州市粮油饲料公司档案864卷，排架长度20.74米，起止年为1962—1999年。其中：文书档案287卷，会计档案577卷。

本全宗档案可提供的检索工具为案卷目录，共3册。其中：文书档案2册，会计档案1册。

主要内容：

大事记，有关机构设置的材料，工作总结、会议记录、审计报告、法人年检材料，资产产权登记表，资产评估报告书，粮油议价行业管理考核办法，关于减免费用、财产损失、购车的报告及有关规定，有关转让车辆、租房、人员借用的协议，苏州市粮食局和粮油贸易实业公司安全、卫生管理承包责任书及光荣册。

党支部工作总结和会议记录，苏州市粮食局有关工会工作的材料及先进集体、先进个人的通报，苏州南方明珠商厦有关转发面粉厂党支部工作计划和粮食局纪检监察工作的总结，苏州市粮食局有关工会工作的决定、通知，苏州市粮食局关于表彰优秀团干部的决定。

干部任免材料，调整企业职工工资结构花名册，劳动工资年报、干部职工增资及养老保险花名册，养老保险缴费记录，各类劳动工资统计表、退休人员审批表、养老转移单、退休人员花名册。

缴存公积金、住房补贴花名册，房改房买卖契约。

会计凭证、工资单、各类账册、财务报表等。

苏州粮油食品公司

全宗号 N012

苏州粮油食品公司的前身是苏州方便食品厂。

1985年8月，苏州方便食品厂建立，该厂是由苏州市第二米厂和苏州市粮食制品厂合并而成，性质为全民所有制，隶属苏州市粮食局，地址为南门路46号，生产经营健儿粉、甜酒药、方便面、挂面、糕点等。

1994年5月，苏州方便食品厂更名为"苏州粮油食品公司"。1995年12月，苏州粮油食品公司划归苏州市粮食局平江分局统一管理。

1999年8月，苏州粮油食品公司整体改制为苏州粮油食品有限责任公司。

馆藏苏州粮油食品公司档案1 101卷，排架长度26.42米，起止年为1958—1998年。其中：文书档案239卷，会计档案862卷。

本全宗档案可提供的检索工具为案卷目录，共4册。其中：文书档案3册，会计档案1册。

主要内容：

大事记，厂务会议纪要，关于机构设置变更的批复、决定，工作总结等材料，承包经营合同书，管理规范化方案，厂纪厂规条例及创建文明单位规划等材料。

党务干部任免通知及支部支委会议记录，党员年报表、花名册，团支部工作总结，团员花名册，关于工会改造的批复、报告，工会小结，职代会会议记录，先进集体登记表等。

任免通知、劳动工资统计表、统计年报、干部专技人员统计表、花名册等材料，职工工资汇总表、花名册，调动审批、录取报到、定级审批等材料，职工工资变动审批表、离退休登记表及花名册，离退人员调整工资花名册，医药费包干暂行办法。

甜酒药、健儿粉企业标准及酒药外观设计专利通知书，力宝奶糊企业标准，机械自动定量秤技术资料，工业技术考核标准。

会计凭证、工资单、各类账册、财务报表等。

苏州采芝斋苏式糖果厂

全宗号　Q003

1870年，金荫芝于观前街73号（观前街洙泗巷口）摆一糖果摊，并无招牌，当众熬糖、剪糖、卖粽子糖（形似粽子而得名）。后挂起"采芝斋"糖果店招牌。

1956年，采芝斋实行公私合营。1966年，采芝斋改名"红旗"，工场撤销。1979年4月，恢复老字号，同时恢复前店后坊式经营模式。

1984年，苏州市区的采芝斋、稻香村、伊斯兰、广州、桂香村等5家著名茶食糖果店改店为厂，采芝斋因此更名为"苏州采芝斋苏式糖果厂"，采芝斋糖果商店则被列为门市部。1987年，兼并苏州糕点三厂。

1997年5月，在市区车站码头、园林旅游景点设连锁店。1999年10月，在苏州养育巷设采芝斋分店。

2000年1月，苏州采芝斋苏式糖果厂进行改制，建立采芝斋食品有限公司。2003年转制，国有股退出。

馆藏苏州采芝斋苏式糖果厂档案2 134卷，排架长度51.22米，起止年为1959—2002年。其中：文书档案143卷，会计档案1 991卷。

本全宗档案可提供的检索工具为案卷目录，共4册。其中：文书档案2册，会计档案2册。

主要内容：

企业基本情况，厂部办公会议纪要，采芝斋糖果商店申请变更营业登记注册材料，营业执照及副本的复印件，聘请法律顾问合同，采芝斋承包经营责任审计验证意见，采芝斋关于股外合作土地处置等通知、决定，企业档案工作总结，环保目标责任书等。

党支部工作目标管理计划、总结，工会、职代会、工代会、职工之家报告和总结，建立女职工领导组织、工会女职工委员会的材料，采芝斋团干部产生程序等材料。

全民职工花名册，人事档案管理制度，实行定员定额岗位分配奖金材料，二级浮动工资与奖金分配规定办法，淀粉厂1959—1964年工调材料，淀粉厂职工工资基本情况表，劳资报告材料，苏州糕点三厂、苏州市食品工业公司人事机构设置的批复材料。

会计报表、会计凭证、工资单、各类账册等。

苏州市百货公司

全宗号　Q016

1950年4月，中国百货公司苏州支公司建立。1952年7月，改称"苏州市百货公司"，属于商业系统专业经营机构，位于景德路330号。

1955年10月，文化用品划出，成立苏州市文化用品公司。1956年7月，五金、化工、交电划出，建立国营中国五金机械、化工原料、交通电工器材江苏省苏州市公司；8月，针棉织品划出，成立中国针棉织品公司江苏省苏州市公司。1958年2月，苏州市文化用品公司、中国针棉织品公司江苏省苏州市公司、苏州市百货公司、苏州市纺织品公司分别改称"国营苏州市文化用品批发商店""国营苏州市针棉织品批发商店""国营苏州市百货批发商店""国营苏州市纺织品批发商店"；6月，4个批发商店合并为苏州市商业局日用百货经理部。1959年7月，纺织品划出，建立江苏省商业厅苏州百货采购供应站、苏州市纺织品公司，实行两块牌子、一套机构的管理体制。

1962年1月，百货、文化、纺织品批发部门合并，建立苏州市百货纺织品公司。1963年9月，苏州市百货纺织品公司撤销，恢复江苏省商业厅苏州百货采购供应站、苏州市百货公司，同时建立苏州市百货零售公司，管理百货、纺织品两业的公私合营零售商店（包括人民商场）。1965年1月，苏州市百货零售公司撤销，建立苏州百货文化小商品批发公司（兼二级站），与苏州百货批发站分开办公。

1970年1月，苏州百货文化小商品批发公司与苏州百货批发站一起并入苏州日用工业品公司革委会。1975年8月，苏州恢复各专业公司。

1992年9月，成立苏州市百货总公司。

2003年12月，企业改制。

馆藏苏州市百货公司档案13 626卷，排架长度327.02米，起止年为1950—2004年。其中：文书档案1 560卷，会计档案12 066卷。

本全宗档案可提供的检索工具为案卷目录，共32册。其中：文书档案4册，会计档案28册。

主要内容：

行政工作总结，启用公司总支委员、革委会、工代会等印章及银行新账号材料，工商企业登记项目检验报告书，改革内部经营机制、企业更名材料，科室设置、调整机构设置和冠以省公司名称的报告，经营机构设立和调整经营品种的材料，申请进出口权的报告，商情资料，公司注销、申请企业营业执照的报告，公司资财审计情况的说明，公司收支明细，下属各公司账户核实情况说明等，清产核资人员安排等工作的规划、总结、汇报，关闭企业的职工分流办法等。

建立商场公司业务的请示、批复及发行礼券的报告，苏州市第一百货商店组建股份制合作企业的请示、批复、章程、协议，建立利时达手表厂、佰迪服装厂、南条文化用品公司及苏州市第一百货商店西楼的批复等材料，将百货总公司和小商品总公司合并组建苏州百货总公司的决定，成立资源公司的请示，整顿企业纪律章程及大陆百货商店、北塔商场经验总结，永健服务部、石路商场资产负债情况的审计报告，石路商场拆迁、减免国有土地出让费、补办手续及变更立项名称等报告，会计师事务所报告书，公司与浦发、华夏、交通等银行因贷款事宜所签协议及还款计划承诺书，针纺织品、文化、百货、杂品等业务函件。

党委、组织、宣传、老干部工作意见，党员、党委工作总结，党委工作意见及群众意见汇总材料，党员花名册，工会、团委工作大事记，职代会文件汇编，评优活动材料。

组织机构调整、人员编制、提拔干部、退职等问题的申请与批复，干部任免、商业队伍普查、使用临时工、安置人员等材料，调整企业职工工资的实施办法与规定，公司实行劳动分配制度改革的方案及实施意见，企业与职工了断关系的费用支出、身份置换办法，企业与个人解除劳动合同的决定，下岗分流规定，失业保险金征缴办法。

1956年档案材料利用汇编，申报1988年市级先进企业汇编材料，《苏州百货》《奋进》《企业升级简报》《苏州情况简报》。

房屋转移租赁、调拨、调配使用的报告和通知，土地和房屋的协议、评估报告、保证书、证明、说明及交接单，土地出租审批通知、房改政策、清房工作及干将东路拆迁补偿结算等材料，公司房租、资产使用情况等材料，调整建筑工程材料预算价格等通知。

会计凭证、工资单、会计报表、各类账册等。

苏州一品香食品厂

全宗号　Q017

苏州一品香食品厂前身为一品香茶食糖果店，始建于1917年，1961年更名为"苏州一品香食品厂"。1973年，改名为"苏州糕点二厂"，隶属苏州市食品工业公司。1999年进行体制改革，由国有商业转变为股份制企业，职工参股，成立苏州第二食品商店有限公司，位于石路新风巷3号。

馆藏苏州一品香食品厂档案725卷，排架长度17.4米，起止年为1974—2004年。其中：文书档案91卷，会计档案634卷。

本全宗档案可提供的检索工具为案卷目录，共5册。其

中：文书档案 2 册，会计档案 3 册。

主要内容：

企业基本概况，工作计划、总结，会议记录，厂发文件，统计年报，总产值动力设备年报表等资料。

公司党委表彰先进党支部、党员的决定。

人事任免与企业更名的通知，科室干部任（聘）免考察管理规定等，工资月报表，劳动工资统计年报、结算表，职工劳保、医疗暂行办法，工资调整表等。

会计凭证、工资单、会计报表、各类账册等。

苏州酿造厂

全宗号　Q018

苏州酿造厂的前身是公私合营新泰治酱油厂。

1960 年，天利调味品厂和苏州饴糖厂酱色车间并入公私合营新泰治酱油厂，厂名改为"公私合营新泰治调味品厂"。1963 年，酱色车间划给饴糖厂。1965 年，味精车间划出，另建苏州味精厂，同时，新泰治调味品厂改名为"新泰治酱油厂"。1966 年，改名为"国营苏州酱油厂"，专业生产酱类调味品。1983 年，改名为"苏州酿造厂"，厂址是山塘街 54 号。

2004 年，企业停产。

馆藏苏州酿造厂档案 2 010 卷，排架长度 48.24 米，起止年为 1957—2005 年。其中：文书档案 311 卷，会计档案 1 622 卷，实物档案 63 卷，照片档案 13 卷，底片档案 1 卷。

本全宗档案可提供的检索工具为案卷目录，共 7 册。其中：文书档案 2 册，会计档案 2 册，实物档案 1 册，照片档案 1 册，底片档案 1 册。

主要内容：

企业概况，大事记，厂部会议记录，办公会议决定，工作总结，人事任免、机构设置、印章更新等材料，企业章程，总产值、经济指标、主要物资使用方向年报表等材料，出口注册、登记规定，承包责任书、报告、总结材料，独立核算材料。

党支部工作计划、总结，党、团职务的任免材料，党、工、团工作竞赛表彰材料，基层工会组织定期统计表、工会总结、职代会材料。

干部任免、技术职称聘任、停薪留职等材料，工资转移证，劳动工资报表，企业职工增资花名册，实行提成工资制的报告、批复，企业职工医疗保险缴费花名册，住房公积金、房贴月租金缴纳调整明细表，职工转正、退职的批复，退休职工审批表。

酱油酿造方案，酿造酱油全部工艺流程及味精、酱油生产价格等材料，酱油软包装技改项目竣工座谈会材料，苏州酿造厂、苏州调味公司 1995 年金秋产销业务座谈会材料，1995 年全国十类市场商品质量抽查结果新闻发布会材料，

"百城万店无假货"系列活动——姑苏抽油荣获"九五"国内贸易部质量信誉商品称号新闻发布会材料等。

工业普查光荣册,"江苏省先进企业"称号证书,苏州名牌产品证书,江苏著名商标(2001—2004年)牌匾,苏州市知名商标牌匾,市级先进单位奖状,文明单位证书,展品证书、优秀产品奖状,优秀新产品证书,博览会铜奖证书,优秀产品证书影集,原产地标记准用证等。

会计凭证、工资单、会计报表、各类账册等。

苏州市人民商场

全宗号　Q027

苏州市人民商场的前身是苏州国货商场股份有限公司。

1931年1月,吴县商会设立提倡国货委员会,商会主席张寿鹏等发起筹建苏州国货商场股份有限公司,筹备处设在新苏旅社内。公司建在北局原消防队钟楼(后迁至因果巷)与观前菜场(后迁至玄妙观水府殿)位置。

1934年9月,苏州国货商场股份有限公司正式开业,商场主要经营国货。

1937年11月,日军入侵苏州,苏州国货商场股份有限公司被洗劫一空,并遭放火焚烧,大楼结构严重损坏,后被日商大丸洋行占为己有。

1939年5月，大丸洋行开办苏州百货公司。抗战胜利后，苏州国货商场股份有限公司被视为敌产由官方接管，后经一年多交涉，才得以发还。1947年11月，苏州国货商场股份有限公司第二次开业，张寿鹏任经理。

1950年9月，改称"苏州市第一人民商场"。商场分内、外二总部，外部系私营，内部系国营，成为国营经济领导私营资本的一个典型商场。

1956年1月，商场公私合营，定名为"公私合营苏州市人民商场"，陶叔南任董事长，张廷忠任经理。

1993年，苏州市人民商场扩建南营业大楼，并于同年11月开业。1994年6月，召开创立大会暨第一届股东代表大会，苏州市人民商场改制为国有控股股份制企业。

1999年，人民商场在木渎、光福、东桥、唯亭及张家港市开设6家专卖点、分销店。

2003年6月，企业转制，国有股退出，成立苏州人民商场股份有限公司。

馆藏苏州市人民商场档案7 129卷，排架长度171.1米，起止年为1933—2003年。其中：文书档案560卷，会计档案6 397卷，实物档案124卷，照片档案47卷，底片档案1卷。

本全宗档案可提供的检索工具为案卷目录，共14册。其中：文书档案2册，会计档案8册，实物档案2册，照片档案1册，底片档案1册。

主要内容：

人民商场简介，行政年度工作总结、规划，商场各种管理制度，企业法人申请开业登记注册书，企业法人年检报告书，税务登记表，国有资产产权登记表、合同书、协议书，对私改造及商场合营材料，财务年度决算、总结、股权转公、发放礼券的批复等材料，企业整顿合格批文，经营责任制材料，体制机构变化、企业升级等材料，改制方案，改革工作汇报，企业职工持股会试行办法，国有产权转让实施办法，工商企业变更申请登记表等，企业注销注册书，文明单位证书。

苏州人民商场股份有限公司创立大会暨第一届股东代表大会、苏州人民商场股份有限公司筹委会工作会议资料，关于同意设立苏州人民商场股份有限公司的批复，机构设置、名称变更、成立商场办公室、增设友谊商店等材料，增设食品、服装工厂材料，苏州人民商场广告有限公司成立申请、股东会决议、章程等材料，苏州人民商场广告有限公司验资报告，人民商场资产评估报告书，儿童用品商店利改税资料，苏州人民商场股份有限公司祥达商场企业申请注销登记注册书及附件材料，股份有限公司重新登记等材料，试行柜组经济核算情况汇报，降低商品流转费用总结。

建立党支部委员会的决定，党支部干部工作材料，党支部会议记录，党支部委员会改选批复，团支部改选材料，工会工作计划，社会主义劳动竞赛先进事迹，成立新一届工会委员会和经费审查委员会的批复等。

干部任免决定，专业职称评定材料，劳动合同，职工名单，职工调动介绍信及工资转移单，职工升级和学徒提前转正定级材料，职工工资调整审批报告、调查综合表，调资未调人员名单，职工企业养老金转移单、录用名册，落实政策的批复、结论，补发"文革"中被下放的原工商业者及"三小"工资情况，落实"三小"政策审批表。

商场参与重大社会活动的材料，各种经验交流材料，商场创优材料。

商场和仓库土地评估确认、评估勘查等材料及评估协议书，商场土地权证明、租赁协议和纪要、营业用房任务书，基本建设材料供应办法实施意见，图片社和文艺厂门市部动迁情况汇报，有关房屋协议、停止动迁户口的批复，一户一表改造维修基金及名单等。

会计凭证、工资单、会计报表、各类账册等。

苏州南门商业大楼（泰华商城）

全宗号　Q028

苏州南门商业大楼的前身是苏州南门门市部。

1975年9月，苏州南门商业大楼（简称"商业大楼"）建成开业，地址是人民路21号，隶属苏州市商业局。

1983年，商业大楼扩建改造，增加面积5000余平方米（包括旅社部），设商品经营和饮食服务5个业务部，分开核算。1992年9月，商业大楼改制为股份制企业，同年11月，成立苏州商业大厦股份有限公司（简称"商业大厦"）。

1993年8月，商业大厦改扩建工程竣工并开业，增加汽车、大小家电、电脑、黄金首饰等商品，并先后建立东港、东环等连锁分店及富翁物资供销公司、广澳食品公司等联营合作企业，成为拥有19个分公司、2个中外合资企业、1个工厂、11个连锁分店和6个联营合作企业的多功能大型合作企业。

1994年8月，成立苏州商业大厦（集团）股份有限公司，公司下设8个子公司。1995年3月，公司被列为国企改革试点单位，投资兴建泰华商城，位于人民路与西二路路口。

1996年元旦，泰华商城开张营业。1997年，泰华商城改制成股份合作制企业。1998年，调整重组为有限责任公司。

馆藏苏州南门商业大楼（泰华商城）档案4 639卷，排架长度111.34米，起止年为1975—2005年。其中：文书档案639卷，会计档案4 000卷。

本全宗档案可提供的检索工具为案卷目录，共5册。其中：文书档案2册，会计档案3册。

主要内容：

企业概况，行政会议记录，行政发文汇编，组织结构网络图，工商企业营业执照，企业年检报告书及企业变更登记注册书，扩大企业自主权的报告和批复，审计工作材料，企业整顿工作资料，供货情况，财务分析、机构体制变动材料，商情汇报，销售情况表，《南门商业大楼简讯》《南工通讯》。

苏州商业大厦（集团）股份有限公司文件，商业大楼公司股东代表大会材料汇编等，商业大楼机构注册登记及批复的材料，商业大楼设立分公司申请材料、报告书、协议书、广告合同、值班长工作日记等，关于丽金大酒店的文件。

党支部会议记录，党员花名册，党组织年报，整党运动中形成的材料，团代会材料，团组织机构设置材料，职代会、工会机构设置的文件，商业大楼先进集体、先进个人名单资料等。

商业大楼机构设置、经理和书记任职批复，人事安排、处理决定及离职和调动的文件批复，职工花名册，职工工资调整情况，职工升级、劳动工资、职工奖励条例实施细则，商业大楼东大楼各工种业务技术等级标准化材料。

商业大楼基建资料、房产登记资料等，商业大楼土地使用权出让合同等。

会计凭证、工资单、各类账册、财务报表等。

苏州饴糖厂

全宗号　Q029

苏州饴糖厂的前身是苏州饴糖酱色厂，原址是阊胥路4号、万年桥大街42号，隶属苏州食品工业公司，属于全民所有制性质小型企业。

1958年7月，建立苏州饴糖酱色厂。1959年投产。1963年，改名为"国营苏州饴糖厂"。"文化大革命"期间，一度被并入苏州副食品厂。1973年，恢复苏州饴糖厂。

1995年6月，并入苏州南门商业大楼。

馆藏苏州饴糖厂档案1 328卷，排架长度31.87米，起止年为1959—1995年。其中：文书档案160卷，会计档案1 120卷，科技档案48卷。

本全宗档案可提供的检索工具为案卷目录，共4册。其中：文书档案2册，会计档案1册，科技档案1册。

主要内容：

厂合并概况、工作汇报、总结，厂务会议记录，行政工作报告，企业管理制度，全年销售明细表，承包经营决定、登记表等。

党支部总结、任职批复，基层工厂党政工团领导人员任免决定，工会工作报告，工会选举结果，工会改选报告，团支部换届报告、台账等，评房分配条例、职代会规划、先进名单等材料，工会俱乐部装修合同。

20世纪60年代精简职工生活补助费证明材料，精简职工进度表和内层清理材料，下乡知识青年插队期间工龄计算审批表，职务任免材料，干部名册，职工花名册，工作调配介绍信、转移证明，工资支付明细清册，劳动工资结算表，独生子女登记表，申请退休材料，退休人员花名册，无线电人员登记表，职工生活情况表，职工健康体检及计划生育登记表、通知书及审批表。

厂平面图，关于补办房屋产权的申请，基本建设项目完成情况一览表，仓库、车间地质勘查图。

压缩冷凝机组产品合格证、使用说明书、阿贝折射仪说明书、产品装箱单、出口液糖检验报告单、出厂图清单。

会计凭证、工资单、各类账册、财务报表等。

苏州市港务管理处

全宗号　R002

1970年10月，苏州市港务管理处成立，统一管理全市内河港口码头的装卸业务，系全民所有制性质的中型企业，隶属苏州市交通局管理，地址是人民路5号。

1977年，苏州市港务管理处管理火车站、娄门、洋关、南门、枣市街、枫桥等6个作业区和1个排筏作业区。1985年，苏州市港务管理处有5个专业港口、1个中转货场和10个装卸作业区。

1995年12月，苏州通港集团公司（含苏州造船厂、苏州市港口机械厂、苏州港务实业总公司、上海港口机械制造厂苏州分厂）组建，"苏州市港务管理处"作为集团公司第二名称予以保留。

2000年7月，苏州通港集团公司整体改制。

馆藏苏州市港务管理处档案16 116卷，排架长度386.78

米,起止年为1957—2001年。其中:文书档案2 938卷,会计档案13 178卷。

本全宗可提供的检索工具为案卷目录,共32册。其中:文书档案8册,会计档案24册。

主要内容:

大事记,对私改造资料,领导班子会议记录,行政例会记录簿,企业法人及企业申请变更登记注册书,企业法人年检报告书、备案书,资产产权年检、验证报告,企业整顿情况,基层单位营业登记注册书,基层单位更名的批复,港口建设规划,增产节约运动计划、总结,本厂经验介绍及《苏州日报》的报道。

苏州市港务管理处关于组建苏州通港集团公司的可行性研究报告及苏州市计划委员会的同意组建批复,关于苏州通港集团公司董事会组成人员的决定,董事会、各部门承包责任书。

交通部批准本处为国家二级企业的通知、评审意见,档案管理升国家二级的申报、汇报及考评结论,技术先进企业申报材料及苏州市政府的表彰决定,通、宁、苏、锡、盐、常六港第32次工作交流会会议材料,大庆式企业年终自检鉴定登记表。

关于建立党支部的通知,党政例会、党委会议记录,党代会材料和有关照片,整党工作材料,工会、团委首届代表大会情况,首届一次职代会材料,第七届交通职工文化月活动意见,先进集体、先进个人、劳动模范的表彰决定和光荣册，李绍华先进事迹材料，苏州市革命委员会1977年光荣册。

干部、专技人员聘用和任免的请示等文件，干部调动介绍信存根等，职工调进调出批办单，企业职工浮动工资转为标准工资花名册，集体所有制部分人员低工资调整呈批表和上级机关的批复，装卸工人工资整顿工作的方案，职工参加养老保险缴费情况及享受各种待遇申请表，职工养老保险关系转移单，苏州造船厂二级企业起点工资调整审批花名册，落实政策批复报告，处理20世纪60年代初城镇下放老居民就地"农转非"材料。

苏州造船厂土地使用权限申请登记，征用土地、职工宿舍、港口建设方面的批复等材料，有关土地租赁、转让方面的协议书，建设职工住宅的报告、批复和有关协议，房屋租赁协议及房屋大修的批复、请示等，市区房改售房买卖契约，商品房购销合同，干部装修住房自查登记表。

开发NCS5型公路集装箱、40吨内河打捞船材料，80吨双挂浆机船、9.6米监督船、25吨打捞船新产品试制等材料。

会计凭证、工资单、各类账册、财务报表等。

苏州市汽车货运公司

全宗号　R003

苏州市汽车货运公司的前身是国营苏州市搬运公司，始建于 1952 年 2 月，位于金门口。

1959 年 2 月，苏州市搬运公司改组为苏州市运输公司。1962 年，撤销苏州市运输公司，改建为苏州市运输联社。1970 年 9 月，重建苏州市运输公司。1979 年 8 月，改称"苏州市汽车运输公司"。1983 年 12 月，定名为"苏州市汽车货运公司"，性质为国营、集体合营，下辖 8 个运输车队及汽车修理厂、轮胎修理厂、交通旅游服务部、综合经销部等。

2000 年 8 月，苏州市汽车货运公司转制。

馆藏苏州市汽车货运公司档案 8 503 卷，排架长度 204.07 米，起止年为 1966—2001 年。其中：文书档案 1 565 卷，会计档案 6 938 卷。

本全宗可提供的检索工具为案卷目录，共 18 册。其中：文书档案 10 册，会计档案 8 册。

主要内容：

大事记，行政办公会议记录，企业升级规划、工作意见、总结及方针目标管理实施意见，基层改革总体方案，企业整顿情况汇报资料及核定各车队（厂）定编的批复，机关机构改革民意调查汇总情况，关于企业改革、国企改制、规范市场发展的意见等，关于注销有关单位营业执照、变更企业负责人等材料，领导离任的审计报告，档案管理升省级先进材料。

关于同意苏州市汽车货运公司改制为苏州市汽车货运有限公司的批复，关于体制改革、启用印章、迁移新址的通知，企业改制过程中有关资产处置、安置费剥离、应收应付款问题的申请等材料，企业整顿、体制改革工作的总结等材料，首届董事会纪要，关于隶属关系、部门设置、搬迁、领导分工、更名、引进外资、增添经营项目等材料。

公司党代会等会议议程、主席团名单、报告、选举结果等材料，党员、干部年报表和花名册，党委会议记录，整党材料，首届职代会通知、报告、代表登记表、发言材料等，公司党委落实政策复查结论，创建大庆式企业规划，经理分工责任制和市劳模、质量标兵事迹等材料，医药包干和优化劳动组合的意见、通知、专题发言材料，苏、锡、镇、常、通五市运输公司竞赛经验交流材料。

聘任干部、任职资格的通知，干部调动的通知书、介绍信，吸收录用国家干部的批复，职工花名册，职工调动通知，劳动力调配介绍信存根，职称评定、工资定级的报告，企业浮动工资升级纳入档案管理审批表及花名册，调整企业职工工资结构花名册，关于工资整顿、劳保待遇的批复，公司整顿工资测算汇总表，八级制人员工资补差的审批表及花名册，20世纪60年代精简职工情况统计表。

房改调整方案、贷款、换购住房、支用公积金、售后维修的通知，出售公有住房明细表，优惠住房买卖契约，关于土地出让、出售公房及安居房有关问题的通知方案等。

《企业标准体系》《方针目标管理制度》《全面计划管理制度》《质量管理考评标准》《运务作业流程标准》《装卸质量标准》《全面计划管理制度》，公司编制的简报《货运线上》《货运青年》《苏州货运》。

会计凭证、各类账册、财务报表等。

江苏省苏州市轮船运输公司

全宗号 R004

江苏省苏州市轮船运输公司的前身是苏南行政公署交通局建华运输公司苏州营业处，始建于 1949 年 12 月，是苏州解放后第一家公营轮局机构。

1950 年 6 月，改名为"公营建华公司苏州营业处"。1951 年 1 月，改名为"国营华东内河轮船公司苏州分公司"。1956 年 1 月，苏州轮运行业实施公私合营，对外称"公私合营苏州轮船公司"，位于金阊区金门口。同年 7 月，苏州轮船公司成立政企合一的江苏省苏州航运管理局。1958 年 2 月，江苏省苏州航运管理局撤销，改建为江苏省苏州轮船运输分公司。同年 10 月，下放给苏州专区，改称"江苏省航运公司苏州专区轮船运输公司"。

1962年6月，江苏省航运公司苏州专区轮船运输公司撤销，成立江苏省苏州轮船营业处，由无锡航运局管辖。1966年9月，改名为"江苏省航运公司苏州区公司"。1970年7月，改名为"江苏省苏州轮船运输公司"。1971年4月，改名为"苏州地区轮船运输公司"。1972年初，公司迁至沧浪区人民桥北堍。1983年9月，更名为"江苏省苏州市轮船运输公司"。

2003年年底，改制为民营企业，国有、集体资本退出。

馆藏江苏省苏州市轮船运输公司档案17 540卷，排架长度420.96米，起止年为1852—2008年。其中：文书档案3 180卷，会计档案14 224卷，科技档案120卷，实物档案3卷，照片档案12卷，底片档案1卷。

本全宗可提供的检索工具为案卷目录，共59册。其中：文书档案15册，会计档案38册，科技档案3册，实物档案1册，照片档案1册，底片档案1册。

主要内容：

大事记，经理办公、行政事务、企业管理等各类会议记录，工作总结，企业开业申请书及营业执照，营业登记注册书，船舶营业运输证登记表及发证注册台账，审计报告，机构设置、调整的批复，公司管理制度（草稿），企业整顿的相关材料，船舶命名、报废的批复，关于文书处理、档案工作检查验收等的通知，档案利用专题资料汇编，"客运总站第二候船大楼"基建项目档案被评为苏州市最佳科技档案的相关材料，生产经营研讨会论文，《职教简讯》《简报》。

关于轮船码头建设开工的请示等材料，关于处理、协商经营苏杭线的急电、汇报，建立人民桥综合批发交易市场、船舶寄泊站的批复，关于平门、吴江轮船站拆迁事宜的报告，组建苏州市交通旅游集团的批复，关于撤销和变更中外合资苏州水晶宫美食城的请示批复。

党员、干部调进调出介绍信存根，党委会会议记录，整党工作总结，首届职代会的通知、日程安排、工作报告及大会决议，先进代表会议材料，关于开展苏杭共创天堂文明线活动的意见总结，工业学大庆材料，农业学大寨材料。

干部任免的批复，干部聘、解的通知，专技人员花名册，企业考核晋级花名册，提高起点标准和职工正常考核晋级测算花名册，职工浮动升级审批表，职工晋级、浮动升级花名册，职工浮动工资转为标准工资花名册，企业工资制度改革职工增资花名册，船员配备情况，船员工资改革花名册，船员行政职务提升、工资晋级的批复，职工养老保险缴费记录花名册，住房公积金汇缴清册，解除职工劳动合同的决定，历年来档案材料传递情况。

苏州市轮船运输公司地块开发改造的批复，关于建造职工住宅、基建设施等的批复，公司出售公有住房的审批表、购房者名单及售房买卖契约。

会计凭证、工资单、各类账册、财务报表等。

苏州市航运公司

全宗号 R005

1959年7月，苏州市航运公司成立，地址是金阊区金门路5号，主要从事内河船舶货物运输业务，系国有性质中型企业。

1962年，苏州市航运公司解体，建立航运联社。1963年，航运联社与运输联社合并，成立交通运输联社。1970年8月，交通运输联社撤销，重建苏州市航运公司，隶属苏州市交通局，下辖长途站、短途站、浒关站、船舶修配厂等。

1999年，苏州市航运公司业务遍布长江三角洲地区，主航线有苏州至上海，苏州至江阴港、张家港、常熟港（兴华码头），苏州至浙江（杭嘉湖地区），苏州至徐州（运河苏北段沿线各地），苏州至安徽铜陵等。代办苏州至全国各地的沿海、长江干线运输及中转等业务，承接苏州铁路西站到发货物的水路中转与换装等业务。

2002年4月，改制组建苏州市新苏航运有限公司。2003年7月，公司停止全部对外经营活动。

馆藏苏州市航运公司档案21 269卷，排架长度510.46米，起止年为1965—2007年。其中：文书档案2 816卷，会计档案18 453卷。

本全宗可提供的检索工具为案卷目录，共44册。其中：

文书档案 11 册，会计档案 33 册。

主要内容：

苏州市航运公司成立后各时期的发展情况及概况，大事记，经理办公会会议记录，行政例会记录，年检注册书，干部任免、班组建设和建立"七二一"工人大学的批复等材料，"八五"总结和"九五"发展规划，"企业上等级的规划"及工作打算的通知，企业规范化管理的汇报，调整领导分工、机构建制的通知，船舶改造、产权证明及电台撤消的批复，船舶更新改造的实施意见，减亏扭亏动员会议专题材料，改制工作的报告、通知，关于推行股份制、建立内部银行、缴纳征集费的意见及通知，经济责任制和机构设置、定编定员的报告，企业档案管理制度，档案管理达省级先进标准的专题材料，苏州市审计事务所对苏州市航运公司会计报表的审计报告，各类协议、合同、公证书，水上人口普查工作专题材料。

基层党组织的建立、改选、撤消材料，党务干部任免材料，党员组织关系介绍信及存根，党委会议记录，党代会材料，第一届职代会材料。

干部任免的批复，干部技术职称、工资定级材料，劳动力调配介绍信及工资转移证，专业技术职务任职资格的批复，职工变动情况记录台账，调整企业工资、养老保险费、伤亡待遇的通知，职工调资升级花名册，工资同效益挂钩及调整工资结构的批复，调整养老金花名册，职工下岗再就业管理的通知，解除职工劳动合同的决定，下乡知青回城审批表。

关于房改工作的通知、报告,分房原则,房屋调查、分配、修理的请示等文件,建房分房及落实私房的批复,公有住房承租情况统计材料,出售公有住房合同及契约,房屋拆迁租赁的协议。

60 吨钢驳试载的报告及 5524 型救生衣鉴定证书。

会计凭证、工资单、各类账册、财务报表等。

苏州市卧龙商城

全宗号 S026

1989 年 8 月,苏州市察院场地下改造工程建成后,开办了察院场地下商场。商场设在察院场地下道(地面人民路 412—418 号),属于国有商贸企业。

1994 年 3 月,更名为"苏州市卧龙商城"。

2003 年 8 月,苏州市卧龙商城改制。同年 10 月,与嘉福立交工程一起总体对外招租,以"乔森商场"为名对外经营。

馆藏苏州市卧龙商城档案 748 卷,排架长度 17.95 米,起止年为 1989—2004 年。其中:文书档案 33 卷,会计档案 715 卷。

本全宗可提供的检索工具为案卷目录,共 2 册。其中:

文书档案 1 册，会计档案 1 册。

主要内容：

商城合同，个体户登记资料。

工会关系介绍信。

进出人员资料，减少人员资料，工资表，《劳动手册》发放花名册、劳动合同书鉴证花名册，劳动合同花名册，养老保险缴费花名册、劳动合同，养老金申报资料，社会保险费结算单，职工个人档案材料。

会计凭证、工资单、各类账册、财务报表等。

苏州市汽车出租公司

全宗号　S034

苏州市汽车出租公司的前身是苏州市客车服务公司筹备处。

1978 年 11 月，苏州市客车服务公司筹备处建立，地址是张果老巷 8 号。

1981 年 3 月，更名为"苏州市汽车出租公司"，地址是人民路 550 号，隶属苏州市市政公用局。

1993 年，苏州市汽车出租公司增设第二名称"苏州市的士企业发展总公司"。同年，在市内开通首家出租车无线电调度中心，为乘客提供电话叫车服务。

1994年，与新加坡上市公司康福集团合作，在苏州工业园区注册开办中新合资苏州康福的士有限公司，首期投放50辆统一标志、统一车色的"蓝的士"。

1999年年底，公司有的士大楼、的士商城、的士招待所、仁安街汽车修理厂4个经营场所，各类车辆300余辆，其中营业车275辆。

2003年3月，苏州市企业改制办公室批复同意苏州市汽车出租公司实施改制。

馆藏苏州市汽车出租公司档案1 532卷，排架长度36.77米，起止年为1979—2002年。其中：文书档案627卷，会计档案905卷。

本全宗可提供的检索工具为案卷目录，共3册。其中：文书档案2册，会计档案1册。

主要内容：

大事记，总经理办公会议记录，机构设置材料，人员调整、任命、文体、旅游、活动的规定与批复，产权登记审计、年检、注销报告、注册书等材料，公司印章管理制度及处理、销毁旧印章的报告记录，公司管理工作目标分解责任书，公司经理负责制就职仪式资料，公司承包经营合同、责任书及完成情况考评汇报，出租汽车协会章程，企业改革汇报交流材料，档案管理制度，《出租信息》《汽车出租简报》《出租公司简报》《苏州出租》。

党总支委员会换届选举大会材料，增补委员、党务等工作的请示与批复，党员花名册，党员年报，职代会文件资料汇编，表彰先进集体材料，"十佳"人物评选的意见、决定，"跨世纪、新形象"主题活动通知、推荐表与总结，"辉煌二十年"征文月刊及评选结果。

干部任免、介绍信、调配表等材料，干部花名册，干部年报，转干通知，专业技术评聘工作验收合格证书、总结方案及任职资格通知，出租公司职工花名册，职工调进调出、退休等材料，提高工资起点、晋级、增加退休工资的意见等材料，公司岗位津贴、浮动工资、奖金分配方案材料，浮动工资总结方案，浮动工资转固定工资汇总表，混岗集体人员转全民花名册，职工休养的意见，《劳动手册》。

房改工作的通知、申请及批复，房改方案细则，住房分配方案、规定、申请及分房会议记录，职工优惠购房审批表、契约及申请书。

会计凭证、工资单、各类账册、财务报表等。

苏州市风光三轮车服务有限公司

全宗号　S035

1957年，苏州市三轮车服务社成立。

1960年，隶属市城建系统的风光旅游服务社领导。1962年，成立苏州市三轮车管理处，与苏州市三轮车服务社实行两块牌子、一套机构的管理体制。1983年4月，苏州市三轮车管理处更名为"苏州市风光旅游服务公司",地址是人民路433号。1988年9月,更名为"苏州市风光实业公司"。

2004年,改制为民营企业,更名为"苏州市风光三轮车服务有限公司"。

馆藏苏州市风光三轮车服务有限公司档案1 624卷,排架长度38.98米,起止年为1958—2003年。其中:文书档案244卷,会计档案1 380卷。

本全宗可提供的检索工具为案卷目录,共2册。其中:文书档案1册,会计档案1册。

主要内容:

机构体制材料,企业法人年检报告资料,启用印章通知,公司发展方案、实施细则及协议、注册登记材料,行政办公例会及生产经营分析会议纪要,人力车改革材料,企业整顿、体制调整等材料,三轮车管理处更名批复,企业变更申请登记表,出租车转让、管理各项规定,中外合资苏州欧乡铁板烧专营店立项、合同章程及核准登记材料,中外合资苏州风光龙佑娱乐有限公司项目建议书、批复等。

党总支成立大会有关材料,党支部换届选举材料,党员名册,整党文件,职代会综合材料。

人员任免材料,干部花名册,干部统计年报及干部介绍信,干部收入申请汇总,编制名册,职称评定材料,用工制度,工资改革制度材料,要求减免养老金差额的申请,养老金发放、工资调整有关指示,办理内退手续的补充规定,职工离职处理意见,解除劳动合同的有关决定,集体合同参考范本。

职工住房情况表，房屋租赁协议（含联营协议），购房协议，房改细则，出售公有住房的有关规定。

会计凭证、工资单、各类账册、财务报表等。

附 录

苏州市工商档案管理中心
馆藏档案全宗名册

全宗号	全宗名称	档案起止时间		档案总数
		起	止	卷
A001	苏州苏纶纺织厂	1905	2006	37 748
A002	苏州苎麻纺织厂	1959	2005	3 122
A003	苏州化纤纺织厂	1970	2006	2 962
A004	苏州染织一厂	1951	2006	4 339
A005	苏州染织二厂	1955	2012	4 726
A006	苏州染织三厂	1953	2014	4 284
A007	苏州服装一厂	1958	2006	5 735
A008	苏州服装二厂	1956	2005	3 044
A009	苏州服装五厂	1957	2005	1 813
A010	苏州服装六厂	1962	2006	3 433
A011	苏州第二毛纺织厂	1965	2005	2 815
A012	苏州第三毛纺织厂	1978	2004	2 499
A013	苏州第二羊毛衫厂	1956	2006	2 637
A014	苏州鞋厂	1967	2006	3 049
A015	苏州袜厂	1951	2006	1 750
A016	苏州织带厂	1956	2006	5 051
A017	苏州毛巾厂	1953	2006	3 296
A018	苏州染织五厂	1978	2006	2 071

续表

全宗号	全宗名称	档案起止时间 起	档案起止时间 止	档案总数 卷
A019	苏州纺织瓷件厂	1958	2003	2 401
A020	江苏省苏州纺织装饰品公司	1983	2006	1 578
A021	华东纺织联合公司苏州分公司	1980	2003	719
A022	苏州纺织机械器材工业公司	1981	2004	969
A023	苏州振纺经济发展公司	1992	2005	256
A024	苏州印染集团纺织品经营部	1979	2003	735
A025	苏州市纺织职工疗养院	1984	2003	865
A026	苏州振大经济发展公司	1993	2000	522
A027	苏州宝带合纤有限公司	1999	2002	318
A028	苏州针织总厂	1956	2006	4 649
A029	苏州化学纤维厂	1964	2003	8 471
A030	苏州第一毛纺织染厂	1979	2004	5 081
A031	苏州第四毛纺织厂	1958	2005	2 556
A032	苏州羊毛衫厂	1958	2003	1 982
A033	苏州服装公司	1959	2004	3 725
A034	苏州纺织机械厂	1958	2001	8 470
A035	苏州热电厂	1978	2000	10 382
A036	苏州印染厂	1964	2000	5 621
A037	苏州床单厂	1969	2003	4 521
A038	苏州针棉服装厂	1964	2003	1 963
A039	苏州化纤纺织瓷件厂	1994	2005	1 815
A040	苏州线厂	1963	2002	5 094
A041	江苏省纺织工业设计院苏州分院	1982	2005	1 517

续表

全宗号	全宗名称	档案起止时间 起	止	档案总数 卷
A042	苏州市纺织工业供销公司	1970	2003	3 439
A043	苏州市纺工房屋修建站	1970	2003	758
A044	江苏省服装总公司服饰辅料公司	1974	2003	1 722
A045	苏州市纺织经济技术贸易公司	1988	2003	880
A046	苏州市纺织职工中等专业学校	1984	2002	712
A047	苏州市纺织产品质量监督检测所	1988	2004	364
A048	苏州棉织厂	1971	1994	1 334
A049	苏州养育服装有限公司	1992	2003	838
A050	苏州纺织产品研究所	1981	2000	2 032
A051	苏州市纺织工业局（苏州市纺织工业公司）	1955	2009	8 661
B00B	苏州市丝绸工业公司	1965	2007	7 606
B001	苏州第一丝厂	1947	2002	12 378
B004	苏州江南丝厂	1952	2005	4 124
B005	苏州振亚丝织厂	1985	2002	4 649
B009	苏州光明丝织厂	1956	2005	12 167
B010	苏州金明织造有限公司	1977	2003	241
B011	苏州新明丝织厂	1972	1988	202
B013	苏州丝织试样厂	1978	1994	1 275
B014	苏州新苏丝织厂	1954	1998	8 516
B015	苏州东吴丝织厂	1952	2005	13 572
B018	苏州新光漳绒厂（苏州新光丝织厂）	1955	2007	8 610

续表

全宗号	全宗名称	档案起止时间		档案总数
		起	止	卷
B019	苏州锦绣丝织厂	1961	2003	6 172
B021	苏州东风丝织厂	1955	2003	6 923
B022	苏州新风丝织厂	1976	2000	4 892
B023	苏州绸缎炼染厂	1949	1984	394
B024	苏州绸缎炼染一厂	1984	2001	5 004
B025	苏州绸缎炼染二厂	1970	2002	8 021
B026	苏州丝绸印花厂	1958	2001	31 302
B027	苏州染丝厂	1965	2001	4 081
B028	苏州唯思丝绸印染有限公司	1989	2003	150
B029	苏州丽华丝绸印染总厂	1978	2003	5 224
B030	苏州亚东石棉厂	1954	1989	1 886
B031	苏州第二纺织机械厂	1964	2004	6 226
B032	苏州第三纺织机械厂	1965	2005	5 430
B033	苏州纺织器材厂	1957	2005	6 106
B034	苏州三和纺织机电（集团）公司	1995	2004	561
B035	苏州丝绸科学研究所	1956	1998	5 985
B036	苏州市丝绸供销公司	1980	2005	1 637
B042	苏州丝绸工业公司房屋修建站	1985	2002	425
B043	苏州市丝绸进出口公司	1977	2001	7 270
C00C	苏州轻工控股（集团）有限公司	1954	2005	7 136
C001	苏州香雪海电器公司	1985	2005	8 404
C002	苏州电冰箱厂	1956	2006	4 749
C003	苏州皮件厂	1962	2006	1 929

续表

全宗号	全宗名称	档案起止时间 起	止	档案总数 卷
C004	苏州轻工贸易中心	1988	2004	984
C005	苏州轻工供销公司	1962	2006	2 388
C006	苏州轻工塑料公司	1981	2004	1 992
C007	苏州印铁制罐厂	1956	2005	1 341
C008	苏州手表壳厂	1960	2006	1 742
C009	苏州华光节能灯具厂	1993	2006	513
C010	苏州味精厂	1964	2006	4 512
C011	苏州锁厂	1962	2005	10 318
C012	苏州轻工局房屋修建站	1973	2003	1 040
C013	工贸合营苏州扑克牌厂	1973	2004	1 683
C014	苏州钢锉厂	1972	2008	1 338
C015	苏州轻工业品设计研究所	1972	2004	1 986
C016	苏州塑料十二厂	1963	2005	1 297
C017	苏州红叶造纸厂	1950	2004	2 868
C018	苏州家具一厂	1956	2004	2 474
C019	苏州室内成套用品公司	1980	2006	1 955
C020	苏州电池厂	1956	2006	3 363
C021	苏州电镀厂	1955	2007	1 715
C022	苏州钢卷尺厂	1959	2006	2 357
C023	苏州表牌厂	1962	2005	2 029
C024	苏州光明皮鞋厂	1961	2008	2 636
C025	苏州打字机厂	1956	1995	1 678
C026	苏州衡器厂	1958	2005	3 029

续表

全宗号	全宗名称	档案起止时间		档案总数
		起	止	卷
C027	苏州缝纫机厂	1956	2004	3 767
C028	苏州塑料十一厂	1970	2006	1 852
C029	苏州塑料五厂	1970	2006	1 541
C030	苏州第二表壳厂	1966	2006	1 539
C031	苏州冷柜厂	1988	2008	2 158
C032	苏州洗衣机厂	1964	2004	3 196
C033	苏州眼镜二厂	1968	2013	2 389
C034	苏州罐头食品厂	1961	2008	2 441
C035	苏州建筑工具厂	1966	2008	1 649
C036	苏州轻金属家具厂	1972	2008	463
C037	苏州缝纫机台板厂	1950	2006	1 742
C038	苏州钟表材料厂	1973	2008	903
C039	苏州华盛造纸厂	1954	2008	2 828
C040	苏州时钟总厂	1984	2008	1 452
C041	苏州斯加电器集团公司	1989	2004	536
C042	苏州罗润电子有限公司	1999	2008	217
C043	苏州日用玻璃厂	1959	2008	915
C044	苏州眼镜一厂	1961	2008	2 167
C045	苏州月中桂日用化工厂	1958	2008	2 938
C046	苏州香料厂	1960	2004	1 196
C047	苏州刀厂	1985	2007	3 428
C048	苏州刀片厂	1965	2006	1 568
C049	苏州拉链厂	1968	2006	1 770

续表

全宗号	全宗名称	档案起止时间 起	档案起止时间 止	档案总数 卷
C050	苏州玻璃厂	1952	1998	4 021
C051	苏州亚明玻璃厂	1996	2004	339
C052	苏州嘉美克钮扣厂	1956	2004	4 068
C053	苏州鸿生火柴厂	1978	2004	1 150
C054	苏州指甲钳厂	1962	2004	1 927
C055	苏州张小全剪刀厂	1981	2004	599
C056	苏州塑料家具厂	1962	2004	1 437
C057	苏州日用瓷厂	1958	2004	2 655
C058	苏州塑料六厂	1967	2005	5 344
C059	苏州圆珠笔厂	1963	2004	3 880
C060	苏州缝纫机针厂	1951	2008	1 478
C061	苏州钟表配件厂	1968	2004	1 495
C062	苏州手表总厂	1971	2006	2 483
C063	苏州钟表元件厂	1966	2008	2 441
C064	苏州轻工机械总厂	1955	2008	2 293
C065	苏州自行车钢珠厂	1980	2004	1 762
C066	苏州塑料七厂	1958	2004	1 360
C067	苏州自行车零件厂	1972	2004	2 819
C068	苏州自行车零件二厂	1979	1997	1 424
C069	苏州塑料三厂	1958	2005	6 095
C070	苏州塑料四厂	1958	2008	5 501
C071	苏州金润制冷器件有限公司	1988	2007	382
C072	苏州塑料八厂	1971	2000	2 648

续表

全宗号	全宗名称	档案起止时间 起	档案起止时间 止	档案总数 卷
C073	苏州钟表材料二厂	1978	2000	1 750
C074	苏州家具二厂	1955	2003	3 336
C075	苏州肥皂厂	1965	2009	3 867
C076	苏州东吴酿酒总厂	1951	2003	5 551
C077	苏州塑料一厂	1958	1998	5 885
C078	苏州塑料九厂	1954	2002	4 438
C079	苏州塑料十厂	1973	2002	3 205
C080	苏州船用机械厂	1958	2001	5 735
C081	苏州印刷厂	1953	2001	4 033
C082	苏州皮革总厂	1953	2000	1 159
C083	苏州红光造纸厂	1959	2000	3 134
C084	苏州软垫沙发厂	1988	2004	929
C085	苏州春花吸尘器总厂	1958	2004	11 437
C086	苏州轻工商场	1986	2003	1 293
C087	苏州自行车厂	1970	2005	10 166
C088	苏州美乐城实业有限公司	1995	2004	429
C089	苏州组合电器厂	1980	2009	1 460
C090	苏州同心组合电器厂	2001	2010	178
C091	苏州市造纸职业中学	1991	2012	559
D001	苏州织锦厂	1954	2005	3 838
D002	苏州线带集团有限责任公司（苏州花线厂、苏州排须花边厂）	1960	2004	6 310
D003	苏州剧装戏具厂	1955	2006	5 544

续表

全宗号	全宗名称	档案起止时间 起	止	档案总数 卷
D004	苏州工艺鞋厂	1977	2003	3 510
D005	苏州建筑艺术雕塑公司	1984	2006	709
D007	苏州工艺美术研究所	1977	2002	1 483
D008	苏州旅游工艺品贸易有限公司	1985	2000	1 715
D009	苏州艺石斋	1980	2003	2 183
D011	苏州市恒孚首饰集团（苏州金属工艺厂）	1972	2002	3 686
D012	苏州绣品厂	1958	2004	5 346
D013	苏州刺绣厂	1966	2005	4 851
D014	苏州玉石雕刻厂	1956	2007	5 110
D015	苏州丝绸服装厂	1969	2005	4 065
D016	苏州美术地毯厂	1958	2004	3 518
D017	苏州地毯二厂	1979	2004	1 771
D018	苏州仙洲制衣集团公司（苏州儿童用品厂、苏州刺绣童装厂）	1956	2003	5 333
D019	苏州湖笔厂	1956	2008	1 618
D020	苏州工艺机械厂（苏州玩具厂）	1967	2007	2 350
D021	苏州民间工艺厂	1966	2002	1 773
D022	苏州振艺装饰工程公司	2000	2004	76
D023	苏州扇厂	1957	2004	3 410
D024	苏州西乐器厂	1955	2006	1 987
D025	苏州檀香扇厂	1955	2002	3 777
D026	苏州漆器雕刻厂	1979	2004	3 254

续表

全宗号	全宗名称	档案起止时间		档案总数
		起	止	卷
D027	苏州市工艺美术集团有限公司	1960	2007	3 824
D028	苏州工艺美术实业发展总公司	1994	2002	303
D029	苏州市工艺美术服务部	1973	2004	2 980
D030	苏州市刺绣工艺品贸易公司（苏州刺绣集团）	1988	2002	494
D031	苏州工艺劳动服务公司	1996	2002	180
D032	苏州市工艺美术工业公司房屋修建站	1973	2004	1 632
D033	苏州诚成贸易公司	1994	2002	276
D034	苏州市工艺绗缝制品厂	1984	2002	1 093
D035	苏州工艺美术专业联社	1992	2003	117
D036	苏州工艺品交易市场	1993	2002	395
D037	苏州红木雕刻厂	1954	1999	4 871
D038	苏州姜思序堂国画颜料厂	1957	2005	2 622
D039	苏州民族乐器一厂	1957	1997	4 810
D040	苏州吴门画苑	1962	2005	2 254
D041	中国苏绣艺术博物馆	1984	2022	146
E001	苏州合成化工厂	1958	2002	10 019
E002	苏州特种化学品有限公司	2000	2003	1 532
E003	苏州特种油品厂	1979	2003	5 720
E004	苏州树脂厂	1954	2000	4 574
E006	苏州乳胶厂	1958	2000	5 630
E007	苏州造漆厂	1958	2000	9 972

续表

全宗号	全宗名称	档案起止时间 起	档案起止时间 止	档案总数 卷
E008	苏州染料厂	1958	2004	10 190
E009	苏州第四橡胶厂	1967	2003	2 661
E010	苏州化工装备有限公司	1960	2004	7 334
E011	苏州炭黑厂	1958	2004	7 742
E012	苏州飞轮橡胶厂	1964	2003	680
E013	苏州华宇建筑装饰工程公司	1972	2001	2 643
E014	苏州化工职业病防治院	1978	1999	1 046
E015	苏州煤矿机械厂	1959	2008	5 539
E016	苏州化工设备二厂	1965	2003	3 243
E017	苏州搪玻璃设备厂	1963	2003	7 577
E018	苏州第二橡胶厂	1963	2003	3 155
E019	苏州化工仪表厂	1978	2002	766
E020	苏州化工仪表二厂	1978	2004	1 748
E021	苏州橡胶厂	1954	1998	5 706
E022	宝钢集团苏州联合有限责任公司	1990	2001	614
F00F	苏州市建筑材料工业公司	1961	2002	1 927
F001	苏州光华水泥厂	1947	2003	9 683
F002	苏州建筑材料科学研究所	1985	2002	780
F003	苏州水泥厂	1965	2003	7 860
F004	苏州新型建筑材料厂	1952	2003	5 539
F005	苏州水泥制品总厂	1996	2004	904
F006	苏州水泥制品厂	1963	1996	5 433
F007	苏州建筑装饰材料厂	1958	1998	4 730

续表

全宗号	全宗名称	档案起止时间 起	止	档案总数 卷
F008	苏州油毡厂	1951	2003	7 020
F009	苏州玻璃纤维玻璃钢船厂	1958	2004	4 954
F010	苏州玻璃钢厂	1964	2004	3 373
F011	苏州硅酸盐制品厂	1968	2005	3 096
F012	苏州砖瓦厂	1976	2004	3 111
F013	苏州防水堵漏工程公司	1991	2003	317
F014	苏州得达复合材料有限公司	1992	2004	535
F015	苏州苏兴电子元件厂	1988	2002	525
F021	苏州第二水泥厂	1972	2013	7 568
G001	苏州医药集团	1998	2002	251
G002	苏州第一制药厂	1958	2003	669
G003	苏州第二制药厂	1963	2006	6 814
G004	苏州第三制药厂	1968	2001	5 135
G005	苏州第四制药厂	1953	2001	9 534
G006	苏州第五制药厂	1991	1998	1 303
G007	苏州礼安医药有限公司	1983	1999	11 772
G008	苏州医疗器械厂	1955	2019	4 733
G009	苏州医疗用品厂	1961	2016	4 164
G010	苏州雷允上制药厂	1949	1996	8 659
G011	苏州市医药对外发展有限公司	2001	2002	725
H001	苏州钢铁厂	1957	2002	11 144
H002	苏州轧钢厂	1956	1986	2 728
H003	苏州金属压延厂	1972	2003	1 715

续表

全宗号	全宗名称	档案起止时间 起	止	档案总数 卷
H004	苏州铜材厂	1960	2003	11 882
H005	苏州轻工金属材料厂	1954	2003	4 241
H006	苏州民丰锅厂	1952	2003	2 955
H007	苏州冶金公司	1984	1996	973
I001	江苏苏化集团有限公司	1955	2003	24 088
I002	苏州化工厂	1951	1991	5 648
I003	苏州溶剂厂	1956	1991	3 547
I004	苏州前进化工厂	1962	1990	1 235
I006	苏州化工运销公司	1977	2002	2 483
I008	苏州益民化工厂	1956	2005	8 678
I009	苏州化工建材控股（集团）有限公司	1965	2008	4 778
J001	苏州精细化工集团有限公司	1961	2004	11 726
J002	苏州硫酸厂	1956	1995	7 772
J003	苏州助剂厂	1970	1995	6 706
J004	苏州潭山硫铁矿	1958	2004	9 222
J005	苏州化学工业供销公司	1965	2003	3 832
J006	苏州市第二化工研究所	1972	2000	1 548
J007	苏州市化工设计室	1987	2004	212
J008	苏州化工技术开发有限责任公司	1996	2002	295
K001	苏州电视机厂	1956	2004	19 829
K002	苏州创元电子开发有限公司	2002	2009	74
K003	苏州电阻厂	1963	2007	5 171

续表

全宗号	全宗名称	档案起止时间 起	止	档案总数 卷
K004	苏州电声厂	1961	2008	4 699
K005	苏州无线电四厂	1967	2007	2 564
K006	苏州市电子产品检验站	1986	2004	434
K007	苏州电讯电机厂	1966	2000	5 008
K008	苏州电视机组件厂	1968	2010	12 860
K009	苏州高频瓷厂	1958	1999	10 008
K010	苏州电子器材公司	1975	2000	1 809
K011	苏州半导体总厂	1969	1999	13 052
K012	苏州金振电子公司	1985	2001	781
K013	苏州捷嘉电子有限公司	1988	1999	1 726
K014	苏州电视机三厂	1980	1999	1 618
K015	苏州无线电五厂	1973	1999	795
K016	苏州晶体元件厂	1959	2000	8 357
K017	苏州江南无线电厂	1955	1999	9 724
K018	苏州胜利无线电厂	1985	1998	5 169
K019	苏州市计算开发应用研究所	1970	1999	8 424
K020	苏州第一电子仪器厂	1965	2006	4 990
K021	苏州有线电一厂	1962	2009	7 598
K022	苏州市电子工业局房屋修建站	1975	2009	2 618
K023	苏州电子总公司	1993	2009	530
K024	苏州电子劳动服务公司	1992	2002	271
K025	苏州金威电子有限公司	1995	2006	322
K026	苏州精达集团公司	1966	2003	9 539

续表

全宗号	全宗名称	档案起止时间 起	止	档案总数 卷
K027	苏州电子计算机厂	1961	1996	5 002
K028	苏州自动控制设备厂	1976	1992	3 655
K029	苏州新唐电子电器有限公司	1998	2008	442
K030	苏州合成晶体材料厂	1960	2004	3 722
K031	苏州电容器二厂	1978	2011	2 260
K032	苏州市电子工业局	1964	2008	5 765
L001	苏州电表厂	1963	1996	6 001
L002	苏州仪表总厂	1963	2002	3 799
L003	苏州轴承厂	1966	2000	11 966
L004	苏州铸造机械厂	1958	2003	7 774
L005	苏州二汽协作配套件公司	1992	2004	298
L006	苏州厨房设备厂	1963	2010	2 141
L007	苏州轻工电机厂	1959	2003	4 155
L008	苏州第四光学仪器厂	1963	2002	3 095
L009	苏州化工机械厂	1965	2002	6 545
L010	苏州变压器厂	1969	2005	6 035
L011	苏州机械工业公司	1972	2007	2 132
L012	苏州砂轮厂	1956	2009	3 458
L013	苏州电缆厂	1961	2010	8 119
L014	苏州开关厂	1959	2009	3 764
L015	苏州环境技术装备有限公司	1999	2007	164
L016	苏州庆丰仪表厂	1965	2004	6 125
L017	苏州电工仪器厂	1974	2009	1 851

续表

全宗号	全宗名称	档案起止时间		档案总数
		起	止	卷
L018	苏州电机厂	1958	2007	6 104
L019	苏州起重机械厂	1956	2006	13 517
L020	苏州净化设备厂	1969	1999	4 704
L021	苏州第三光学仪器厂	1966	2002	6 051
L022	苏州仪表元件厂	1983	2002	7 475
L023	苏州长城电扇组装厂	1987	2003	769
L024	苏州第三铸造机械厂	1994	1998	355
L025	苏州热处理厂	1980	2003	1 499
L026	苏州机床电器厂	1972	2002	11 482
L027	苏州电力电容器厂	1959	2002	2 907
L028	苏州胥城大厦	1984	2002	7 416
L029	苏州液压附件总厂	1962	2001	2 103
L030	苏州电扇厂	1970	2011	21 331
L031	苏州动力机器厂	1952	2013	5 940
L032	苏州电器股份有限公司	1958	2013	7 371
L033	苏州互感器厂	1966	2003	5 959
L034	苏州起重电器厂	1971	2004	2 849
L035	苏州华佳工程塑料有限公司	1996	2009	382
L036	苏州照相机厂	1960	2013	3 181
L037	苏州继电器厂	1970	2008	3 614
L038	苏州依俐法照相机有限公司	1990	2009	859
L039	苏州燎原电器厂	1971	2009	4 300
L040	苏州合金材料厂	1971	2009	4 006

续表

全宗号	全宗名称	档案起止时间		档案总数
		起	止	卷
L041	苏州电瓷厂	1991	2004	4 615
L042	苏州环境保护设备公司	1986	2008	970
L043	苏州物资贸易中心	1963	2009	22 047
L044	苏州时代房地产有限公司	1970	2008	1 076
L045	苏州链条总厂	1956	2013	5 113
L046	苏州电梯厂	1960	2003	4 029
L047	苏州风机盘管厂	1960	2003	221
L048	苏州电器工业（集团）公司	1995	2006	1 923
L049	苏州锅炉厂	1973	2002	3 251
L050	苏州机电仪器厂	1985	2006	854
L051	苏州工业园区苏菱机械制造有限公司	1998	2007	551
L052	苏州第二电表厂	1965	2003	1 699
L053	苏州机床厂	1963	2004	7 697
L054	苏州机械仪表电镀厂	1977	2008	3 954
L055	苏州德安迅财务咨询有限公司	1998	2014	276
L056	苏州市工业投资发展有限公司	1988	2008	225
L057	苏州市经济协作委员会	1979	2004	2 330
L058	苏州国有资产管理委员会	1986	2006	2 559
L059	苏州创元集团行业管理中心	1962	2013	3 787
M001	苏州市燃料公司	1950	2001	10 041
M002	苏州市机电设备总公司	1963	2002	8 807
M003	苏州市化工轻工公司	1963	1999	4 517

续表

全宗号	全宗名称	档案起止时间		档案总数
		起	止	卷
M004	苏州市建筑材料公司	1964	2002	6 736
M005	苏州市金属材料公司	1976	2005	5 408
M006	苏州市汽车配件公司	1975	1998	3 064
M007	苏州市生产资料服务公司	1963	2003	1 823
M008	苏州市外商投资企业物资公司	1987	2003	996
M009	苏州市煤炭工贸公司	1985	2009	1 746
M010	苏州煤球厂	1955	2000	3 345
M011	苏州市物资储运有限公司	1978	2003	1 882
M012	苏州市物资再生总公司	1984	2002	1 465
M013	苏州市物产实业公司	1992	2005	533
M014	苏州市基建物资配套承包供应公司	1984	2004	1 390
M015	苏州市物资置业发展总公司	1986	2004	472
M016	苏州木材厂	1970	2004	1 257
M017	苏州人造板厂	1986	2004	665
M018	苏州市苏南物资联合有限公司	1991	2002	590
M019	苏州市木材公司	1959	2004	2 840
M021	苏州钢材市场管理处	1996	2003	332
M023	苏州酿造食品厂	1982	2007	1 279
M024	苏州豆类食品厂	1990	2003	469
M025	苏州市城建开发总公司（苏州市闾胥路地区综合改造指挥部）	1978	2007	6 415
M026	苏州对外贸易公司	1993	2003	29

续表

全宗号	全宗名称	档案起止时间 起	止	档案总数 卷
M027	苏州国际经济技术合作公司	1985	2003	937
M028	苏州国旅集团有限责任公司	1981	2003	2 911
M029	苏州蔬菜集团蔬菜副食品交易市场	1992	2003	24
M030	苏州相门蔬菜副食品交易市场	1990	2003	536
M031	苏州双塔菜市场	1981	2003	363
M032	苏州娄门菜市场	2001	2003	19
M033	苏州黄鹂坊桥菜市场	1990	2003	550
M034	苏州调料食品厂	1991	2003	440
M035	苏州市新庄农副产品批发市场	1992	2002	174
M036	苏州市石油公司第九加油站	1993	2005	224
N001	苏州市平江区平江粮食管理所	1954	1999	967
N002	苏州市沧浪区沧浪粮食管理所	1957	1999	2 136
N003	苏州市金阊区金阊粮食管理所	1961	1999	1 370
N004	苏州市食用油脂公司	1955	1998	3 230
N005	苏州市粮油饲料公司	1962	1999	864
N006	苏州市横塘粮食管理所	1960	1999	3 717
N007	苏州市粮油供应公司	1987	1999	1 329
N008	苏州市白洋湾粮库	1987	2002	1 772
N009	苏州市粮食储运公司	1992	2002	353
N010	苏州市1603仓库	1977	1999	853
N011	苏州市枫桥粮食管理所	1988	2002	541
N012	苏州粮油食品公司	1958	1998	1 101

续表

全宗号	全宗名称	档案起止时间 起	止	档案总数 卷
N013	苏州市浒墅关粮食管理所	1956	2002	3 525
N014	苏州絮棉厂	1977	2003	149
N015	苏州市供销社房地产开发公司	1996	2002	24
N016	苏州市饲料公司	1980	2008	2 280
N017	苏州市虎丘粮食管理所	1950	2008	5 806
P001	苏州市水利设计研究院	1983	2004	456
Q001	苏州市食品公司	1978	2002	10 101
Q002	苏州市商业幼儿园	1988	2004	224
Q003	苏州采芝斋苏式糖果厂	1959	2002	2 134
Q004	苏州稻香村食品厂	1975	1998	694
Q005	苏州市食品工业公司	1983	2004	480
Q006	苏州园外楼饭店	1987	2002	2 480
Q007	苏州得月楼菜馆	1988	2002	2 302
Q008	苏州黄天源糕团店	1988	2000	1 431
Q009	苏州市饮食服务公司（松鹤楼菜馆等）	1983	2002	15 488
Q010	苏州市商业旅游服务公司	1987	2002	1 622
Q011	江苏省纺织品公司苏州分公司	1965	2002	11 991
Q012	苏州市乾泰祥绸布商店	1988	2002	1 392
Q013	苏州小吕宋儿童用品商店	1966	2002	1 242
Q014	苏州工业品商场（苏州五金交电集团公司）	1990	2001	21 128
Q015	苏州市戎镒昌皮件厂	1981	2003	1 230

续表

全宗号	全宗名称	档案起止时间 起	止	档案总数 卷
Q016	苏州市百货公司	1950	2004	13 626
Q017	苏州一品香食品厂	1974	2004	725
Q018	苏州酿造厂	1957	2005	2 010
Q019	苏州化工原料总公司	1985	2003	7 608
Q020	苏州食品糖果厂	1988	2002	3 062
Q021	苏州陆稿荐熟肉店	1990	2002	1 172
Q022	苏州元大昌酒家	1988	2002	1 514
Q023	苏州市糖业烟酒公司	1988	2002	13 403
Q024	苏州市集体商业公司	1984	1989	101
Q026	苏州江南宾馆	1993	2007	395
Q027	苏州市人民商场	1933	2003	7 129
Q028	苏州南门商业大楼（泰华商城）	1975	2005	4 639
Q029	苏州饴糖厂	1959	1995	1 328
Q030	苏州市第一百货商店	1993	2001	4 926
Q031	苏州商业培训中心	1970	2003	1 422
R001	苏州市联运服务公司	1983	2001	12 919
R002	苏州市港务管理处	1957	2001	16 116
R003	苏州市汽车货运公司	1966	2001	8 503
R004	江苏省苏州市轮船运输公司	1852	2008	17 540
R005	苏州市航运公司	1965	2007	21 269
R006	苏州市交通局招待所	1987	2002	974
R007	苏州高达热电厂	1995	2013	2 051
R008	苏州交通经济发展有限公司	1992	2003	729

续表

全宗号	全宗名称	档案起止时间		档案总数
		起	止	卷
S002	苏州市建业建设发展有限公司	1996	2002	357
S003	苏州建兴置业有限公司	1993	2003	2 231
S004	苏州市房地产有限公司	1992	2002	2 267
S005	苏州市市政工程设计所	1978	2002	8 622
S006	苏州第一建筑集团有限公司	1972	2003	6 148
S007	苏州市建筑构配件工程公司	1955	2002	6 539
S008	苏州建筑控股（集团）有限公司	1997	2002	210
S009	苏州二建建筑集团有限公司	1981	2002	921
S011	苏州市第三建筑工程公司	1980	2003	2 152
S012	苏州市第四建筑工程公司	1993	2002	588
S013	苏州市建筑装饰工程公司	1985	2003	1 926
S014	苏州金鼎建筑装饰工程有限公司	1987	2003	1 636
S015	苏州市建筑科学研究所	1977	1999	1 709
S016	苏州市机械施工工程公司	1970	2001	3 887
S017	苏州市房地产开发公司	1983	2003	1 935
S018	苏州市房地产拆迁有限公司	1995	2002	439
S019	苏州市房地产经营公司	1979	2002	4 970
S020	苏州市民用建筑设计院	1981	2002	751
S021	苏州市轻微型汽车服务中心	1991	2003	1 922
S022	苏州市房屋置换中心	1999	2003	460
S023	苏州市人防工程公司	1978	2001	3 379
S024	苏州市公园会堂	1983	2003	1 524
S025	苏州市华鼎经济技术开发公司	1993	2002	330

续表

全宗号	全宗名称	档案起止时间 起	止	档案总数 卷
S026	苏州市卧龙商城	1989	2004	748
S027	江苏省第二建筑设计研究院苏州设计院	1993	2002	97
S028	苏州市房地产咨询服务公司	1993	2003	185
S029	苏州市住宅建设处物业管理中心	1989	2000	58
S030	苏州市房地产物资经营公司	1993	2001	189
S031	苏州市房地产建筑装饰公司	1991	2002	545
S032	苏州市房地产管理职工中等专业学校	1980	2004	693
S033	苏州市政工程公司	1960	2002	9 045
S034	苏州市汽车出租公司	1979	2002	1 532
S035	苏州市风光三轮车服务有限公司	1958	2003	1 624
S036	苏州巴士公共交通有限公司	1999	2003	300
S037	苏州市地下管线管理所	1994	2007	425
S039	苏州新发市政公用发展有限公司	1993	2002	553
S040	苏州姑苏市政公司	1994	2003	199
T001	征集档案	1993	2021	24 069
T003	捐赠档案	1958	2016	647
U001	苏州市乡镇工业局	1971	2005	3 372
U002	苏州市乡镇工业局新世纪信息广告公司	1992	1997	60
U003	苏州市乡镇工业局工贸供销总公司	1993	2000	159

续表

全宗号	全宗名称	档案起止时间 起	档案起止时间 止	档案总数 卷
U004	苏州市乡镇工业局供销二公司营业部	1987	1993	95
U005	苏州市乡镇工业局海苏工贸发展公司	1993	1999	38
U006	苏州市乡镇工业局销售服务部	1985	1987	19
U007	苏州市乡镇企业协会	1991	2002	74
U008	苏州市乡镇工业局汽修厂	1993	1994	5
U009	苏州市乡镇工业局东吴皮革公司	1993	1998	144
U010	苏州市兴昌装饰工程有限公司	1992	1999	44
U011	苏州市乡镇工业教育培训中心	1992	1996	24
U012	苏州市远东商务发展公司	1993	1996	20
U013	苏州乡镇工业经济技术发展公司	1988	1996	95
U014	苏州市特区纺织丝绸中心	1995	1997	35
U015	陕西省进出口公司苏州联营公司	1992	1997	65
U016	苏州市乡镇企业管理局科达商行	1996	1998	26
U017	苏州乡镇工业经济技术服务公司	1989	1998	39
U018	苏州乡镇企业海外合作发展公司	1993	1998	17
U019	苏州市乡镇工业局城乡物资贸易公司	1994	1997	31
U020	苏州乡镇企业进出口服务公司	1994	1997	64
U021	苏州市乡镇工业局光大物资贸易公司	1993	2001	81
U022	苏州市乡镇工业局光大计算机技术应用服务中心	1992	2001	125

续表

全宗号	全宗名称	档案起止时间 起	止	档案总数 卷
U023	苏州市乡镇工业局远东珠宝公司	1994	2007	54
U024	京苏精密钢管（苏州）联合公司	1988	1989	17
U025	苏州市南星经贸公司	1993	1997	53
U026	苏州市边境贸易公司	1992	1997	89
U027	苏州市乡镇企业对外经济联络中心	1992	1996	11
U028	苏州市特区贸易公司	1992	1997	72
U029	苏州市恒利纺织品经销部	1995	1997	43
U030	苏州记者站	1991	1996	9
U031	苏州市中仁物资贸易公司	1993	1996	26
U032	苏州市工艺服装实业公司	1993	1995	21
U033	苏州市审计事务所三分所	1990	1995	13
U034	苏州乡镇企业财务指导中心	1993	2001	25
U035	苏州市乡镇工业局中仁工艺服装公司	1993	1996	23
U036	苏州市印制电路技术协会	1991	1996	9
U037	苏州乡镇经贸开发公司	1993	1997	5
U038	苏州乡镇企业展览会销售部	1984	1984	6
U039	苏州市乡镇工业局狮城建筑装饰公司	1994	1996	8
U040	苏州市乡镇工业局二公司工会	1985	1994	18
U041	苏州市乡镇工业局各科	1981	1996	17
V001	苏州市纺织品进出口公司	1983	2000	5 894
V002	苏州市工艺品进出口公司	1983	2001	429

续表

全宗号	全宗名称	档案起止时间 起	档案起止时间 止	档案总数 卷
V003	苏州市粮油土畜产进出口公司	1978	2002	3 565
V004	苏州市轻工业品进出口公司	1978	2002	2 638
V005	江苏省苏州市五金矿产机械进出口公司	1976	2002	2 219
V006	苏州市医药保健品进出口公司	1987	2000	1 957
V007	苏州进出口集团丝绸工艺品公司	1997	2000	277
V008	中国化工进出口公司江苏苏州公司	1987	2002	1 771
V009	苏州进出口集团对外经济合作有限公司	1999	2003	119
V010	苏州纺织丝绸轻工工艺品进出口有限公司	1997	2001	258
V011	香港苏港发展有限公司苏州代表处	1989	2003	360
W001	苏州市文化企业公司（苏州市电影发行放映公司、苏州市影剧公司）	1949	2005	7 045
W002	苏州东方服装厂	1990	2003	445
W003	苏州市电器元件一厂	1992	2002	768
W004	苏州市工业美术技工学校云山美术用品厂	1988	2003	231
W005	苏州市伙伴时装公司	1993	2005	529
W006	苏州市第三十三中学校办厂	1973	1995	42
W007	苏州市无线电元件十厂	1997	2003	250

续表

全宗号	全宗名称	档案起止时间 起	档案起止时间 止	档案总数 卷
W008	苏州市电器元件一厂配套件服务部	1988	2001	382
W009	苏州市第十八中学校办厂（苏州康达电器仪表厂）	1971	2002	188
W010	苏州市机械职业中学实验工厂	1987	2002	56
W011	苏州市苏育达经济技术发展公司	1992	2005	242
W012	苏州市航海电器厂	1989	1997	178
W013	苏州市校办工业供销经理部	1987	1998	222
W014	苏州市热工控制设备厂	1988	1998	125
W015	苏州市教育印刷一厂	1988	1996	63
W016	苏州市第十七中学校办厂（苏州市胜利水表厂）	1970	2001	166
W017	苏州市蓝达实业公司（苏州市第五电子仪器厂）	1949	1999	237
W018	苏州市觅渡中学校办厂（苏州市凯申电器厂）	1987	2004	209
W019	苏州市第六中学勤俭染化料经营部	1989	2000	291
W020	苏州市万国商贸代理公司	1994	1998	56
W021	苏州市南大苏育达技术开发有限公司	1999	2001	36
W022	苏州市苏育达礼品公司	1993	1995	22
W023	苏州市校办工业公司育才经营部	1991	2001	99

续表

全宗号	全宗名称	档案起止时间 起	档案起止时间 止	档案总数 卷
W024	苏州市九州公共关系公司	1993	2001	63
W025	苏州市亚龙工艺厂	1990	1999	162
W026	苏州市电力设备二厂	1991	2006	247
W027	苏州市教育印刷厂	1969	1987	73
W028	苏州市第六电子仪器厂	1988	1997	207
W029	苏州通才实验学校	1998	2009	146
Z001	苏州市社会保险基金管理中心	2005	2022	399 244
Z002	创元旗下事改企	2019	2019	1 061

苏州市工商档案管理中心荣誉（省级及以上）一览表

序号	荣誉称号	颁发部门	授奖年份
1	全国五一巾帼标兵岗	中华全国总工会	2013
2	江苏省"五一巾帼标兵岗"	江苏省总工会	2012
3	江苏省"巾帼文明岗"	江苏省妇女联合会、江苏省城镇妇女"巾帼建功"活动领导小组	2013
4	江苏省AAA级数字档案馆	江苏省档案局	2015
5	全省档案科技工作先进单位	江苏省档案局	2015
6	江苏省工人先锋号	江苏省总工会	2020

苏州市工商档案管理中心获奖项目（省级及以上）一览表

序号	项目名称	奖项名称	颁发部门	授奖年份
1	"近现代中国苏州丝绸档案"	世界记忆名录	联合国教科文组织世界记忆工程国际咨询委员会	2017
2	"近现代苏州丝绸样本档案"	世界记忆亚太地区名录	世界记忆工程亚太地区委员会	2016
3	"建立工商档案管理中心"案例	全国档案管理与服务创新最佳案例奖	国家档案局	2011

续表

序号	项目名称	奖项名称	颁发部门	授奖年份
4	"丝绸样本档案纳米技术保护研究与应用"项目	国家档案局优秀科技成果三等奖	国家档案局	2014
5	"苏州工业遗产中档案资源抢救与保护方法研究"项目	国家档案局优秀科技成果三等奖	国家档案局	2015
6	"近现代苏州丝绸样本档案"	中国档案文献遗产名录	"中国档案文献遗产工程"国家咨询委员会	2015
7	"激活档案资源 赋能产业发展——开创丝绸特色档案管用新模式"案例	全国企业档案工作管理创新优秀案例一等奖	国家档案局	2018
8	《璀璨的一页——苏州市民族工业获国家金银质奖产品档案史料选编》	江苏省档案文化精品奖优秀奖	江苏省档案局	2009
9	《记忆——党和国家领导人、中外名人与苏州市区民族工业》	江苏省档案文化精品奖三等奖	江苏省档案局	2009
10	"中国企业档案管理史上的一个创举——苏州市工商档案管理中心领跑全国改制企业档案处置工作"案例	"全省档案管理与服务创新优秀案例"最佳案例奖	江苏省档案局	2011
11	"苏州绸缎样本"档案文献	江苏省珍贵档案文献名录	江苏省档案局	2012
12	"丝绸样本档案纳米技术保护研究及应用"项目	江苏省档案优秀科技成果一等奖	江苏省档案局	2013

续表

序号	项目名称	奖项名称	颁发部门	授奖年份
13	《苏州市区民族工商业特色档案选编》	江苏省档案文化建设精品成果二等奖	江苏省档案局	2013
14	"宋锦样本档案工艺传承与产业化开发研究"项目	江苏省档案优秀科技成果一等奖	江苏省档案局	2015
15	《苏州民族工商业百年往事》《拂去岁月的封尘——苏州市区民族工商业旧迹》（上、下）及展览"中国丝绸档案馆档企合作与征集成果展"	江苏省档案文化精品奖三等奖	江苏省档案局	2015
16	"为丝绸档案插上腾飞的翅膀"案例	江苏省企业档案资源开发利用优秀案例一等奖	江苏省档案局	2017
17	"中国丝绸档案馆定位与建设研究"项目	江苏省档案优秀科技成果三等奖	江苏省档案局	2017
18	《丝绸艺术赏析》	江苏省档案文化精品奖二等奖	江苏省档案局	2017
19	《近现代中国苏州丝绸档案》	2017苏版好书	江苏省新闻出版广电局、江苏省出版工作者协会	2018
20	"激活档案资源 赋能产业发展——开创丝绸特色档案管用新模式"案例	江苏省企业档案工作管理创新优秀案例一等奖	江苏省档案局	2018

续表

序号	项目名称	奖项名称	颁发部门	授奖年份
21	中国丝绸档案利用系列成果	江苏省档案开发利用成果奖特等奖	江苏省档案局	2020
22	"中国的世界记忆文献遗产展"、《百年雷允上》	江苏省档案开发利用成果奖三等奖	江苏省档案局	2020

苏州市工商档案管理中心主要编研成果一览表

序号	书名	字数/万	出版单位及时间
1	《苏州市区民族工商业特色档案选编》	15	文汇出版社 2011年9月
2	《剪下生辉——金国荣剪纸作品选集》	2	山东画报出版社 2012年8月
3	《拂去岁月的封尘——苏州市区民族工商业旧迹》（上）	10	文汇出版社 2013年4月
4	《拂去岁月的封尘——苏州市区民族工商业旧迹》（下）	8	文汇出版社 2013年10月
5	《苏州民族工商业百年往事》	23.9	苏州大学出版社 2014年5月
6	《丝绸艺术赏析》	47.8	苏州大学出版社 2015年7月
7	《百年苏纶》	14.5	苏州大学出版社 2016年5月

续表

序号	书名	字数/万	出版单位及时间
8	《花间晚照——丝绸图案设计的实践与思考》	40.6	苏州大学出版社 2016年5月
9	《百年鸿生》	19	苏州大学出版社 2016年11月
10	《档案中的丝绸文化》	43.2	苏州大学出版社 2016年11月
11	《近现代中国苏州丝绸档案》	6.1	苏州大学出版社 2017年9月
12	《改制企业档案管理实践与创新》	23	苏州大学出版社 2017年11月
13	《纺织品设计——欧美印花织物200年图典》	44.4	苏州大学出版社 2018年8月
14	《世界记忆工程与地方档案事业发展研究》	12	人民出版社 2018年10月
15	《百年雷允上》	15.3	苏州大学出版社 2018年10月
16	《世界记忆项目在中国》	14.6	苏州大学出版社 2019年7月
17	"我是档案迷"丛书之《中国的世界记忆》	7	苏州大学出版社 2019年8月
18	《兰台众羽 春华秋实——苏州市工商档案管理中心学术成果精编》	15.5	苏州大学出版社 2019年10月
19	"我是档案迷"丛书之《〈红楼梦〉里的苏州丝绸记忆》	6	苏州大学出版社 2019年11月
20	"我是档案迷"丛书之《方叔叔教你做成长档案》	2.1	苏州大学出版社 2020年1月

续表

序号	书名	字数/万	出版单位及时间
21	"我是档案迷"丛书之《苏州丝绸的前世今生》	4.7	苏州大学出版社 2020年2月
22	"我是档案迷"丛书之《丝绸之路与苏州丝绸文化》	4.7	苏州大学出版社 2020年5月
23	"我是档案迷"丛书之《档案伴我成长》	6.5	苏州大学出版社 2020年5月
24	《发展中的世界记忆》	17.5	苏州大学出版社 2020年10月
25	《百年民丰》	15.1	苏州大学出版社 2021年4月
26	《第7档案室》	11.5	江苏凤凰文艺出版社 2021年6月
27	《苏州》	4.1	古吴轩出版社 2021年7月
28	《传承人类记忆遗产——联合国教科文组织世界记忆项目研究》	42.7	苏州大学出版社 2021年10月
29	《芳华掠影——中国丝绸档案馆馆藏旗袍档案》	17.5	苏州大学出版社 2021年10月

苏州市工商档案管理中心主要展览一览表

序号	展览名称	展出时间	展出地点
1	苏州工业企业实物展示陈列展	2008年3月	苏州市工商档案管理中心
2	苏州工业企业档案史料陈列展	2008年3月	苏州市工商档案管理中心
3	苏州市民族工业档案史料展	2011年4月	苏州市工商档案管理中心
4	剪下生辉——金国荣先生剪纸艺术展	2012年10月	苏州市工商档案管理中心
5	苏州丝绸工艺档案珍品展	2014年11月	苏州市工商档案管理中心
6	中国丝绸档案馆十四大类样本展	2015年4月	苏州市会展中心
7	中国丝绸档案馆档企合作展	2015年6月	苏州市工商档案管理中心
8	中国丝绸档案馆科普图片展	2015年6月	苏州市工商档案管理中心
9	像锦织物展暨2015中国丝绸档案馆征集成果展	2015年11月	苏州工业园区档案管理中心
10	真丝画、北京APEC苏绣（服饰）展	2016年3月	苏州工业园区档案管理中心
11	苏州中国丝绸档案馆非遗展＆苏州中国丝绸档案馆国礼展	2016年4月	苏州市会展中心

续表

序号	展览名称	展出时间	展出地点
12	苏州近现代丝绸样本档案展	2016年6月	苏州市档案馆
13	苏州中国丝绸档案馆馆藏十四大类丝绸样本档案展	2016年7月	斯洛伐克
14	中国苏州丝绸档案精品展	2016年10月	法国
15	近现代中国苏州丝绸档案展	2016年11月	苏州市档案馆
16	苏州世界遗产展	2016年11月	苏州市档案馆
17	中国丝绸档案馆馆藏丝绸像锦织物——伟人系列展	2017年4月	苏州市吴江区丝绸小镇
18	锦瑟万里 虹贯东西——中俄"丝路"历史档案展	2017年5月	苏州市档案馆
19	中国丝绸档案馆馆藏精品档案展	2017年6月	德国
20	喜迎十九大 共享丝绸文化——金国荣真丝剪绸及馆藏丝绸档案展	2017年10月	苏州市档案馆
21	近现代苏州丝绸档案展	2017年10月	瑞士、法国
22	苏州丝绸档案走向世界暨苏州市工商档案管理中心成立十周年图片展	2017年11月	苏州市档案馆
23	东方韵味 花样年华——馆藏民国旗袍展	2018年3月	苏州市档案馆
24	苏州记忆（技艺）主题展	2018年4月	苏州国际博览中心
25	镂金作胜 剪下生辉——中国丝绸档案馆馆藏金国荣真丝剪绸展	2018年4月	苏州市吴江区丝绸小镇
26	中国丝绸档案馆馆藏精品档案展	2018年6月	芬兰、丹麦

续表

序号	展览名称	展出时间	展出地点
27	锦瑟万里 虹贯东西——"丝绸之路"历史档案文献展	2018年11月	苏州市档案馆
28	《红楼梦》与苏州丝绸流动展	2018年11月	江苏省苏州第十中学校
29	锦开春晓 丝韵江南——明清宋锦珍品展	2019年3月	苏州市档案馆
30	一袭旗袍展芳华——中国丝绸档案馆馆藏民国服饰展	2019年4月	苏州市吴江区丝绸小镇
31	中国丝绸档案馆馆藏精品档案展	2019年6月	荷兰、葡萄牙
32	锦绣江南 古韵今辉——近现代中国苏州丝绸档案展	2019年11月	苏州市档案馆
33	不忘初心，牢记使命——寻找丝绸档案中的红色基因展	2019年11月	苏州市档案馆
34	开放与繁荣——探寻丝绸档案、苏州园林两大遗产中的开放精神专题展	2020年8月	苏州园林博物馆
35	一爿厂，一座城——苏纶百年档案文献展	2020年10月	苏州丝绸博物馆
36	建党百年 初心如磐——长三角红色档案珍品展	2021年6月	苏州市档案馆
37	中国丝绸档案馆宣传展	2022年7月	苏州国际博览中心
38	何以梦红楼——江南运河上的文学·影像与丝绸	2022年9月	苏州丝绸博物馆
39	海丝情忆——丝绸与侨批档案文献遗产展	2022年11月	苏州有南艺术馆

续表

序号	展览名称	展出时间	展出地点
40	丝绸档案文化进校园	2016年6月	苏州高新区实验小学校
41		2017年9月	苏州市崇道小学校
42		2018年4月	苏州市景范中学校
43		2019年6月	江苏省苏州第一中学校
44		2019年8月	苏州工业园区星汇学校

苏州市工商档案管理中心征集公告

为加强苏州市工商档案管理中心、苏州中国丝绸档案馆馆藏档案资源建设，切实抢救、保护苏州民族工商业档案以及具有特色的中国丝绸历史、文化资源，进一步规范档案征集工作，为社会提供更为优质的档案利用服务，依据《中华人民共和国档案法》及有关规定，特向社会各界开展档案征集活动，现将有关事项公告如下：

一、征集内容

1. 全国范围内、散落在国外的具有重大历史意义的丝绸产业、苏州民族工商业企业及个人的资料，或重要机构、重要人物涉及的各种载体的资料及实物。

2. 反映全国丝绸产业、苏州民族工商业的产生、发展、改制等过程中形成的资料和实物,如设计、工艺、商标及各类荣誉证书、奖品等。

3. 知名的全国丝织行业代表、非物质文化遗产项目代表性传承人、苏州民族工商业者的往来信函、日记、传记、影像资料等。

4. 反映中国丝绸历史文化、苏州民族工商业企业文化的史料、实物,如具有地方特色的民风、民俗等相关资料。

二、征集要求

请提供说明词或背景材料以便于保管及利用。

三、征集形式

征集主要采取捐赠、征购、合作的方式。

四、联系方式

本公告长期有效,诚望热心公共事业、关心丝绸及档案事业发展的社会各界人士踊跃捐献,并欢迎提供相关线索。可通过电话、信函、面谈等方式与我馆联系。

联系电话:0512-67531255、0512-67530919

联系地址:江苏省苏州市姑苏区齐门路166号

邮　　编:215000